아버지 없는 이에게 아버지를

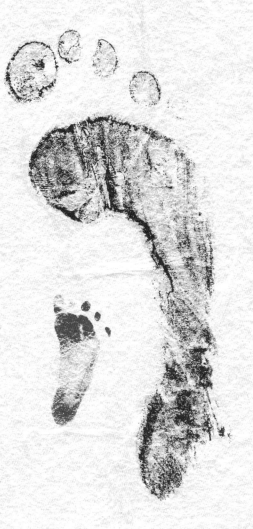

한 남자와 그가 이룬 기적
그리고 사명

—

아버지
없는
이에게
아버지를

Father to the Fatherless

—

찰스 멀리 이야기

폴 보기(Paul H. Boge) | 남현규 옮김

글누림

서문

          이 책은 첫 장부터 읽는 이를 숨 막히게 한다. 이 책을 읽으면 어린 찰스의 삶이 어떻게 전개될지 알고 싶은 까닭에 책장을 빨리 넘기고 싶은 마음과 찰스의 삶에 어떤 아픈 일이 일어날지 알 수 있기에 책장을 덮고 싶은 마음이 교차한다. 따라서 이 책은 심약한 사람보다 진실을 알고자 하는 사람을 위한 책이다. 인간의 영과 생존 의지, '지극히 작은 자들'(마 25 : 45)을 향한 하나님의 끝없는 사랑에 대한 진실이다.

    2005년, 오늘날 자신을 돌보기보다 남을 위하는 사람을 만나는 것은 이례적인 일이다. 자신이 가진 모든 것은 하나님께서 주셨다고 믿는 사람들도 그분의 요구에 따라 모든 것을 포기할 수 있을지에 대해 고민하곤 한다. 그러나 멀리 가족은 그와 같은 어려운 일을 해냈고, 하나님의 사명에 순종하는 삶을 살고 있다.

    우리는 과도한 부富의 시대에 살고 있다. 『아버지 없는 이에게 아버지를』은 사람들에게 단순하고 일상적인 삶을 살아가는 걸 초월해, 천오백만 명의 아프리카 아이가 버려지고 미래에 대한 희망 없이 사는 불행한 순간을 위해, 살아가라고 요청하고 있다. 찰스 멀리는 희망이 보이지 않는 곳에도 희망은 있다는 것을 보여준다. 오늘날 수백만 명의 북미 사람이 희망이 없는 데 무력함을 느끼고 있지만, 그들은 혼자가 아니다. 많은 사람과 풍요로운 물건에 둘러싸여 있는 자에게든, 오두막에서 죽어가는 부모 옆에 혼자 앉아 있는 자에게든 사람이 느낄 수 있는 아픔은 같다. 예수님께서는 우리 모두가 느끼는 고통을 덜어주기 위해 오셨다. 그분은 희망 없는 자에게 희망이며, 사랑받지 못하는 자에게 사랑이고, 아버지 없는 이에게 아버지가 되어 주었다.

한 번에 아이 한 명씩, 조국의 구원을 위해 인생을 헌신한 한 케냐 가족의 이야기는 우리를 고무시킨다. 넬슨 만델라Nelson Mandela도, 마티 루터 킹 주니어Martin Luther King Jr.도 마더 테레사Mother Teresa도 한 명의 사람이었다. 이 인물들이 세상을 바꾼 많은 일을 해왔다. 『아버지 없는 이에게 아버지를』은 한 사람이 국가의 미래를 진정 바꿀 수 있다는 것을 보여주는 교훈과도 같은 책이다. 당신도 한 명의 사람이다. 당신 또한 한 아이의 인생을 바꿀 수 있다. 지체하지 말고, 오늘 당장 한 아이의 인생을 바꿔보자. 내일은 너무 늦을 수 있다.

브루스 윌킨슨Bruce Wilkinson
드림 포 아프리카Dream for Africa

작가의 말

어두운 밤, 늦은 시각이었다. 케냐의 도시 달라니Ndalani에 자리한 MCF의 아이 모두 잠을 청하러 침대로 갔다. 나는 조용한 방 식탁 앞, 찰스 멀리의 건너편에 앉아, 그가 회고하는 그의 이야기를 노트에 적었다. 믿기지 않는 이야기에 자주 고개를 저었지만, 듣고 있는 바를 최대한 이해하려고 노력했다.

우리는 무일푼에서 거부巨富가 된 사람들의 이야기 -밑바닥에서 시작해 희박한 확률을 뚫고 성공한 사람들의 이야기- 를 알고 있다. 그들에게 응원을 보낸다. 그 사람들이 정상에 오르기까지 겪은 고난을 우리 자신과 연관 지어 생각할 수 있기 때문이다. 그러나 찰스는 그보다 우위에 있는 사람으로, 그의 삶은 성공한 삶보다 한 걸음 앞서 나아갔다. 실제로 한 걸음 이상 나아갔을 것이다. 그는 자신에게 주어진 것 이상을 행하기로 선택했고, 나는 왜 그가 그런 선택을 했는지 알고 싶었다.

또한, 나는 그가 이룬 많은 기적에 매료되었다. 그가 해온 일들과 그가 행한 치유에 대해 들었고, 심지어 구마驅魔에 대한 것도 들었다. 어떤 이들은 기적이란 오늘날의 것이 아니라 -그것이 잊혀진 시대의 것이며 묻힌 채로 남는 것이 더 나은 보물인 양- 생각한다. 하지만 기적은 찰스 같은 사람에게는 다른 세계의 것이 아니다. 그는 생존을 위해 기적을 행해야만 했기에, 기적은 그가 사는 곳에 자리한다.

많은 이가 찰스 멀리는 이해할 수 있는 사람이 아니라고 한다. 하나님과 그토록 가까이 있는 사람이기에 그렇게 여겨지는 것이리라. 사람들은 그를 '하나님의 친구'라 하는데, 그를 아는 사람이라면 분명히 동의할 부분이다.

인생은 선택으로 이루어져 있다. 우리는 그리스도에게 합할지 혹은 반할지를 선택한다. 그리고 내가 찰스를 이토록 높이 존경하는 이유는 그가 일회성 결정을 내린 것이 아니라 언제나 한결같이 그리스도를 따르기 때문이다. 나는 그리스도를 따르는 것은 시간이 갈수록 쉬운 일이 아니라고 생각하지만, 찰스 같은 사람에게 그리스도를 따르는 삶의 여정이 주는 힘이란 시간이 지날수록 강력해지는 것이다.

며칠간 대부분의 저녁 시간을 어두운 방의 고요함 속에 그의 이야기를 노트에 적으며 보냈다. 찰스가 그의 놀라운 인생을 빚어낸 사건들에 대해 자세히 설명하는 것을 귀담아들었다.

그가 내게 들려준 이야기는 다음과 같다.

차례

아버지 없는 이에게
아버지를

찰스 멀리 이야기

1

하루 중 최악의 시간이 다가왔다.
여섯 살 찰스 멀리는 단칸방 초가지붕 아래 침대에 누워있었
다. 늦은 시각이었고, 그는 피곤했지만 잠들 수 없었다. 그는 다
가올 위험을 알리는 징조나 단서에 조용히 귀 기울이고 있었
다. 옆에는 어린 동생들이 다가올 재앙을 모른 채 잠들어 있었
다. 찰스는 옆에 누워있는 어머니 로다의 숨소리를 들을 수 있
었다. 그녀의 들숨과 날숨은 굉장히 힘겹게 들렸다. 어머니도
잠들지 않은 채였다. 어떻게 잘 수 있겠는가? 공포가 한 번의
심장 박동보다 가깝게 다가오고 있는데.

찰스는 자신의 영혼을 움켜쥐고 있는 공포에서 벗어나길
바라며 침대 안에서 뒤척였다. 맥박이 목에서부터 격렬히 뛰기
시작했다. 모든 게 잘 될 거라고, 오늘 밤은 무사히 피해갈 수
있을 거라고 자신을 다독였지만, 마치 다가올 위험을 경고하듯

맥박은 더욱 강하게 뛸 뿐이었다. 그의 상상 속에서 작은 바람 소리, 모든 동물의 울음소리는 몇천 배 크게 들렸다. 찰스는 듣기만 해도 두려운 그 소리에 집중하는 대신, 잡념을 떨쳐버리고 희망을 갖기로 했다. 너무나도 희미한, 어쩌면 오늘 밤은 무사할 수 있을까 하는 희망이 아주 잠시 평안을 주었다. 아프리카의 밤은 조용했다. 너무도 조용했다.

　　하지만 모든 것이 변하려 하고 있었다. 찰스는 어머니에게 오늘 밤에는 우리가 무사할 것이라 생각하는지 묻고 싶었다. 그녀의 목소리가 오늘 밤은 무사히 넘어갈 수 있을까 하는 의심을 없애주길 바랐다. 벌써 12시가 넘은, 지금 시각으로 봤을 때 위험에서 확실히 벗어난 것만 같았다. 오늘 밤은 공포가 살짝 비껴간 것만 같았다. 그러나 내일은? 내일도 이와 같은 긴장 안에 있게 될 게 분명했다. 그리고 결국에는 그 일이 벌어지게 될 것이다. 이 시련을 견디며 살거나, 죽어야만 할 것이다. 하지만 지금 이 순간만큼은, 오늘 밤은 무사하다는 희망 안에 있었다. 오늘 밤만은 무사할 거라는 희망이 있었다.

　　찰스는 어머니로부터 안심의 말을 듣고, 한순간에 평안을 주는 위로의 손길을 바랐지만, 마음속으로는 어머니가 정말 자신이 듣고 싶은 말을 해줄지 고민하고 있었다. 어머니는 아들에게 거짓말하지 않을 거다. 그녀가 오늘 밤에 일어날 일을 알았다면 분명히 찰스에게 말해 주었을 것이다. 찰스는 자신과 어머니의 생존 가능성을 알고 싶었지만, 묻지 않기로 했다. 그가 만드는 아주 작은 소리조차 연약한 그의 가족을 둘러싸고 있는 부서질 듯한 고요를 박살 낼 것만 같았기 때문이다.

어쩌면 찰스의 아버지는 누군가와 싸움이 붙었을지도 모른다. 어쩌면 오늘 밤에야말로 제대로 된 임자를 만나 알아볼 수 없을 만큼 두들겨 맞았을지 모른다. 그의 아버지 다우디 멀리는 열 명 가까이 되는 남자들의 공격을 성공적으로 막아낸 적 있는 사람이지만, 종종 자신이 죽을 만큼 심각한 언쟁과 싸움에 휘말리곤 한다. 어쩌면 오늘 밤이 그런 날인지도 모른다. 그렇다면 지금까지 그가 집에 오지 않은 게 충분히 설명된다. 어쩌면 술을 마신 후에 의식을 잃고 길가에 누워 자고 있을지도 모르고, 그저 길을 잃은 것일지도 모른다. 어찌 되었든 로다와 찰스 그리고 동생들에게는 잘된 일이다.

하지만 현실은 그렇지 않았다. 다우디는 그저 평소처럼 술을 많이 마셨을 뿐이다. 길가에 누워 있지도, 격렬한 싸움 후에 회복 중인 것도 아니었고, 술집에 있거나 누군가에게 시비를 걸고 있지도 않았다. 그는 집으로 돌아가는 길이었다. 아버지의 소리를 가장 먼저 들은 것은 찰스였다. 틀림없는 아버지의 고함과 주정이었다. 그의 본능적인 반응은 자기 생각이 최악의 공포가 만들어낸 것이고, 그가 들은 소리가 아닌 척 부정하는 것이었다. 목의 맥박이 더욱 강하게 뛰기 시작했다. 아버지가 아닐 거다. 도저히 그럴 수는 없다. 그럴 수는 없다.

찰스는 오두막으로 다가오는 이가 아버지가 아닌 다른 사람이기를 간절히 바라는 만큼이나, 그 사람이 누군지 잘 알고 있었다. 앞으로 무슨 일이 벌어질지도 잘 알고 있었다. 어머니 로다는 침대에서 일어나 앉았다. 그녀는 남편이 문에 도착하기 전에, 그가 자신을 무력하게 만들 순간을 기다리고 있었다. 그는 종종 술에 취해 오두막까지 오는 길에 넘어지곤 했다. 그건 다행스러운 일이었다. 로다는 그럴 때, 밖에 나가 의식 없는 그를 끌고 들어와 그대로 침대에 눕히기만 하면 된다. 그녀는 다우디가 술에 취해 폭력적으로 변해 들어오는 것보다는 당연히 그런 상황을 바라며 그가 땅에 넘어지는 소리를 기다렸다. 술에 취해 웅얼거리는 고함이 멈추길 기다렸다. 그것이 그녀 가족에게 남은 마지막 기회였다.

하지만 그런 희망 대신, 문이 열리는 게 보였다. 어머니의 공포에 질린 표정이 찰스에게 침대 밑으로 숨으라고 했다. 그렇게 하는 것이 이제 막 들어오려는 악마로부터 아들을 지킬 수 있을 거라 생각했기 때문이다. 찰스는 동생들을 침대에서 끌어 내려 침대 밑으로 밀어 넣었다. 그는 동생 중 한 명이 울기 시작하자, 동생의 입을 막고 침대 밑으로 기어들어갔다. 침대 밑에서 문 쪽을 보는 찰스에게는 아버지의 발만 보였다. 어쩌면 그냥 나갈지도 모른다. 아버지가 그저 문을 닫고 마당에 취한 채 넘어질지 모른다. 그러나 아버지는 아무 말 없이 서 있었다. 찰스는 침대 밑에서 되도록 문 쪽으로 얼굴을 돌렸다. 커가는 공포보다 어머니에 대한 염려가 더 컸기 때문이다. 건장한 열 명의 남자가 겨우 상대가 되는 아버지에게 어머니는 얼마나 부족한 상대겠는가? 매 순간이 영원처럼 느껴졌다. 그는 귀가 멎을듯한 고요 속에서 아버지가 어머니에게 고함지르는 것을 기다렸다.

찰스는 아버지가 무슨 말을 하는지 알아들을 수도, 그럴 필요도 없었다. 아버지의 말투 하나만으로도 가족에겐 최악의 공포이기에 충분했다. 아버지는 취한 데다 화가 나 있었고, 곧 고함과 비명이 퍼질 거리에는 찰스 가족을 도와줄 이 하나 없었다. 다우디는 아내에게 욕설을 퍼 붓기 시작했다. 찰스는 눈을 감으며, 이 모든 게 지나가길 빌었다. 로다는 아무 말도 하지 않았다. 무슨 말을 할 수 있겠는가? 그녀는 긴장감으로 발에 경련이 일었고, 벽에 등을 기대어 물러섰다. 너무나 크게 소리치는 남편의 목소리는 공포에 가득 찬 그녀의 뇌 일부와 바로 연결된 것만 같았다. 이내 조용해졌다. 찰스는 밤의 고요 속에 귀 기울였고, 목이 졸린 어머니의 끔찍한 신음이 오두막을 채우는 걸 들었다. 로다의 처절한 호흡이 작아졌다. 그녀는 공기를 최대한 폐로 집어넣기 위해 발버둥 쳤다.

찰스는 침대 아래에서 밖을 바라보았고, 그가 본 광경은 그를 숨은 채 머물게 했다. 키는 작지만 놀라울 정도로 체격이 좋은 다우디는 손으로 아내의 목을 졸라 앞뒤로 흔들었다. 로다는 그 손을 뿌리치려 했지만 무력했다. 그녀의 입에서 침이 흘러 이리저리 튀기 시작했다. 발을 쿵쿵대고 몸부림치며 간절히 그 손아귀에서 벗어나려 애쓰던 그녀의 숨이 멈추었다. 그녀의 하얀 혀가 입 밖으로 나왔고, 얼굴은 어떤 전류가 흐른 듯 떨리고 있었다. 이내 다우디는 로다를 침대로 내던졌다. 로다는 구석에 부딪혀 남편에게서 고개를 돌리고 숨을 헐떡였다. 기분 나쁜 숨소리가 찰스의 귀를 울렸다.

다우디는 소리를 지르며 욕설을 뱉어냈고 그가 생각할 수 있는 모든 것을 아내 탓으로 돌렸다. 그들의 가난과 그가 일자리를 찾을 수 없는 것, 빈약한 생활환경 모두 아내의 잘못이었다. 모든 게 그녀의 잘못이었다. 로다는 수많은 연습을 한 것처럼 이 '게임'에 익숙해져 있었다. 한 번은 논리적으로 그를 진정시키며 모든 것이 나아질 것이라 위로했지만, 희망은 언제나 그를 더 화나게 하는 듯했다. 다우디에게 논리적으로 맞서는 건 세상 어떤 일보다 의미 없는 일이었다.

로다는 구석에서 정신을 잃은 척하며 다시 호흡을 가누려 했다. 그녀는 이 폭력에서 지금까지 살아남았고, 오늘은 끝이라는 생각에 안도해왔다. 하지만 어머니로서의 본능이 생존 본능을 이겼다. 남편이 욕설과 저주를 퍼부으며 아이들을 찾자 그녀는 그를 향해 몸을 돌렸다. 로다는 그의 주의를 아이들로부터 분산시키길 바라며 최선을 다해 일어나 앉았다. 다우디는 아이들의 침대로 갔다. 그는 침대 커버를 찢어버렸다. 그곳은 비어있었다.

"그 자식들은 어디 갔어?"

그가 소리 질렀다. 찰스는 두려움에 몸을 떨었다. 자그마한 손이 떨렸다. 그는 계속 숨어 있는 게 나을지 나가는 게 나을지 몰랐다. 어떻게 하는 게 자신과 동생들, 어머니에게 좋을까? 어떻게 아버지를 진정시킬 수 있을까? 다우디는 로다에게 돌아섰다. 그녀의 몸이 공포로 수축됐지만, 계획은 성공이었다. 이성을 잃은 남편의 주의를 아이들로부터 다시 자신에게로 돌릴 수 있었다.

"그 자식들은 어디 갔어?"

다우디는 계속해서 소리 질렀다. 그 질문에 대한 답은 사실 분명했다. 이 오두막에는 숨을 곳이 많지 않았지만, 그는 그런 당연한 답에 관심 있는 게 아니라 단지 싸움에만 관심 있었다. 찰스가 침대 밑에서 나왔다. 그의 아버지는 그의 머리 위로 높이 솟아있었다. 그는 아버지로부터 술 냄새와 악취를 맡았지만, 그건 앞으로 다가올 것에 비하면 아무것도 아니었다.

다우디는 그의 거대한 주먹을 로다의 얼굴에 내리꽂았다. 엄청난 소리가 나며 넉아웃 펀치를 맞은 복서의 머리가 뒤로 넘어가는 것처럼, 강한 힘이 그녀의 머리를 뒤로 젖혀버렸다. 그녀의 몸이 고통으로 떨렸다. 로다의 머리가 진흙으로 만든 오두막 벽에 강하게 부딪혔다. 몸을 추스르려 했지만, 형벌 같은 구타는 다음 주먹이 어느 방향에서 날아올지 알 수 없게 만들었다. 그녀의 눈에 문이 보였다. 문은 아직 열려 있다. 달아날 수 있다. 남편은 취한 상태라 그녀를 잡을 수 없을지도 모른다.

하지만 그녀의 아이들을 두고 갈 수는 없었다. 그녀는 침대를 떠나지 않았고, 그녀의 눈은 초점을 제대로 맞출 수 없었지만, 남편을 마주했다.

다음 주먹은 얼굴 정면으로 날아들었다. 다우디의 주먹이 너무 센 탓에 그녀의 얼굴은 고통으로 타들어 갔다. 그녀가 침대로 넘어지며 목에 금이 갔다. 로다는 이 두 번째 주먹을 예상하고 있었다. 결코 한 번으로 끝나지 않으니까. 그러나 첫 번째 주먹이 고통을 더욱 극심하게 만들었고, 그런 맹공격에 무력하게 만들었다. 다우디는 그녀의 머리를 붙잡고 더 때리기 쉬운 거리로 끌고 갔다. 로다는 이제 일어날 일에 대한 두려움으로 비명을 질렀다. 마치 울부짖는 사자 앞의 상처 입은 초식동물처럼 그녀는 울며 제발 그만해달라고 남편에게 사정했다. 다우디는 그녀의 얼굴에 침을 튀기며 소리를 질렀다. 그는 그의 오른손을 접어 주먹을 만들고, 다시 왼손을 재정비해 그녀의 머리가 흔들리지 않게 잡았다. 찰스의 눈이 커졌다.

다우디는 주먹으로 로다의 안면을 강타했다. 그녀의 머리가 뒤로 넘어갔다. 그녀가 볼 수 있었던 건 희미한 그림자뿐이었다. 정신을 잃고 싶은 갈망이 그녀를 지배하며, 아이들을 버린다는 죄책감이 깊어 갔다. 다우디가 다음 주먹을 던지려 할 때 로다는 비명을 지르기 시작했다. 집안을 가득 채운 그 비명은 찰스가 들어 본 적 없는 것으로, 찌를 듯이 날카로웠다. 그녀는 고통 이상의 것으로 비명을 질렀다. 그녀의 목소리에는 보

아버지 없는 이에게 아버지를

이지 않는 무언가가 오두막 안으로 막 들어온 것을 느낀 것처럼 지독한 공포가 가득 배어있었다. 그녀의 높은 비명으로 오두막이 이전에 아무도 마주한 적 없는 존재로 둘러싸여 있다는 걸 확신할 수 있었다.

다우디는 로다에게 한 번 더 주먹을 내리꽂았다. 그 주먹의 반은 코를 다른 반은 왼쪽 눈 아래를 강타했다. 로다의 입에서 사방으로 피가 튀겼다. 그녀의 비명이 잠깐 멈추었다. 찰스는 울음을 참으려 했지만 실패했다. 고작 여섯 살인 그는 구타에 대해 감정을 드러내는 것이 얼마나 끔찍한 결과를 야기하는지 잘 알고 있었다. 감정의 발산은 나약함과 후회에 대한 신호였고, 아버지가 잘못을 저지르고 있다는 것을 밖으로 드러내주는 신호였다. 그것이 뭐든 간에, 그를 더 화나게 했다.

그는 죽은 여자처럼 뒤틀린 로다를 침대에 내버려 두고, 찰스에게로 얼굴을 돌렸다. 그는 아들을 향해 한 걸음 나아갔다. 찰스는 아버지 주먹에 묻은 어머니의 피를 보았다. 그는 아버지의 팔부터 얼굴까지 올려다보며 충격에 빠졌다. 의심할 것도 없이 그곳에 서 있는 건 그의 아버지였지만, 두 눈은 아버지의 것이 아니었다. 무언가 굉장히 무서운 것이 그 눈에 있었다. 다우디는 허리를 굽히고 아들의 얼굴을 바라보았다. 찰스의 손이 강하게 떨렸고, 그의 심장은 터질 듯 뛰기 시작했다.

"왜 울고 있는 거냐?"

그가 소리쳤다. 어떤 대답을 하건, 대답하지 않건 아버지에게는 잘못된 것이리라. 찰스는 아무 말도 하지 않았다.

"왜 울고 있는 거냐?"

그가 다시 한번 소리쳤다. 다우디는 찰스를 침대 밑에서 끌어냈다. 그가 침대 밑에서 다른 아이들이 울기 시작한 걸 들은 건 그때였다. 그는 광분해 바닥에 무릎을 꿇고 침대 밑으로 손을 뻗어 그의 다른 아이들도 끌어냈다. 아이들은 수류탄이 터질 것을 예상하는 군인처럼 얼굴을 손으로 감싼 채 비명을 지르며 울부짖었다. 그리고 폭력은 계속되었다.

찰스는 아버지에게 가장 가까이 있었기에 제일 먼저 폭력을 감당해야 했다. 그는 아버지를 올려다보았고 피할 수 없는 순간을 기다리고 있었다. 찰스가 알고 있던 취하지 않은 남자는 이 세상 어디에서도 찾아볼 수 없었다. 그의 아버지는 다른 누군가 혹은 그 어떤 것으로 변해있었다. 그는 자신의 귀 높이까지 손을 들어 올렸다. 찰스는 그 손이 자신에게 올 것을 예상하고 피하려 했지만, 찰스의 몸을 회전시킬 만큼 강한 힘과 함께 주먹이 그의 얼굴을 가격했다.

"그만 울란 말이다!"

다우디가 소리쳤다. 찰스는 침대에서 꿈틀거렸다. 다우디는 찰스의 어깨를 잡고 침대 밖으로 던져버렸다. 그는 진흙으로 지어진 벽에 부딪혔고 바닥으로 떨어졌다. 숨을 쉴 수 없을 지경이었다. 로다가 다시 눈을 뜨고 남편이 자신의 맏아들 위에 서 있는 것을 보았다.

"그만 해요."

그녀의 목소리가 너무나 처절하고 조용해서, 이 혼란을 멈춰달라는 애원보다는 마치 패망을 받아들인 것처럼 들렸다. 다우디는 찰스의 동생들을 한 명씩 다 때려, 그 작은 몸들이 땅을 구르게 했다. 다우디는 찰스의 어깨를 잡고 그를 일으켜 세웠다. 아들의 얼굴에 침을 뱉더니 이내 그를 다시 벽에다 던져버렸다. 찰스는 뒤틀린 채 땅에 있었고, 울 기력조차 없었다. 그는 비좁은 오두막에서 마음대로 주먹을 휘두르는 저 괴물로부터 어머니를 보호하고 싶었지만, 너무나 무력했다. 그의 입은 피로 뒤덮였고, 이빨에는 견딜 수 없는 찌르는 듯한 고통이 느껴졌다.

다우디는 피투성이가 된 살과 뼈의 덩어리 이상도 이하도 아닌 로다에게로 다시 돌아섰다. 그녀에게는 힘도 의지도 없었다. 그저 희미한 심장 박동만이 그녀를 시체와 구분시켜줄 뿐이었다. 구타와 폭력이 다우디를 지치게 했다. 그는 서서 숨을 헐떡이더니 침대에 앉았다. 다우디는 마치 정신이 나간 것처럼 앞을 응시했고, 자신이 저지른 일을 인식하지 못하는 듯 아내 옆에 누워 잠이 들었다.

찰스는 바닥에서 일어나는 것이 안전해질 때까지 기다렸다. 머리 뒤에서 놀랍도록 쓰라린 고통과 어지러움이 느껴졌다. 그의 눈은 초점을 맞추는 것조차 힘들었다. 찰스는 입을 닦고 피가 마르기 시작한 걸 느끼며 어머니를 보았다. 어머니는 숨을 쉬고 있었다. 그는 동생들과 침대로 돌아가면서 아버지를 보지 않으려 했다. 동생들도 숨을 쉬고 있었다. 찰스와 어머니는 감사하게도 가장 견디기 힘든 구타를 감당해냈다. 그들의 존재가 동생들을 구한 것일지도 모른다.

찰스는 가족 중 가장 마지막으로 잠 ─기절이라 해도 무방했을 것이다─ 이 들었다. 그리고 잠이 들며 이제 끝났다는 것에 약간의 안도를 느꼈다. 최소한 지금, 그들은 무사했다. 그러나 누구도 알지 못했지만, 밤은 이제 겨우 시작했을 뿐이다.

아버지 없는 이에게 아버지를

2

찰스는 공포를 느끼며 잠에서 깼다. 심장이 마구 뛰었다. 숨을 한번 들이켰다. 눈이 초점을 찾아감에 따라 방향 감각을 잃은 듯했다. 멀리서 고함이 들려왔다. 그는 아무것도 아니라 생각했다. 구타 후에 들리는 환청이리라. 그리고 다시 자려 했다. 이 밤이 지나가기 전에 벌어질 일들을 잊고 잠이 들길 바랐다. 다시 머리를 뉘였지만, 비명은 점점 더 커졌다. 환청이 아니었다. 꿈도 아니었다. 종종 사람들이 악몽을 꾸고 일어나서 현실이 아니라는 사실에 안도하는 경우가 있지만, 찰스는 오히려 꿈에서 깨어 악몽으로 들어간 것이다.

다우디는 문에 등을 기대고 있었다. 그의 눈과 입이 크게 벌어져 있었다. 백태가 하얗게 뒤덮인 혀가 입에 매달려 있었다. 그는 짧은 숨을 아주 격렬하게 들이쉬었다. 땀이 얼굴에서 바닥으로 떨어졌다. 그는 마치 무엇인가 또는 누군가로부터 자신을 해방시키려는 듯 머리를 앞뒤로 흔들며 몸을 문에 부딪치기 시작했다. 찰스는 바닥을 내려다보았다. 아버지의 발이 바닥에 겨우 닿아 있었다. 그의 발가락만이 진흙 바닥에 살짝 맞닿아 있을 뿐이었다.

다우디는 자신을 공격하려는 무언가가 멈추기를 바라는 듯 허공에 주먹을 휘둘렀다. 마치 어떤 기괴하고 보이지 않는 형체가 그를 조르고 있는 것 같았다. 로다도 다우디가 내는 소리에 일어났다. 마른 피와 멍이 그녀의 얼굴을 알아볼 수 없게 끔 뒤덮고 있었다. 그녀는 아직 완전히 붓지 않아 그나마 멀쩡한 왼쪽 눈으로 보기 위해 고개를 기울였다. 로다가 본 광경은 그녀를 움츠러들게 했고, 구석으로 도망치도록 했다.

다우디의 호흡이 점점 더 거칠어졌다. 아무리 해도 폐에 충분한 공기를 집어넣을 수 없는 것만 같이 그의 호흡은 심각한 투쟁처럼 변해있었다. 입에서 새어 나오는 비참한 소리는 이제 막 죽음을 앞둔 사람의 소리 같았다. 찰스와 로다는 이것이 모두에게 최선의 상황이 아닐까 생각했다. 다우디는 바닥으로 넘어졌고, 보이지 않는 공포가 다시 자신을 조종하려는 걸 막으려는 듯 자기 목을 움켜잡았다. 그는 숨을 깊게 들이마셨다. 숨을 들이켜자 가슴이 들썩거렸다. 손을 뻗어 바닥에서 자신을 밀어냈다.

잠시 고요가 찾아왔다. 그러더니 이내 다시 시작되었다. 그의 몸이 부자연스럽고 폭력적인 움직임으로 한 바퀴 돌았고, 등

아버지 없는 이에게 아버지를

이 바닥에 강하게 내쳐졌다. 목을 조르는 거친 호흡 -더 심각했다- 이 다시 시작됐다. 사람의 소리가 아니었다. 다우디는 몸 안에 있는 누군가를 멈추고 밖으로 쥐어 짜내려는 듯 자신의 목을 졸랐다. 그는 좌우로 몸을 흔들었지만 도망갈 곳은 없었다.

찰스는 침대에서 자신의 아버지에게 일어날 일들과 이 보이지 않는 힘이 아버지를 끝장낸 후에 자신들에게 일어날 일에 대한 불안감에 압도되었다. 그들은 언제나 다우디를 견뎌낼 수 있었다. 오늘 밤에도 그로부터 살아남았고, 아마 다음에도 그럴 수 있을 것이다. 그러나 이 방에서 다우디를 죽이려는 악한 존재를 방어할 방법은 없었다. 보이지 않는 것으로부터 어떻게 자신을 지킬 수 있겠는가?

다우디의 눈이 머리 뒤로 돌아갈 때, 그는 피를 토했다. 공기가 더 이상 그의 폐로 들어가지 않았다. 그의 거친 호흡도 멈추었다. 그는 폭력적으로 주위에 있는 모든 걸 마구 내려치기 시작했지만, 너무나 지쳐 경기를 진행할 수 없는 격투 선수처럼 모든 힘이 떨어지기 시작했다. 그러더니 이내 모든 것이 멈추고, 방이 조용해졌다. 방안에 아무것도 변하지 않았지만, 찰스와 로다는 그 악한 존재가 방을 떠나는 것을 느낄 수 있었다. 아마도 문을 통해 나갔을지도 모른다. 그것이 왔던 얕은 공기로 돌아갔을지도 모른다. 어찌 됐건 그것은 떠났고, 그들은 그것이 다시 돌아오지 않길 바랐다.

그러나 찰스가 그 존재를 마주하는 마지막은 아니었다. 찰스는 아버지를 바라보았다. 그는 움직이지 않았다. 죽었을지도 모른다. 그리고 찰스와 어머니 모두 이에 슬픔을 표해야 할지 감사를 표해야 할지 생각했다. 찰스는 아버지의 상태를 확인하기 위해 그의 볼로 얼굴을 기울이려다 멈췄다. 아버지에게 침투했던 존재가 갑자기 돌아와서 자신을 공격할지도 모른다고 생각했기 때문이다.

다시 아버지가 숨쉬기 시작했다. 눈을 감은 채 잠이 든 듯했다. 찰스는 자신을 구석으로 밀어낸 어머니를 보았다. 눈물이 그녀 얼굴의 상처들을 쓸어내렸다. 어머니가 흐느끼는 것을 들었다. '모든 게 잘 될 거야. 우리는 잠시 힘든 시간을 지나고 있는 거야'라는 울음은 아니었다. 비참한 눈물도 아니었다. 비참한 눈물은 적어도 어디선가, 누군가 우리의 상황을 알고 도와줄 거라는 희망을 담고 있으니까. 어머니의 눈물은 서글픔을 의미했다. '이게 내 팔자다. 내겐 이게 최선의 상황일 거야.' 그녀는 눕는 게 너무 고통스러워 머리를 벽에 이상한 자세로 기댔다. 손에 떨림이 진정되고, 그녀는 잠들었다.

찰스는 머릿속에서 계속 어머니의 비명을 듣고 있었다. 그는 자신의 얼굴을 강타한 아버지의 주먹을 느끼고 또 느꼈다. 그는 불거진 눈으로 땅에 누워 혀를 내민 채 숨을 쉬는 역겨운 아버지의 얼굴을 보았다. 그는 악한 존재가 어딘가 가까운 곳에 숨은 채 아무 경고도 없이 다시 돌아올 준비를 하는 건 아닐까 걱정했다. 적어도 찰스는 오늘 밤 잠들 수 없을 것이다. 결코.

아버지 없는 이에게 아버지를

그 밤은 영원처럼 계속됐다. 작은 소리, 옅은 바람조차 새로운 위험을 의미하는 듯했다. 찰스에겐 새벽이 오는 것마저 초현실적으로 느껴졌다. 한 줄기의 첫 햇살이 그를 안심시켰다. 그들은 살아남아 다른 하루를 맞이할 수 있다.

아침 해가 멀리 가족의 오두막을 밝히자 어젯밤 끔찍한 폭력의 결과가 드러났다. 찰스는 자기 팔에 있는 멍을 보았고, 얼굴 근육을 움직이려 했다. 얼굴 양옆에서 쓰라림을 느꼈다. 그가 본 동생들의 얼굴은 이상하리만치 평온했다. 부기도, 멍도, 심지어 긁힌 자국조차 없었다. 하지만 그의 어머니는 운이 좋지 못했다. 그는 거의 알아볼 수 없을 지경으로 변한 어머니의 얼굴을 보았다.

그녀는 무의식적으로 자신을 다음 공격에서 보호하려는 듯 아직도 구석에 쪼그린 채 있었다. 그녀의 몸은 밤 동안 주저앉은 듯했다. 그녀는 화상 피해자처럼 보였다. 태양이 그녀의 얼굴 왼쪽을 비췄고 어두운 붓기를 드러냈다. 침이 그녀의 불어터진 입술에서 질질 흘러내렸다. 머리카락은 이마 주위의 핏자국에 눌러 붙어있었다.

찰스는 자신의 상태가 얼마나 끔찍할지 궁금했지만, 그보다 어머니의 상처 없는 모습을 떠올리고 싶었다. 기억이 나질 않았다. 그녀는 너무나 연약하고 버려진 듯 보였다. 그는 그녀를 깨우고 싶지 않았다. 만약 그녀가 잠이 든 채였다면 그토록 아프지는 않으리라. 다우디가 큰 한숨을 뱉어냈고, 찰스는 두려웠다. 그의 심장이 두근거렸다. 그는 아버지가 폭력과 함께 일어날 것을 생각하며 얼어붙었다. 다우디는 몸을 돌리고 손을 침대에 크게 벌리고 누워있었다. 이내 죽음에서 부활하듯 눈을 떴다. 괴물이 일어나려고 했다.

다우디가 더 큰 숨을 뱉어 냈다. 그의 옆에 있는 로다는 아직 깨어나지 -혹은 의식을 찾지- 못했을지라도, 그녀의 정신은 이미 남편의 소리를 알아차린 듯했다. 되살아나는 위험을 알아차린 듯 그녀의 손이 떨리기 시작했다. 다우디가 일어나 앉았다. 그의 눈에 초점이 있었다. 그는 방안을 둘러보았다. 작은 탁자가 부서져 바닥에 널브러져 있었다. 그의 옆 구석에 쪼그린 채 있는 건 누구도 알아볼 수 없는 한 여자였다. 그는 머리를 찰스에게로 돌렸다.

그들의 눈이 마주쳤다. 공포가 천둥번개처럼 찰스에게 빗발쳤다. 다우디는 그를 강타할 수 있는 거리에 있었다. 그는 그가 원한다면 찰스를 강하게 내리칠 수 있었다. 찰스는 무엇을 해야 할지 알지 못했다. 아버지를 쳐다보아야 할까? 그건 상황을 더 안 좋게 만들까? 다른 곳을 봐야 할까? 그게 아버지의 분노를 더 돋우지는 않을까? 다우디의 얼굴에 어떻게 이런 일이 일어날 수 있는지 궁금해하는 듯 어리둥절한 표정이 나타났다. 그는 찰스를 가까이 보기 위해 앞으로 얼굴을 기울였다. 찰스는 숨을 들이마시고 무시무시한 주먹이 날아올 것을 확신하며 준비하듯 머리를 뒤로 젖혔다.

아버지 없는 이에게 아버지를

그러나 아버지는 그를 뚫어지게 보았을 뿐, 아무 일도 일어나지 않았다. 그는 아들을 무심하게 보았다. 그에게는 눈물도 후회도 없었다. 그는 이런 일에 익숙했다. 그들 모두 이런 일에 익숙했다. 사람이 일상의 일들에 냉담해지듯, 다우디는 아무 말도 하지 않고 일어나 문밖으로 나갔다. 로다는 마치 그것이 신호인양 멀쩡한 쪽 눈을 떴고 햇살을 만끽했다. 또 다른 하루였다. 카티타이야마Kathithyamaa에서 돈도, 남편도 그리고 희망도 없는 또 다른 하루가 시작되고 있었다.

로다는 금이 간 갈비뼈에 최대한 부담 주지 않으려 이빨 사이로 짧게 짧게 숨을 들이마셨다. 그녀는 고개를 돌렸고 목에 울렁거리는 고통을 느끼며 움찔거렸다. 고개를 중간쯤 돌렸을 때 어떤 동작도 더 큰 고통을 불러오리라는 걸 깨달았다. 그녀는 벽에서부터 멀리 떨어져 허리를 돌려보았다. 모든 동작 하나하나가 그녀를 고통스럽게 만들었다. 이 시련을 견디기 위해서는 용기가 필요했다. 그녀는 겨우 찰스를 볼 수 있을 만큼만 몸을 돌렸다. 그가 그림자 안에 있었던 게 차라리 나았을 것이다. 만약 빛이 어린 아들의 얼굴색을 강조하기 위해 비추지 않았더라면 그녀의 충격은 그토록 크지 않았을 것이다.

로다는 아들을 바라보았다. 그녀는 어머니로서 아들의 비참한 모습을 보며 눈물 흘리지 않고자 최선을 다했지만, 아들을 본 순간 심장이 죽어버린 것처럼 느껴졌다. 그녀의 여섯 살 난 군인은 용감했고, 가족의 보호자가 되기 위해 최선을 다했다. 그녀는 아들을 위로하며 안아주고 싶었다. 그녀는 반은 눕고 반은 앉은 자세로 자신의 인생에 유일한 남자에게 힘이 되어주길 바라며 그를 바라보았다. 그러나 그녀가 그를 보며 느낀 슬픔에 그녀를 사로잡은 감정은 죄책감이었다. '만약 내가 다른 사람과 결혼했더라면, 내가 돈 벌 수 있었더라면, 내가 다우디를 행복하게 할 수 있었더라면 이런 일들은 벌어지지 않았을 텐데. 만약에. 만약에. 만약에.'

그녀는 억지로 쥐어 짜낸 용기로 부서져 버릴듯한 모습으로 일어났다. 그녀는 잠시 발을 절었는데, 곧 넘어질 거란 신호였다. 찰스는 고개를 들어 어머니를 바라보았고, 어머니가 자신의 모습을 보고 있지는 않을까 생각했다. 그 얼굴, 비참한 얼굴, 흉터와 피 그리고 붓기와 멍. 찰스는 어머니를 보는 게 괴로웠다. 로다는 아들에게 입 맞추고 싶었지만 그게 아들과 자신에게 더 큰 고통을 의미한다는 걸 알고 있었다. 그녀는 손을 뻗어 그를 어루만지고 밖으로 나갔다.

찰스의 동생들은 일어나 많은 질문을 하지 않았다. 하룻밤의 잠이 세상의 모든 문제를 잊어버리게 할 만큼 그들은 어렸다. 동생들은 문을 열고 문밖의 아버지와 어머니를 보았다. 그들의 부모는 땅에 앉아 있었고, 그들 앞에는 암탉이 있었다. 다우디는 거의 정신이 나간 채였고, 특별히 어떤 걸 보고 있지도 않았다. 그것이 찰스를 불편하게 했다. 그는 이런 모습을 이전에도 본 적 있었다.

아버지 없는 이에게 아버지를

"엄마, 아빠께서는 조상님들께 기도 중이셔."

찰스가 어젯밤의 악한 존재를 자극하는 것을 피하려는 듯 작은 목소리로 동생들에게 말했다.

"도움을 구하는 기도를 하시는 거야. 축복을 기도하고 계셔."

다우디는 암탉에게 우유를 먹였다. 그는 옥수수를 으깨 만든 감자와 보리 크림 사이의 맛을 내는 반찬, 우갈리가 담긴 그릇에 손을 뻗었고 그걸 암탉에게 주었다. 멀리 가족에게는 그들을 위한 음식도 충분치 않았지만, 언제나 암탉 -자신들을 조상에게 연결해주는 무전기- 을 위한 음식은 충분한 듯 보였다. 이 관습을 행하면 할수록 그들은 더욱 가난해졌다. 로다는 그것을 알고 있었지만 다우디를 그만두게 하는 것은 불가능해 보였다.

여섯 살짜리 어린 찰스조차 조상에게 가족의 재정 상황을 바꾸고 음식을 제공해 달라는 기도를 암탉에게 하면 할수록 상황이 최악으로 변해간다는 것을 알 수 있었다. 그들의 기도에는 회개가 없었다. 폭력에 대한 고해의 기도는 절대 하지 않았다. 다우디가 나이로비에서 집에 오는 여정에 어느 정도의 돈 -아무 돈이라도- 을 술에 탕진하지 않고 벌어오길 바라는 기도도 없었다. 그 와중에 그는 조상들이 그들에게 새로운 인생을 찾아주길 바라며, 그들이 가진 적은 양의 음식을 낭비하고 있었다.

다우디와 로다는 한 시간 넘게 그곳에 서 있었다. 찰스에겐 그것이 영겁의 시간처럼 느껴졌다. 다우디는 기도가 끝나자 그들의 고립된 땅을 떠났다. 그들에게 가까운 집은 로다의 어머니 집이었는데 걸어서 10분 정도 되는 거리였다. 어쩌면 그는 그녀를 방문하러 갔을지도 모른다. 혹은 멀리 다른 동네에 가서 다시 취해 있을지도 모른다. 그러나 찰스는 일반적인 아버지와 아들처럼 아버지와 함께하고 놀고 싶은 만큼이나, 아버지가 사라지는 것이 가족에게는 최선의 상황이 아닐까 라는 생각을 했다.

로다는 안으로 들어가 젖은 천 조각을 다친 얼굴에 올려놓았다. 그녀의 얼굴은 이전보다 악화된 듯 보였다. 그녀는 온종일 침대에 누워 편한 자세를 찾으려 노력했다. 그날 밤 그녀는 가장 먼저 잠이 들었다. 찰스의 동생들도 곧 잠이 들었지만, 찰스는 깨어 있었다. 그는 귀를 기울이고, 생각하며 바랐다. 오늘 밤은 아버지가 취해 있지 않기를, 오늘 밤엔 아버지가 그저 집에 돌아와 잠자리에 들기를 바랐다.

그는 문으로 다가오는 발소리를 들었다. 그 소리는 가까워짐에 따라 균형을 잃은 것처럼 꼬여 있는 것을 알 수 있었다. 그는 부딪히는 소리를 들었다. 그것이 그에게 충격을 주었다. 그는 문에서 고개를 돌려 억지로 눈을 감았다, 그렇게 하는 것이 그의 주변 세상을 막아 버리는 것 같았기 때문이다. 문이 열렸다. 찰스는 숨을 죽였다.

다우디는 오두막으로 한 걸음 내디뎠다. '제발. 제발. 제발.

아버지 없는 이에게 아버지를

오늘 밤은 아니길. 다시 그러지 않길.' 다우디는 무언가 말했다. 질문이었을지 모른다. 어쩌면 저주일 수도, 그저 기침 소리였을 지도 모른다. 그러나 찰스는 아무 대답도 하지 않았다. 그는 잘 알고 있었다. 다우디는 다시 반복했다. 찰스는 여전히 그의 혀를 붙잡고 있었다. 아버지와 한밤중의 대화 따위는 없을 것이라는 걸 잘 알고 있으니까.

다우디는 침대로 넘어져 굴렀고 잠시 후 잠이 들은 듯했다. 찰스는 아버지의 거친 숨소리를 들으며 오늘은 끝이라는 것을 확신하고자 했다. 그는 위험 밖에 있다는 것을 확신할 때까지 기다렸고, 이내 경직된 근육을 이완시키며 눈을 감고 잠이 들었다. 다음 날 아침, 무슨 일이 일어날지 알았더라면 이토록 침착할 수는 없었을 것이다.

조용했다. 문제의 첫 신호였다. 아무 소리도, 아버지도, 어머니도, 그의 동생들도, 심지어 바람조차 없었다. 이런 밝고 더운 날에는 이상할 정도의 고요였다. 찰스는 고요함을 느끼며 무슨 문제인지 알아보려 했다. 그는 눈을 떴다. 부기가 어느 정도 가라앉았고, 턱을 움직이자 그렇게 아프지는 않았다. 그는 침대에서 일어났다.

오두막은 비어있었지만, 침대 밖에서 어머니를 보는 것은 이상한 일이 아니었다. 그녀는 종종 일찍 일어나곤 했다. 특히 그녀가 구타로부터 회복하며 작은 농장 일들을 처리할 때 그랬다. 다우디는 항상 이곳저곳에 가 있었다. 그러나 동생들이 사라졌다. 그것이 또 다른 신호였다. 찰스는 보통 동생들보다 일찍 일어난다. 그런데 동생들의 침대가 비어 있었다.

그는 문을 열었다. 그의 눈이 빛에 적응함에 따라 오두막에서 대로까지 진흙 길이 보였다. 땅에 있는 초록색 잎이 무성한 나무와 오른편에 있는 마르고 어두운 흙을 보았다. 하지만 가족 중 누구도 보이지 않았다. 불안감이 엄습했다. 그는 어머니를 찾기 위해, 가족 누구라도 찾기 위해 집 밖으로 달려나갔다. 아무것도 없었다. 그는 다시 오두막으로 돌아왔고 오두막 뒤를 보았다. 가족들이 장난치는 건지도 모른다. 잠시 볼일을 보러 나갔을지도 모른다.

아버지가 없는 건 별문제가 되지 않았다. 모든 사람이 알다시피 그는 밤에 술을 마시려고 마을로 나가 싸움에 휘말려 배수로에 코를 박고 누워있곤 했다. 그러나 어머니와 동생들이 사라졌다. 그건 문제였다. 아주 큰 문제였다. 그는 그들의 땅 한가운데에 서서 주위를 둘러보며 누군가 -혹은 아무나- 의 흔적을 찾길 바랐다. 그러나 아무도 없었다. 가족이 사라진 것만 같았다. 그는 할머니 집까지 길을 알고 있었다. 공포로 가득 찬 마음으로 외롭고 불확실한 여정을 시작했다. '다들 어디로 간 거지? 어디로 가버린 걸까? 다들 할머니 집에 있을 거야. 그곳에 있을 거야. 모두다.'

그러나 할머니 집에 가까워질수록 희망은 사라져 갔다. 동생들은 마당에서 놀고 있지 않았고, 아버지와 어머니도 밖에 있지 않았다. 그는 문을 열고 작은 의자에 앉아 걱정스러운 표정을 한 할머니를 발견했다. 그녀는 그를 바라보았다. 찰스는 구역질이 올라왔다. 이제 곧 나쁜 소식을 듣게 될 것을 확신했다.

"제 부모님께서는 어디 계시죠?"

그는 마음속 깊이 이미 답을 알고 있는 채로 물었다. 할머니는 뭔가를 숨기려는 듯 잠시 말을 잇지 못했다. 그러나 찰스의 절망적인 눈빛이 그녀의 말을 이끌었다.

"너의 가족은 이곳에 없단다."

그녀가 말했다.

"그들은 너를 떠났단다. 찰스야. 그들은 떠났단다."

3

"다들 언제쯤 돌아올까요?"

찰스가 물었다.

"나도 모른단다."

"전 여기서 기다릴 거예요."

"찰스야."

"할머니, 여기서 저랑 같이 기다려요."

"찰스야."

"여기서 엄마랑 아빠, 동생들이 돌아올 때까지 할머니 같이 기다릴 거예요. 맞죠? 그렇죠? 여기서 기다릴 수 있어요. 왜 이렇게 슬픈 표정을 지어요?"

하지만 찰스도 현실을 깨달았다. 할머니의 눈빛이 그가 알아야 할 모든 것을 말해주고 있었다. 할머니의 눈에서 어머니의 눈에서 봤던 고통이 보였다. 찰스는 손을 문 위에 올렸고 다른 결과를 바라는 듯 문을 나갔다 다시 들어왔다.

"모두 금방 돌아올 거예요."

찰스는 말을 하고 할머니의 대답을 기다렸다. 할머니는 대답하지 않았다.

"다들 나이로비로 갔을 거예요. 그렇죠? 일을 찾으러 갔겠죠. 돌아올 거예요. 오늘 밤 돌아올 거예요."

여전히 아무 대답이 없었다. 찰스는 숨을 크게 들이마셨다. 분명히 다른 간단한 답이 있을 거라고 생각했다. 가족을 잃었다는 사실 외에 다른 진실이 있어야만 했다.

"이사를 간 걸 거예요."

찰스가 말했다.

"거기서 집을 산 후, 저를 데리러 돌아올 거예요."

할머니의 눈에서 눈물이 흘렀다. 기나긴 고통과 슬픔의 세월에도 감정은 무뎌지지 않은 모양이었다. 할머니는 부드럽지만 더 이상 손자에게 여지를 남겨주지 않을 만큼 확실한 어조로 찰스에게 남은 유일한 가족은 자기뿐임을 말했다.

"찰스야, 아니란다."

그녀가 말했다.

"그들은 떠났단다."

이것이 현실이라는 것의 문제다. 현실은 너무나 강렬하게 다가와, 일말의 희망조차 남기지 않고 떠난다.

찰스의 할머니는 입술을 꼭 깨물었다. 이 어린아이는 벌써

부터 해답이 존재하지 않는 질문을 하고 있다. '왜? 왜 이 아이의 부모는 떠났는가? 왜 그의 아버지는 가족에게 지독한 폭력을 휘둘렀는가? 왜 다른 사람들은 부유한 가정에서 태어났고, 지구 다른 곳에는 결핍이라는 걸 모르는 사람도 있는데, 찰스의 가족은 빈곤 속에서 살고 있는가? 왜?'

"너는 나와 살게 될 거란다."

그녀가 말했다. 하지만 그 말은 찰스에게 조금도 위로가 되지 않았다. 두 사람 모두 그녀가 찰스까지 부양할 방법이 없다는 걸 알기 때문이었다.

찰스는 할머니의 오두막 앞에 서 있었다. 그는 찢어진 티셔츠에 반바지를 입었고 신발조차 신지 않았다. 공중에 있는 맹렬한 황금빛의 원이 하늘의 모든 곳을 채우고 있는 것 같았다. 그의 이마는 땀으로 젖어 있었다. 마치 사우나에 있는 것처럼 뜨거운 날이었다. 그러나 날씨는 찰스의 걱정거리조차 되지 못했다.

찰스는 사흘 동안 밥을 먹지 못했고, 그는 얼마나 버틸 수 있을지 알 수 없었다. 그는 쑤실 듯한 고통이 느껴지는 배에 손을 올렸다. 몇 마리의 벌레가 안쪽에서부터 그를 갉아먹는 거 -그의 내장을 수십 개의 바늘로 찌르는 듯- 같았다. 그 고통은 지금까지 찰스가 겪었던 여느 병과는 달리 끊임없이 그를 쇠약하게 만들었다. 사람이 아플 때는 비싼 돈을 지불해야 할지라도 도와줄 수 있는 의사가 있다. 값비싼 약도 있다. 하지만 굶주림에 유일한 치료법은 음식뿐이다. 그리고 음식이 없을 때, 음식 외의 다른 치료 따위는 존재하지 않았다.

그는 자신이 살던 오두막을 지나, 그다음으로 가까운 오두막 쪽을 멀리서 바라보았다. 그는 할머니의 집 앞에서 용기를 얻기 위해 몇 시간을 기다렸다. '만약에 그들이 안 된다고 한다면? 다른 아이들이 주위에 있다면? 그 아이들이 비웃는다면? 그들이 돈을 가지고 오라고 한다면?' 그렇다면 그에게는 상상할 수 없을 만큼 큰 수치가 될 것이다.

그러나 신체의 고통은 자존심과는 상관없이 회복을 요구했다. 굶주림이란 것은 이토록 잔혹한 것이다. 그는 할 수 있다는 걸 스스로 증명하기 위해 가장 가까운 이웃을 향해 몇 걸음을 뗐다. 하지만 이내 그는 멈춰 섰다. 그의 맥박이 솟구쳐 올랐고 목에서 강하게 고동쳤다. 그가 정말로 그곳에 가고 있었다. 정말로 그가 그 일을 하려 하고 있었다.

어쩌면 다른 길이 있을지도 모른다. 할 수 있는 다른 방법이 있을지 모른다. 그러나 그런 것 따위는 없었다. 찰스도 아주 잘 알고 있었다. 이것이 그가 어떤 아이라도 죽을 만큼 싫을 여정을 준비하며 이곳에 있는 이유였다. 그는 두 눈을 감고 자신을 조금 더 멀리 가도록 밀어내며 삶의 무게를 느꼈다.

찰스 멀리는 음식을 구걸하려 하고 있었다. 모든 발걸음이 무겁게 느껴져, 그곳에 도착할 때까지 평소보다 더 오래 걸린 것만 같았다. 그는 아이들이 그곳에 없기를 바라며 아이들이 노는 소리에 귀를 기울였다.

　모든 게 쉽고 신속하게 끝나길 바랐다. 그러나 아이들이 그곳에 있었고, 이리저리 뛰놀며 놀이를 하고 있었다. 몇몇은 찰스가 알고 있는 아이들이었다. 찰스도 예전에는 바로 그 자리에서 아이들과 뛰놀고 있었다. 아무도 신발을 신지 않았다. 누구에게도 그만한 여유는 없었다. 모두 찰스처럼 더럽고 찢어진 옷들을 입고 있었다. 겉모습은 모두 그와 다를 바 없어 보였지만, 그들에게는 부모님과 음식이 있었다. 찰스가 직면해야 할 가장 큰 차이였다.

　아이들은 찰스가 다가오는 것을 보며 멈추었다. 그들은 찰스를 알고 그에게 무슨 일이 일어났는지 알고 있었다. 그들은 며칠 동안 그를 보지 못했다. 그중 한 명이 같이 놀자며 그를 불렀다. 그는 그들로부터 고개를 돌렸지만, 창피함은 가시지 않았다. '그냥 날 보지 마. 제발 나를 보지 말아 줘. 다시 하던 놀이 마저 하고 내가 여기 있었던 것 자체를 잊어줘.'

　하지만 찰스의 바람은 이루어지지 않았다. 아이들은 그들의 순진무구한 시선이 그에게 얼마나 고통스러운지를 알지 못했기에 계속해서 찰스를 쳐다보았다. 찰스는 침을 삼켰다. 빈곤은 끔찍했다. 의심의 여지도 없었다. 빈곤에는 프라이버시가 없다는 게 빈곤 자체보다 훨씬 더 끔찍한 일이었다.

　찰스는 그들의 시선을 느꼈다. 마치 누군가 그의 어깨 위에 나무를 올려놓은 것 같았다. 그가 축구 하러 가는 길이었다면, 그는 그들에게 달려갔을 것이다. 그가 강가로 여행하기 위해 친구들을 만나러 가는 길이었다면 그들에게 다가가 그들의 이름을 소리쳐 불렀을 것이다. 하지만 그런 상황이 아니었다. 지금은 아니었다. 지금, 그는 더 이상 그 아이들과 동등하지 않았다. 그는 더 이상 그들의 동지가 아니었다. 찰스는 절망적이었다. 그는 다른 아이들보다 한참 밑에 있었다. 그 아이들에게는 음식이 있다. 그에게는 아무것도 없다. 그리고 그 사실은 그 아이들에게 더 큰 힘을 주었다.

찰스는 그들의 인사에 답하지 않은 채 지나쳐갔다. 무슨 말을 해야 할까? 친구들에게 얼마나 더 자세히 너희들 부모에게 구걸하러 왔다고 설명해야 하겠는가? 그는 어떤 오두막에 도착했지만 안심하지 못했다. 이제 쉬운 부분은 끝났다. 어려운 부분을 막 시작하려는 참이었다. 더 많은 땀이 쏟아졌다. 마치 태양이 수많은 아이 중 찰스 한 명에게 모든 열을 집중한 것만 같았다. 아이들이 뒤에서 수군댔다. '왜 저 애는 이곳에 있지? 왜 우리에게 인사하지 않지? 무슨 일을 저지른 걸까?'

이제 더 이상 돌이킬 수 없었다. 이렇게 멀리까지 온 후에는 더더욱 그랬다. 찰스는 손을 들고 손가락을 접었다. 시간이 멈추었다. 아이들이 더 많은 질문을 하기 시작했다. 그는 문을 두드렸다. 그의 맥박이 느려졌다. 그는 약해지는 걸 느꼈다. 쓰러질 것만 같았다. 찰스에게 조금 더 기력이 있었더라면, 울음을 터뜨렸을 거다. 울음은 전혀 도움이 되지 않았겠지만 말이다. 울음은 과거에도 도움이 된 적 없었고, 지금도 전혀 도움이 될 거 같지 않다. 눈물이 무슨 소용 있겠는가?

대문이 열렸다. 그게 그를 무섭게 만들었다. 한 여자가 그 앞에 섰다. 그녀의 눈은 건강했고 자애로웠으며 강인해 보였다. 그가 익숙하게 보아왔던 어머니의 눈 뒤에 숨어있던 잠잠한 죽음과는 달리, 그녀의 얼굴에는 표정이란 게 있었다. 찰스는 자신이 하는 일이 창피해 밑을 바라보았다.

"찰스니?"

그녀가 말했다. 그건 좋은 신호였다. 그녀가 찰스를 기억하고 있었다. 당연히 그럴 수밖에. 찰스는 그녀의 아이들과 어울려 놀았었다. 그녀가 그를 마지막으로 본 것은 불과 며칠 전이었다. 하지만 굉장히 오래전인 것 같았다. 물론 상황은 예전과 많이 달라져 있었다.

찰스는 무슨 말을 해야 할지 몰랐다. 그의 마음 한 켠에는 그녀가 자신의 문제를 파악하고 불쌍히 여겨 주길 바라는 마음이 있었다. 지금 여기서 무슨 일이 벌어지고 있는지 깨닫는 게 얼마나 어렵겠는가? 하지만 지금 이 상황은 자신에게는 너무나 명백하지만, 주위 사람에게는 그렇지 않을 수도 있다는 것을 알고 있었다. 그는 그녀의 눈을 보지 못했다. 다시 한번은 할 수 없었다. 사람의 눈을 보고 이야기하는 데는 서로를 다 꿰뚫어 볼 수 있을 것처럼 느껴지게 하는 특별한 것이 있었다. 찰스는 공포와 수치심을 인정하는 것에 서툴렀고 다른 사람이 그걸

아버지 없는 이에게 아버지를

눈치채길 원치 않았다.

　다섯 단어. 찰스가 그녀에게 해야 할 말은 그게 전부였다. 그 말이 그에게 필요한 전부길 바랐다. 하지만 만약 그녀가 질문한다면? 그땐 어떻게 답해야 할까? 찰스는 이제껏 단 한 번도 노출된 적 없는 내면에 도달했고, 그의 영혼을 그녀에게 열어 보였다.

　"혹시 조금이라도 어떤 음식이 있나요?"

　찰스가 물었다. 그리고 그 순간 찰스는 마치 죽은 것처럼 느껴졌다. 사실, 죽는 게 더 쉬울지도 모른다. 어떤 것도 이보다는 쉬울 것이다. 하루 14시간의 노동도 이보다는 쉬울 거다. 여기서부터 나이로비까지 걸어가는 게 더 쉬울 거다. 자신보다 두 배는 나이가 많은 아이에게 일반적으로 주어지는 일을 하는 게 이보다는 쉬울 거다. 그 어떤 것도 구걸보다는 쉬울 거다. 그리고 기다림의 시간이 다가왔다. 그 시간이야말로 최악이었다. 축구할 때는 섬광처럼 지나가던 시간이 한 여자 앞에서 음식을 구걸할 때는 영원처럼 느껴진단 말인가?

　"찰스야."

　그녀가 다시 말했다. 이번에는 나아진 느낌이 들었다. 그 목소리에서 자비가 느껴졌다. 그게 그를 진정시켰다. 그 어떤 것도 상관은 없었지만, 그녀의 보살핌은 그에게 충분했다. 물론 그녀는 찰스에게 무엇이 필요한지 알았다. 하지만 그녀가 먹을 것을 주기 전까지 달라지는 것은 없다. 물론 주었겠지만 말이다. 찰스는 고개를 들어야 한다는 걸 알고 있었다. 연장자와 대화할 때는 눈을 마주 봐야 하는 게 예의인 걸 알고 있었다. 그러나 왜인지 자존심과 자존감이 박살 나고, 그것들이 생존을 위한 몸부림으로 대체되었을 때 예의를 차리기는 쉽지 않다.

그녀는 안으로 들어갔다. 찰스가 할 수 있는 것은 그녀가 돌아올지 아닐지를 궁금해하는 것뿐이었다. 그는 뒤에서 아이들의 소리를 들었다. 아이들의 시선이 그의 등을 칼처럼 찌르는 걸 느낄 수 있었다. 그는 사라지고 싶었다. 투명인간이 되어 관심에서 벗어나고 싶었다. 그녀가 돌아왔고, 그녀는 그의 눈을 보기 위에 무릎을 굽히고 앉았다. 그러나 찰스는 고개를 들지 못했다. 고개를 들고 싶었지만 도저히 그럴 수 없었다. 그는 감사의 말을 전하고 싶었다. 그녀가 자신에게 해주는 일에 대해 감사의 표시를 하고 싶었다. 그의 눈이 그녀의 손에 있는 음식을 보자 커졌다. 그는 침을 삼켰다. 그 음식은 이틀은 충분한 식량이었다. 이틀, 이틀분의 식량. 그 말은 하룻밤은 다음날 음식에 대해 걱정하지 않고 잠잘 수 있고, 적어도 하루는 다음 날 아침에 일어나면 음식이 있다는 확신을 하며 잠을 잘 수 있다는 걸 의미했다.

그러나 그는 아무 말 하지 않았고, 그녀와 눈도 마주치지 않았다. 그녀가 찰스의 손으로 음식을 옮겨주며 그의 팔을 어루만져 주었다. 그의 눈이 갑자기 아려왔다. 눈물이 쏟아지려는 걸 막기 위해 눈을 감았다. 여자의 손길. 어머니의 손길이었다.

아버지 없는 이에게 아버지를

'한 번의 포옹. 그거면 돼요. 한 번만 안아 주실 수 있나요? 아주 잠시만요. 친구들이 비웃어도 더 이상 신경 안 써. 더 이상은 아냐. 단지 내가 아직 어머니가 원할 만큼 가치 있는 아이인지 알고 싶을 뿐이야. 난 내가 사랑받을 자격이 있는지 알아야 해. 난 정말 그럴까?'

그는 돌아서 그곳을 떠났다. 그녀는 찰스의 이름을 불렀지만 그는 계속 걸었다. 그리고 자신을 향해 인사해야 할지, 놀이를 계속해야 할지 주저하는 아이들을 지나쳐갔다. 눈에서 흐르는 눈물을 닦으며 품 안에 있는 음식의 무게를 느꼈다. 오늘 밤은 먹을 것이 있다.

찰스는 2년 동안 집들을 돌아다니며 구걸했다. 많은 경우, 사람들은 거지가 문 앞에 있는 걸 보았을 때 그저 문을 닫기 위해 문을 열었다. 종종 사람들은 고통에 익숙해지곤 한다. 하지만 찰스는 결코 거절에 면역되지 못했다. 누군가가 그를 불쌍히 여기기 전까지, 그는 이집 저집 돌아다니는 고통스러운 여정을 매일 해야만 했다. 사랑으로 인한 도움도 있었고, 단지 찰스를 생각과 시야에서 없애기 위해 주어지는 도움도 있었다.

그러던 어느 저녁, 마을에서 한 아이가 그에게 달려왔을 때 희망이 찾아왔다. 찰스는 바위에 앉아 다가오는 친구를 모른 채 고요한 아프리카의 저녁을 바라보고 있었다. 타오르는 태양이 언덕 뒤로 가차 없는 열과 함께 지고 있었다. 내일도 이 태양은 뜨고 또 질 것이며, 하루가 가고 또 다른 하루가 올 거다. 그리고 항상 그래왔듯이, 그가 음식을 찾아다니는 일 역시 내일도 계속될 거다. 내일, 내일모레, 매일 매일을. 그는 여기에 어떤 의미가 있는지 생각했다. 찰스는 다가오는 발걸음 소리를 듣고, 뒤를 돌아봤다. 친구가 숨을 헐떡이며 그의 앞에 섰다.

"그녀가 왔어!"

"누구 말이야?"

찰스가 물었다.

"너의 어머니. 그녀가 돌아왔어. 그녀가 돌아왔다고, 찰스!"

찰스는 벌떡 일어섰다. 인생은 영원히 끝나지 않는 쳇바퀴 같은 것이라는 절망적인 생각이 순식간에 사라졌다. 태양은 이미 지고 있었지만, 찰스에게는 대낮과 같이 느껴졌다. 어머니가 돌아왔다. 어머니의 손길이 돌아왔다. 찰스는 최대한 빨리 길로 달음질했다. 그의 굳은살 가득한 맨발은 울퉁불퉁한 길을 잘도 달려갔다. 심장이 가슴에서 고동쳤다. 그의 눈은 어머니를 찾으며 지평선을 훑어보았다.

생명이 돌아왔다. 그가 할머니의 오두막에 도착했다. 바깥에 서 있는 삼촌들이 보였다. 찰스가 그들을 지나쳐 갈 때 삼촌 중 한 명이 그를 잡으려 했지만, 그는 아무 생각 없이 그 손길을 피했다. 찰스는 모두를 놀라게 할 만큼 폭발적인 힘으로 집에 들어갔다. 그의 눈은 기대로 커져 있었고, 호흡은 쉼 없는 달리기로 거칠었다. 그는 방을 훑어보았다. 그리고 그가 본 것은 그의 심장을 멈추게 했다.

아버지 없는 이에게 아버지를

한 여자가 할머니 옆에 앉아 있었다. 그 여자는 어머니가 아니었다. 그럴 수는 없었다. 그는 그녀를 믿을 수 없다는 듯 바라보았다. 그의 앞에 있는 여자는 도저히 알아볼 수 없는 상태였다. 머리는 엄청나게 부어서 커다란 풍선 같았고, 두 눈은 베인 상처와 온갖 멍, 심한 부기로 감겨 있었다. 그녀는 가느다란 빛이 겨우 들어갈 만한 한쪽 눈으로 보기 위해 고개를 뒤로 젖혔다. 머리 양쪽에는 커다란 자국이 나 있었다. 그 자국들은 커다란 금속 조각으로 생길법한 흉터였다. 팔은 심하게 부어 있었고, 온몸에 혹이 나 있었다. 찰스는 토할 것처럼 목구멍에 울컥함을 느꼈다.

누구도 말하지 않았다. 찰스가 침대에서 아버지가 집으로 돌아와 휘두를 폭력을 기다리던 그 날 밤을 떠오르게 하는 고요함이었다. 찰스는 음식도 미래도 없이 버려진 아이가 자신이 가진 아주 적은 것조차 눈앞에서 산산 조각 났을 때야 흘릴 수 있는 무력한 눈물을 흘리기 시작했다. 할머니도 같이 울었다. 어머니는 울지 않았다. 얼굴이 그 정도로 짓이겨졌을 때는 눈물이 나지 않는 모양이다.

그는 어머니를 쳐다보지 않으려 노력했다. 그의 눈은 끊임없이 어머니를 찾으려 했지만, 그의 영혼이 허락하지 않았다. 그는 화가 나 있었다. 아버지를 증오했다. 어머니는 맞서 싸울 수도 없었고, 자신을 보호할 수도 없었다. 찰스는 자신의 덩치가 좀 더 크길 바라고 또 바랐다. 그렇다면 아버지에게 복수할 수 있을 테니까. 만약 그가 좀 더키가 크고 거칠었다면 아버지의 오두막에 있는 몽둥이나 삽 따위로, 아버지가 어머니의 인생을 망친 것처럼 아버지의 인생을 망칠 수 있었을 테니까. 그렇다면 더 이상 문제도, 슬픔도 없을 것이다. 그는 턱을 꽉 다물었다. 여덟 살짜리 아이가 벌써 인생의 모든 것을 증오하고 있었다.

"와챠."

어머니가 말했다. '안녕, 잘 지냈니?'라는 뜻이다. 그러나 찰스는 아무 말도 하지 않았다. 고통, 분노, 슬픔, 복수 모든 감정의 충돌이 그의 안에서 일어나 어떤 감정을 선택해야 할지 알 수 없었다. 결국엔 고통이 승리했다. 그의 불쌍한 어머니. 지독하게 잘못된 것을 바로잡을 수 없다는 무력감을 느낄 때 흐르는 눈물이 그의 볼을 타고 내렸다.

그리고 누군가 더 있었다. 어머니 옆에는 새로운 아기, 쟈카리아가 있었다. 찰스는 가까이 가서 아기를 보았다. 무언가 잘못됐다. 아기가 아파하고 있었다. 그 이상이었을지도 모른다. 그는 한 걸음 더 다가가 아기의 흉터를 보았다. 할머니가 아기에게 무슨 일이 있었는지 설명해 주었다. 모든 어머니가 본능적으로 그러듯 로다도 다우디의 폭력에서 아기를 지키려 했다.

그녀는 자신의 몸을 아기와 다우디의 주먹 사이에 방패로 사용했다. 다우디는 강하게 쥔 주먹으로 그녀의 머리를 마구 때렸다. 그녀가 아기와 함께 도망갈 곳을 찾는 중에도, 주먹이

아버지 없는 이에게 아버지를

날아오고 또 그다음 주먹이 계속해서 날아들었다. 하지만 매번 그래왔듯이 로다는 다우디에게서 도망가지 못했다. 로다는 정신을 차리려 했지만, 머리로 날아오는 주먹은 그녀가 정신 차릴 수 없도록 만들었다. 아기는 그녀의 품에서 미끄러져 나와 그대로 불에 떨어지며 손과 머리에 화상을 입었다. 새로운 동생을 볼 때 가질 수 있는 기쁨은 신생아가 겪고 있는 고통으로 산산조각 났다.

그날 밤, 삼촌 지오카는 로다와 아기를 병원으로 데리고 갔다. 찰스가 침대에 누웠을 때 그의 머리는 고통과 어머니, 동생들에 대한 불안으로 가득 찼다. 어머니의 상처와 심하게 부은 머리가 계속 떠올랐다. 그녀는 수많은 폭력을 겪어 왔지만, 이번은 최악이었다. 찰스는 어머니와 동생을 다시는 볼 수 없을지도 모른다는 생각을 했다.

4

　　　　　다음날, 찰스는 누군가 자신이 살
고 있는 오두막으로 나타나, 어머니와 동생이 죽었다는 말을
전해줄지도 모른다는 불안으로 하루를 보냈다. 그는 매번 누군
가 지나갈 때 그리고 다른 아이들과 놀고 있을 때나 음식을 구
걸할 때마다, 나쁜 소식이 머지않아 들려올 것이라고 생각했다.

　　하지만 나쁜 소식은 없었다. 그 대신 어머니가 아기와 함
께 돌아왔다. 한 친구가 찰스에게 그들이 돌아온 것을 말해 주
었다. 그는 이전보다 기대를 덜 하며 오두막으로 뛰어갔다. 문
을 열며 이번 만남은 지난번의 반복이 아니길 빌었는데, 이번
에는 그렇지 않았다. 그는 그의 인생에서 한순간이라도 확신할
수 있는 순간이 있다는 것에 안심했다. 어머니와 눈을 마주했
다. 어머니를 알아볼 수 있었다. 그녀는 많이 회복되었다. 겉모
습뿐이었지만 말이다.

아버지 없는 이에게 아버지를

찰스는 어머니를 포옹했다. 그는 자신에게 둘린 어머니의 팔을 느끼며, 그동안 무엇을 그토록 그리워했는지 알 수 있었다. 그들은 아무 말 없이 침묵 속에 서 있었다. 아무 말도 필요하지 않았다. 어머니가 돌아왔고, 그들은 함께였다. 얼마나 갈지 알 수 없었지만, 그는 이미 영원하다는 것은 없다는 걸 알고 있었다. 그는 지금 이 순간, 그저 어머니와 함께하는 소년이고 싶었다. 그는 동생 옆 의자에 앉았다. 쟈카리아의 갈색빛 큰 눈은 찰스의 모습이 비춰 보일 만큼 컸다. 찰스는 쟈카리아의 손가락을 만져보며, 화상자국이 낫고 있는 걸 볼 수 있었다.

몇 주 후 이번엔 다우디가 돌아올 차례였다. 찰스는 이웃에게 적선 받은 우갈리를 먹으며 그 소식을 전해 들었다. '너의 아버지가 오신다'는 말이 단검처럼 그의 귀와 심장을 뚫고 지나갔다. 아버지를 오랜만에 만나는 아이가 느껴야 할 기쁨 대신, 온몸을 마비시킬 듯한 공포가 느껴졌다. '왜 그자가 이곳에 있는 거지? 도대체 원하는 게 뭘까? 우리한테 무슨 짓을 하려는 걸까?' 다우디는 부재중일 때 아버지의 역할을 가장 잘 수행했다.

찰스는 아버지가 할머니의 오두막으로 향하는 것을 보았다. 어째서 저 작은 남자가 지독할 만큼 크게 보이는 것인지 알 수 없었다. 활활 타는 태양 아래 드러난 아버지의 얼굴은 등줄기에 소름이 끼칠 만큼 차가워 보였다. 다우디는 친척들과 회의가 있는 오두막에 들어가는 길에 찰스를 흘깃 쳐다보았다. 미소도, 포옹도, 아무 말도 없었다. 무슨 말을 하겠는가?

찰스가 밖에서 기다리는 동안 다우디는 결코 지킬 수 없는 약속을 하고 있었다. '다시는 로다를 때리지 않겠습니다. 다시는 술을 마시지 않겠습니다. 돈을 벌어 오겠습니다. 아이들을 잘 돌봐주겠습니다.' 폭력을 호소할 만한 정부가 없던 시대였다. 정식 재판은 물론 경찰도 피난처도 없었다. 가정폭력을 호소할 수 있는 유일한 창구는 부족 평의회였다. 그리고 평의회가 개입했을 때는 일이 너무나 심각해졌다.

판결의 결과가 너무 심각한 까닭에 부족 평의회는 마지막 수단이었다. 평의회가 개입되면 중간은 없었다. 유죄 혹은 무죄, 그것뿐이었다. 무죄로 판명 나면 풀려나고, 유죄면 얼굴을 땅에 눕혀 몸을 묶은 후, 등가죽이 크게 벌어질 때까지 무거운 막대기로 두들겨 팬다. 형벌을 받는 자는 기절하거나 죽어버리는 게 보통이다. 찰스가 회상했을 때 가족회의에 참석했던 아버지는 진실된 남편이나 책임감 있는 아버지가 되거나, 약속을 지키기 위해서가 아닌, 사형선고를 받지 않으려던 사람이었을 뿐이다. 적어도 지금까지는 그랬다.

찰스가 가족이 자신을 떠났던 이유를 알게 된 건 몇 년 후였다. 어머니 로다의 오빠들은 로다와 다우디를 집에서 쫓아내며 다우디에게 살 곳을 직접 찾으라고 했다. 로다의 재산은 닭 몇 마리뿐인데 그 닭들이 그녀 오빠들의 커피나무를 망쳐놓아 불화를 일으켰던 거다. 아프리카 문화에 따르면 딸들은 재산을 상속받지 못한다. 그래서 그들에 따르면 로다가 살고 있던 땅은 원래 그들에게 속한 것이었고, 로다는 잠시 그곳을 빌려 살고 있었을 뿐이다. 오빠들은 로다의 닭들이 그들의 농사를 망치는 것을 참을 수 없어 로다와 다우디를 쫓아내기로 했다. 다우디와 로다는 찰스가 1학년이었기에 학업을 방해하지 않기 위해 그를 남겨두고 간 것이다. 하지만 아무 말도 하지 않은 것보다 단 한마디라도 작별인사를 하는 게 나았을 것이다.

다우디는 행복하지도 슬프지도 않은 표정으로 아내와 아기 쟈카리아와 함께 가족회의에서 나왔다. 그는 가족 ―이번에는 찰스를 포함해― 을 데리고 카티타이야마를 떠났다. 그들은 리프트 벨리에 있는 몰로Mollo에 가기 위해 나이로비로 가는 버스를 탔다. 몰로에는 카불루라는 사람이 소유한 농장이 있는데, 다우디와 찰스의 동생들은 그곳에서 노동자로 일하고 있었다. 정말로 긴 버스 여행이었다. 특히 찰스에게는 긴 여행이었다. 다우디는 술에 취해 있지 않았다. 찰스에게는 아버지가 술에 취해 사악한 악마로 변하지 않은 최소한 사람으로 보이는 순간이었다. 나이로비에 가는 동안 다우디는 로다에게는 말을 했지만, 찰스에게는 거의 한마디도 하지 않았다.

나이로비에 도착해 몰로로 향하는 버스로 갈아탔다. 그 여정에서 찰스는 자신의 과거를 잊기 위해 최선을 다했다. 어쩌면 카티타이야마에서의 기억을 지워버리고 새로운 삶을 살 수있을지도 모른다. 새로운 장소는 그들 모두에게 새로운 시작을알리는 것일지도 모른다. 찰스는 몰로로 향하는 길에 그의 과거가 전부 잊혀지길 바랐다. 거리는 과거의 문제를 극복하는 것과는 아무 상관 없다는 걸 알기에는 그는 너무 어렸다.

　　그들은 몰로 버스 정류장에서부터 카불루의 농장까지 11km를 걸었다. 그들이 도착했을 때, 찰스는 광활하게 펼쳐진 작고 하얀 제충국(除蟲菊 : 케냐에서 재배되는 화초의 일종으로, 살충제로 가공되어 사용된다.)을 보았다. 그건 마치 지평선까지 지구를 덮고 있는 거대한 이불처럼 보였다. 찰스는 오른쪽으로 고개를 돌려 수많은 소를 보았다. 그토록 많은 소는 이제껏 본 적 없었다. 에이커 넘어 에이커에 가축들과 하얀 꽃들이 영원처럼 펼쳐져 있었다. 그 풍경에 작은 오두막들이 수를 놓았다. 찰스는 주위를 둘러보았고 광활함에 흠뻑 빠져, 어떻게 한 사람이 이토록 많은 것을 소유하게 되었을지 궁금했다. '어떻게 사람들은 이렇게 부유해질 수 있는 걸까? 이 사람은 항상 부자였을까? 정말로 한 사람이 맨손으로 시작해 이렇게 부자가 될 수 있는 걸까?'

　　그는 저 멀리 세 소년이 함께 일하는 것을 보았다. 소년들은 허리를 굽혀 식물 주변을 파내고 있었다. 그중 한 명이 이마의 땀을 닦으려고 고개를 들었다. 찰스는 자신이 찾고 있는 사람이 그들일 거라 기대하지 않아, 그들에게서 시선을 돌렸다. 하지만 다시 한번 그들을 보았을 때, 그는 익숙함을 느꼈다. 그는 좀 더 가까이서 그들을 보았다. 동생들이었다. 그는 동생들을 향해 걸었고, 이내 그들을 부르며 달려갔다. 그들은 고개를 들어 찰스를 보고 도구를 땅에 내려놓고, 찰스가 포옹하며 악수할 때 일어섰다. 동생들은 야위어있었다. 너무도 야위어 눈이 움푹 들어가 있었다. 다우디가 쟈카리아를 안은 로다와 함께 다가왔다. 그곳에 처음으로 가족 모두가 모였다.

다우디와 로다 그리고 세 명의 동생이 사는 오두막은 너무 작아, 찰스는 길 아래쪽에 있는 친할아버지 칼레리와 살게 되었다. 찰스가 할아버지를 마지막으로 본 것은 한참 전이어서, 그는 할아버지를 만나는 것에 긴장하고 있었다. 찰스는 할아버지가 자신의 아버지와 같은 사람일지 궁금했다. 중간 사이즈의 우직해 보이는 사람이 오두막에서 나왔다. 미소를 짓고 있는 그에게서는 아버지에게서 볼 수 없었던 진실함이 느껴졌다.

"안녕, 찰스야. 만나서 반갑구나."

할아버지는 아버지가 한 번도 보여준 적 없는 말투로 말을 건넸다. 찰스는 부끄러움 대신 환대를, 공포 대신 사랑을 느꼈다. 그는 악수하기 위해 손을 뻗었지만, 할아버지는 허리를 굽혀 손자를 포옹하며 새로운 집에 온 걸 환영했다.

할아버지와 손자는 얼마 안 되는 짐을 같이 풀고 난 후, 칼레리는 나무 그루터기에 앉아 찰스에게 아프리카에 전해 내려오는 이야기들을 해주었다. 칼레리는 찰스가 처음에는 부담스러워 할 만큼 그의 인생을 찰스와 나누는 데 열정과 관심이 많았다. '왜 내게 말을 걸지? 왜 자꾸 이런 이야기들을 해주는 거지? 나랑 시간 보내는 것 말고는 할 일이 없나?' 할아버지와 손자는 종종 잠자리에 들기 전까지 찰스의 학교, 칼레리의 일, 아프리카 그리고 떠오르는 어떤 것에 관해서든 이야기 나누곤 했다. 이런 게 진정한 아버지의 태도일 것이다.

어느 오후, 칼레리는 일하러 나가고, 찰스는 숙제와 몇몇 가사 일을 맡았다. 칼레리에겐 찰스가 관심 갖고 있는 면도칼이 있었다. 찰스의 주의는 계속 면도칼과 공부 사이를 오갔다. 그는 면도칼이 막대기를 깎기에 좋은지 시험해보고 싶었다. 자리에서 일어나 칼 가까이 갔다. 가까이서 본 칼은 철로 된 날은 굉장히 예리해 보였고, 날에 그의 모습이 비쳐 보였다. 그는 날을 만져보며 차가움을 피부에 느껴보았다. '몇 분 만이야. 아무도 모를 거야. 한 번 손으로 잡아봤을 때 느낌만 보는 거야.'

그는 면도칼을 잡고 의자로 사용하는 뒤집어진 양동이에 앉았다. 그리고 가까이에 있는 막대기를 왼손으로 잡고 칼로 조각하기 시작했다. 면도칼은 상당히 잘 들고 부드러워 손에 힘을 줄 필요가 거의 없었다. 그는 막대기의 나무줄기를 벗겨 뾰족하게 만들며 칼이 미끄러지듯 내려가는 걸 느꼈다. 찰스가 다른 면을 깎기 위해 막대기를 뒤집으려는 찰나, 칼이 미끄러졌다. 칼의 방향이 이상하게 꺾이며 그의 엄지손가락을 베었다. 벌어진 일에 대한 충격이 솟구쳤다. 그는 진정하려 했다. 그렇게 나빠 보이지는 않았지만, 이내 피가 솟구치기 시작하자, 어지러움을 느끼며 토할 것만 같았다. 그는 주위에 있던 천을 손에 두르고 피가 멎기를 바랐다.

그는 최선을 다해 칼을 닦고 원래 있던 자리에 놓았다. 손에서 욱신거리는 통증이 느껴졌다. 그는 앉아서 숨을 고르려 노력했고, 진정됐지만 고통은 계속해서 느껴졌다. 한편으로는 손이 생각만큼 안 좋은지 확인해보고 싶었지만, 다른 한편으로는 치유를 위해 천을 계속 동여매고 싶었다. 할아버지가 곧 집에 올 것 이다. 찰스는 두려웠다. 흔적들을 치워야만 했다. 그는 항상 해왔듯이 불을 지핀 후 급히 집 밖으로 나가 수풀 안에 숨었다. 칼레리가 집에 도착해 찰스를 불렀지만, 찰스는 대답하지 않았다. 그는 수풀에 앉아 할아버지를 지켜보며 그의 기분이 어떤지 알아보려 했다. 추위에 몸이 떨렸지만, 추운 게 맞는 것보다 훨씬 나았다.

그는 몇 시간을 기다렸다. 밖은 어두워졌고, 몸은 제어할 수 없을 만큼 떨려왔다. 그는 배가 고팠고 피곤했으며 고통스러웠다. 할아버지는 지금쯤 자고 있을지도 모른다. 할아버지가 알아채지 못하게 몰래 들어가면 내일쯤은 모든 게 잊힐지도 모른다. 그는 움직임의 낌새에 귀 기울이며 몇 분을 더 기다렸다. 아무 소리도 들리지 않자, 집으로 가는 모험을 해보기로 했다.

찰스는 오두막으로 급히 다가가, 밖에 서서 할아버지의 인기척을 확인했다. 아무 기척도 없었다. 아무 소리도 나지 않길 바라며 문을 열고 집으로 들어갔다. 그곳에 할아버지가 있었다. 그는 깬 채로 찰스를 기다리고 있었다. 찰스는 문을 닫고 칼레리의 시선을 피했다. 찰스는 양동이 위에 앉아 최대한 티 나지 않게 손을 뒤로 숨겼다.

"어딜 갔었니?"

칼레리가 물었지만, 찰스는 대답하지 않았다.

"찰스?"

칼레리가 말했다. 그는 이미 칼에 묻은 피를 보았다. 하지만 설령 그 피를 보지 못했더라도, 찰스의 침묵은 너무나 수상했다.

"네?"

찰스는 대답을 미루며 변명을 생각해내려 했다.

"너를 많이 걱정했단다. 어딜 갔던 거니?"

찰스는 고개를 숙이고 바닥을 보았다.

"할아버지 칼을 사용했어요. 사용하면 안 된다는 건 알아요."

찰스는 어느 순간 무서운 주먹이 얼굴을 때려 바닥에 쓰러질 것을 확신하며 말했다.

"무슨 일이 있었니?"

"막대기를 자르다 칼이 미끄러졌어요." 그는 등 뒤에서 다친 손을 꺼내 보이며 할아버지가 벌을 준다면, 이 상처 따위 별것 아니라고 생각하며 말했다.

"손을 베었어요."

칼레리는 찰스의 손에서 천을 벗기고 상처를 자세히 들여다보았다. 상처가 깊었다.

아버지 없는 이에게 아버지를

"누가 네게 칼을 사용해도 된다고 했니?"

칼레리가 물었다.

"아니요."

이제 구타가 시작될 것이다. 그 정도는 알고 있다. 자신의 아들이나 손자가 잘못했을 때, 모든 남자가 하는 일이다. 그의 아버지는 아주 사소한 잘못에도 아들에게 폭력을 가하곤 했다. 허락 없이 칼을 쓴 건 평생 남을 흉터를 남길 만큼 구타당하기에 충분했다. 그는 할아버지의 눈을 쳐다보지 않았다. 그건 상황을 더 나쁘게만 할 것이니까. 그는 어깨를 움츠리며 첫 번째 타격을 기다렸다. 하지만 구타 대신 다른 게 찰스를 기다리고 있었다.

5

칼레리는 다우디만큼 강한 사람은 아니니, 그의 주먹은 아버지가 때리는 것만큼 아프지 않으리라. 그런데 혹시 할아버지를 과소평가한 건 아닌지, 칼레리가 큰 타격을 줄 수 있는 힘이 있는 것은 아닌지 찰스는 걱정했다. 그는 어느 방향에서 첫 번째 주먹이 날아오는지 보기 위해 할아버지의 손을 유심히 관찰했다. 그러나 주먹은 날아오지 않았다.

"그 손 말이야. 많이 아프니?"

할아버지의 목소리에, 질문하는 말투에는 무언가가 있었다. 그의 모든 질문이 찰스에겐 다르게 느껴졌다.

"아니요."

찰스가 말했다.

"상처는 그리 심해 보이지 않는구나. 괜찮을 거다."

찰스는 머리를 끄덕였다. '왜 때리지 않는 거지? 왜 내게

말하는 거지?'

"칼은 위험하단다. 그렇게 생각하지 않니?"

칼레리는 미소 지으며 말했다. 찰스는 할아버지를 얼핏 보다가 자신의 손을 보았다. 칼레리는 여전히 찰스 곁에 서 있었다.

"맞아요."

찰스가 말했다.

"배고프지? 춥기도 할 테고."

칼레리가 짧은 웃음을 더하며 말했다. 집 안에 새로운 느낌이 들었다. 늦은 밤이었지만, 칼레리의 말이 오두막에 빛을 던진 것 같았다. 찰스는 움츠린 어깨의 긴장을 풀었다. 주먹에 대비해 오랫동안 움츠렸던 어깨가 아려왔다.

"네, 그래요."

"그래?"

찰스는 용기 내 할아버지의 눈을 바라보았다. 그의 눈에는 분노도, 난폭함도, 광기가 터져 나올 듯한 일말의 사인도 없었다. 대신 찰스를 끌어당기는 무언가를 보았다. 할아버지의 눈은 찰스에게 익숙한 아버지의 눈과는 달랐다.

"그래요."

찰스는 할아버지가 무슨 말을 하려는지 감을 못 잡으며 대답했다.

"자기 전에 저녁을 먹어야 할 거다. 앉으렴."

찰스는 양동이 위에 앉았다. 칼레리는 하루 치 양식의 일부분인 양배추와 우갈리를 그릇에 담아 찰스에게 주고 그의 건너편에 앉았다.

"그리고 찰스?"

"네, 할아버지."

"두 번 다시 내 허락 없이 이런 일을 반복하면 안 된다. 네가 다치는 걸 원치 않는단다."

'네가 다치는 걸 원치 않는단다.' 저녁 식사를 하는 내내 그 말이 머리에 맴돌았다. 폭력 대신 밥이, 난폭함 대신 자비가, 일방적인 고함대신 대화가 있는 시간이었다. 그날 밤 칼레리는 아프리카에 대한 이야기를 더 많이 해주었다. 그는 이 나라에서 자란다는 게 어떤 것인지 그리고 어떤 것들이 변해왔는지 말해주었다. 그는 저녁 식사를 다 끝낸 찰스의 상처를 씻어주고 깨끗한 천으로 감싸주었다. 이미 회복의 기미가 보였다. 찰스는 할아버지가 자신에게 해준 것들을 생각하며 잠자리에 누웠다.

'네가 다치는 걸 원치 않는단다.'

찰스 가족은 몰로에서 석 달을 보냈다. 그곳에서의 삶은 찰스 같은 아이가 기대했던 것만큼 평범했다. 그의 가족에게는 직장이 있었고, 찰스는 학교에 다녔다. 그리고 찰스는 할아버지와 함께 폭력을 두려워하지 않으며 안전하게 살았다. 찰스의 유일한 걱정은 어머니였다. 로다는 남편에게 의리 같은 것이 있었다. '왜?' 찰스는 알 수 없었다. 로다는 다우디의 지독한 독재 아래 노예보다 못한 취급을 받으며 살았다. 그런데도 그녀는 의무감과 그를 떠나려 할 때 지독하게 두들겨 맞을 것이라는 공포감으로 남편에게 묶여 있었다. 찰스는 아버지에게 이제 안정적인 직장도 생겼으니, 그가 삶의 방식을 바꾸길 바랐다. 그러나 아버지는 여전했고, 어머니의 머리 위에는 다가올 폭풍을 예고하는 먹구름처럼 학대의 협박이 드리워 있었다.

어느 흐린 날 아침, 찰스는 일어나 회색 셔츠와 초록색 가디건의 교복을 입고 할아버지와 아버지가 농장으로 일 나간 동안 학교로 갔다. 여느 평범한 날처럼 하루가 시작됐다. 그러나 끝은 그렇지 않았다. 찰스는 집에 돌아갔을 때, 부모님의 오두막 앞에 멈춰 섰다. 동생 중 누구도 밖에서 놀고 있지 않았다. 그는 안으로 들어갔다. 어머니가 없었다. 게다가 가족의 물건이 하나도 남아 있지 않았다. 오두막은 버려진 채였다.

한 줌의 공포가 찰스를 강타했다. 그는 극심한 공포를 진정시키려 했다. '떠나버린 건 아닐 거야. 잠시 어디 나간 걸 거야. 가족 모두를 위해 좀 더 큰 오두막으로 이사한 걸 거야. 이 집은 방이 충분하지 않으니까. 가족 모두 같이 살 수 있는 좋은 장소를 찾은 걸 거야.'

그는 할아버지의 오두막에 돌아가 양동이 위에 앉았고, 무슨 일이 일어난 것인지 생각했다. 그날 저녁, 칼레리는 집에 와 문을 열고, 고아의 운명으로 되돌아가야 하는지 두려워하는 아이의 눈을 마주했다. 물어볼 필요조차 없었다. 칼레리의 표정이 모든 걸 말해주고 있었다. 칼레리는 자신의 뒤로 문을 닫고 나무 의자에 앉았다. 그들은 침묵 속에 서로를 기다렸고, 찰스는 이제 곧 직면하게 될 그 말이 두려웠다.

"너희 가족은 나쿠루Nakuru로 떠났단다."

칼레리가 말했다.

"전부 다요?"

"그래, 전부 다."

"어디서 살게 될지 아세요?"

"모른단다. 그들도 알지 못한단다. 장소를 찾고 있단다."

"언제쯤 돌아올까요?"

좋은 질문이 아니었다. 칼레리는 지혜로웠고 대답하지 말아야 할 것을 알았다. 우는 것은 아무 의미가 없다. 이런 일이 벌어지지 않길 바라는 것 또한 아무 의미가 없다. 찰스는 해결책이 없는 상황에서 화를 내는 게 아무짝에도 쓸모없는 것임을 알고 있었다.

"떠났다 이 말이죠?"

찰스는 이미 버려졌던 경험에서 얻은 무감각함으로 물었다.

"그들은 떠났단다."

"그럼 더 이상 하실 말씀도 없겠죠? 맞죠?"

찰스는 숨을 크게 들이마셨다. 눈물은 나중에 나오리라.

"저녁 먹게 불을 땔게요."

하루하루가 찰스에겐 너무나 길었다. 학교는 재앙이었다.

아버지 없는 이에게 아버지를

그는 극단적으로 열심히 공부했고 학교에서 상위권이었다. 그러나 학교는 점수가 전부인 곳이 아니다. 문제는 그의 주위 아이들에게서 시작됐다. 그에게는 몇몇 친구가 있었을 뿐이다. 아이들은 쉬는 시간과 방과 후에, 찰스가 고아라는 이유로 그에게 소리를 질렀다.

"부레! 부레!"

'넌 아무것도 아니야!'라는 말을 찰스에게 던지곤 했다. 그는 그 단어와 비슷한 수많은 말을 지속적으로 들어야 했다. 그 말을 듣는 게 고통스러운 동시에, 아이들의 반응이 너무나 완벽히 이해됐다. 부모, 혈육이 거부한 자신과 어느 누가 무엇을 같이 하고 싶어 하겠는가?

어떤 밤, 찰스는 집에 돌아와 침대에 누워 눈물 흘렸다. 그는 어머니에게 무슨 일이 일어났는지 말하고 싶었다. 어머니가 하는 안심을 주고 확신을 주는 말을 듣고 싶었다. 자신을 감싸주는 어머니의 팔을 느끼고 싶었다. 그는 주위에서 들은 말에도 불구하고 자신이 사랑받고 있다는 것을 알고 싶었다. 그러나 어머니는 곁에 있지 않았다. 찰스에게는 어머니가 없었다.

칼레리는 가끔 취한 채 집에 들어왔지만 폭력적이지는 않았다. 그리고 찰스는 열 살에 직접 음식을 만들어 먹어야 했다. 양배추, 우갈리, 물 그리고 '차이'라는 차. 하지만 빵과 고기는 없었다. 찰스는 물을 길어오는 것과 불을 떼는 것을 배웠고 자급자족할 수 있게 되었다.

찰스는 벌판에서 양 떼를 돌보며, 유일한 친구 카미시와 서 있었다. 해가 지려 했다. 따뜻한 밤이었다. 그날은 유난히 찰스에게 힘든 날이었다. 학교 아이들은 그날따라 더욱 악랄했다. 학교 친구들의 잔인함과 가족의 부재, 할아버지의 취기로 지난 시간보다 더욱 무겁게 느껴지는 한 주의 끝 시간이었다. 카미시는 찰스와 비슷한 나이였고, 양을 치는 까닭에 둘은 들판에서 게임도 하고 이야기도 나누곤 했다.

"일이 잘 안 풀린다니 유감이야, 친구."

카미시가 말했다. 찰스는 어깨를 으쓱했다. 그는 답이 없는 문제에 관해서는 이야기하고 싶지 않았다.

"난 고아야. 내가 뭘 기대하겠니?"

"기분이 좀 풀릴진 모르겠지만, 너는 혼자가 아니야. 사람들이 아프리카는 너 같은 고아로 가득하대. 심지어 여기 케냐에도 말이야."

"얼마쯤 있을 거라 생각해?" "이 잔디처럼 많다고 들었어. 자신의 아이들을 거리에 버리는 부모들이 있다고 했어. 특히 도시에 말이야. 도저히 아이들까진 부양할 수 없으니까. 그래서 아이들은 먹을 것을 찾을 수 있다는 희망을 품고 떠난대. 심지어 빈민가에서는 부모가 있는 아이들도 다를 게 없는데. 어떤 부모들은 딸에게 끔찍한 일을 강요한대."

"무슨 말이야?"

카미시는 순간 조용해졌다. 그는 자신의 친구를 긴장된 눈

아버지 없는 이에게 아버지를

으로 흘깃 보곤 다시 먼 곳을 바라보았다.

"아주 끔찍해. 여자아이들 말이야. 부모가 딸에게 남자들과 관련된 일을 시키는 거야. 그래서 그 아이들이 가족에게 돈을 가지고 올 수 있도록. 남자아이들은 도둑질을 하고 사람들을 위협해. 살기 위해 동물이 되는 거야. 심지어 여기 이 양들도 그들보단 나을 거야."

찰스는 고개를 끄덕였다. 그 고아들, 수천 명의 누구도 원치 않거나 타락한 아이들을 생각하니 속이 메스꺼워졌다. 카미시는 땅에 작은 구멍을 팠다. 둘은 조금 뒤로 물러서서 돌아가며 카미시의 작은 동전들을 그곳에 던지며 누가 더 가깝게 던지는지를 겨루며 놀았다.

"그들은 누가 도와줄까?"

찰스가 물었다.

"아이들 말하는 거야?"

"그래. 거리의 아이들. 그들을 누가 도와주느냐고."

"내 생각엔 말이야, 너를 도와주는 사람들과 같은 사람들이겠지."

찰스가 오두막으로 돌아왔을 때 비가 내렸다. 찰스는 안팎으로 너무 지쳐있었다. 그가 바라는 건 저녁 식사를 하고 잠이 들어 주중의 문제들을 잊어버리는 것이었다. 그러나 그는 집 안으로 들어가, 테이블 앞에 앉아 있는 할아버지의 표정을 보고 아직 한 주가 끝나지 않았다는 것을 알았다.

"찰스야, 이리 앉아보렴."

찰스는 아무 잘못도 하지 않았다. 칼을 만진 적도 집안일을 미룬 적도 없었다. 이 대화는 질책에 관한 것이 아니었다. 찰스는 양동이 위에 앉았다. 그는 불안했고, 왜 할아버지가 자신과 말하려는지 궁금했다.

"무슨 일이에요?"

찰스가 답을 알고 싶지 않은 채 물었다. 칼레리는 망설였고, 그가 하려는 말이 손자가 추측했던 대로 듣기 힘든 말이라는 것을 확인시켜줄 뿐이었다. 칼레리는 침을 삼켰다. 수없이 연습했지만, 어찌 된 일인지 실제로 말하려니 훨씬 어렵게 느껴졌다. 그는 쉽게 이야기할 방법이 없다는 것을 알고 있었다. 그는 손자의 눈을 바라보며 반복하지 않도록 천천히 말했다.

"나는 더 이상 너를 돌봐줄 수 없단다."

그가 말했다. 이번에는 찰스의 심장을 찌르는 단검은 없었다. 그의 영혼에 공포는 없었다. 눈을 채우는 눈물도 없었다. 그는 이미 이런 일을 겪은 적 있고, 무슨 일을 해야 할지도 알고 있었다.

"전 이제 어디로 가나요?"

그가 물었다.

"너의 부모에게로 가야 할 거 같구나."

"부모님은 저를 원하지 않아요."

"그렇게 해야만 할 거다."

아버지 없는 이에게 아버지를

"할아버지, 그분들은 저를 원하지 않아요."

"그들은 너를 받아들여야만 할 거다. 찰스야."

"아닐 거예요."

"그럴 거야. 그렇게 해야 해."

찰스는 아무 말도 하지 않았다. 언쟁하는 것은 아무 의미도 없었다. 찰스는 이미 누군가가 도움을 끊기로 마음먹으면 돌이킬 방법이 없다는 것을 배웠다.

"찰스야, 내겐 돈이 없어 널 부양할 수가 없단다. 그러고 싶지만 내겐 방법이 없다는 걸 이해해야 한단다."

"전 부모님이 어디 사는지도 모르는데요."

"그들은 나쿠루에 있단다."

"전 그곳에 가본 적도 없어요. 주소도 없다고요. 그렇게 큰 도시에서 어떻게 가족을 찾나요?"

"너는 방법을 찾을 거란다."

"저는 그곳에 아는 사람도 없어요. 어떻게 방법을 찾을 수 있겠어요?"

칼레리도 알 수 없었다. 그가 알고 있는 것이라곤 찰스는 부모님에게로 가야 한다는 것이었다. 그가 어떻게 가족을 찾을지는 아무도 알 수 없었다.

"내가 기차 값은 마련해주마."

"그리고는요?"

"그 후엔 네 부모를 찾아봐야지."

"만약에 못하면요? 그들을 찾지 못하면요?"

"넌 찾을 거란다. 그렇게 해야만 해."

"만약에 다른 곳으로 이사 갔으면요? 더 이상 그곳에 살지 않으면요? 만약에 제가 같이 사는 걸 거부하면요? 만약에……."

찰스는 도중에 멈췄다. 의미 없는 일이다. 그의 질문에 답이 나오든 아니든, 그는 내일 나쿠루로 향하게 될 거다. 그는 고개를 끄덕이며 할아버지에게 맘에 들지는 않지만, 가야 하는 걸 이해했다는 신호를 보냈다. 그는 또래에 비해 너무나 성숙한, 자신감 있는 표정을 지으며 할아버지에게 그동안 돌봐준 데 대해 감사를 표했다. 그는 아프리카에 관해 그들이 가졌던 훌륭한 대화에 대해 감사를 전했다. 그는 그 이야기들을 평생 기억할 것이다. 무엇보다 그는 그날 밤 잠이 들 때, 할아버지가 그를 한 번도 때리지 않은 것에 감사했다. 이런 안전함 속에 살았던 것은 그를 매우 안심시켜주었다.

다음 날 아침, 찰스는 자신의 유일한 친구인 카미시에게 작별인사를 했다. 칼레리는 마지막 인사를 해야 하는 역까지 그를 데려다주었다. 떠난다는 느낌이 들지 않았다. 마치 하루만 다른 곳으로 갔다가 다음 날 저녁에 할아버지와 아프리카에 대한 이야기를 나눌 것만 같았다. 그는 열이 오른 기차에 올라탔고 창문 옆에 앉았다. 사람들이 몰려들어 그의 주위 좌석들을 가득 채웠다. 경적이 울렸고 기차는 앞으로 급진했다. 건물들이 뒤로 움직이기 시작했다. 찰스는 기차가 철로를 따라 움직일 때 사람들 사이에서 손을 흔드는 할아버지의 모습이 거리와 함께 사라지는 것을 보았다. 그는 과연 다시 할아버지를 볼 수 있을까 생각했다. 나쿠루에는 무엇이 기다리고 있을지 궁금했다. 가장 궁금했던 것은 자신을 버렸던 아버지가 가장 비참한 이 시간에 자신을 다시 받아들일까 하는 것이었다.

6

그곳은 모든 게 달라 보였다. 찰스는 놀라워 기차 창밖을 바라보았다. 나쿠루에는 그가 평생 보았던 사람들보다 더 많은 사람이 있었다. 어디에나 차들이 있었다. 사람들이 길거리에 줄을 지어 옥수수, 음료수, 신문 그리고 신발 ―온갖 것― 을 팔고 있었다. 굉장히 바쁜 곳이었다. 사람들이 서로를 밀며 거리를 건너는가 하면 이것저것을 사고팔기도 했다. 또 그곳은 굉장히 시끄러웠다. 경적소리, 소리 지르는 사람들, 공사현장에서 나오는 망치 소리가 울러 피졌다. 기차가 움직이는 동안 찰스에겐 기차 안이 피난처처럼 느껴졌다. 기차가 나쿠루에 도착하며 감속하기 시작할 때, 찰스는 가슴이 조여 오는 것을 느꼈다. 처음엔 그저 잠시 멈추는 정류장 중 하나일 거라 생각했지만, 뒤에 앉은 사람들이 이곳이 나쿠루라고 하는 것을 들었을 때, 자신의 여정이 끝났음을 알았다. 이제는

아버지 없는 이에게 아버지를

수색을 시작할 시간이었다.

찰스는 창문에서 고개를 돌렸다. 그에게는 여행 내내 무릎에 올려두었던 작은 가방이 있었다. 그는 일어서서 통로 쪽으로 이동했다. 사람들이 그를 지나쳐 갔고, 그는 사람들이 모두 내리기를 기다리다 통로에서 문까지 걸어갔다. 몇 걸음에 기차에서 내렸다. 이제 찰스 멀리는 낯선 도시에서 정말로 혼자가 되었다. 어디서부터 시작해야 할까? 그는 플랫폼을 따라 걸어갔고 함께 대화 나누고 있는 사람 무리를 보았다. 그들은 적어도 찰스보다는 전부 깔끔하게 옷을 차려 입고 있었다, 그가 그들에게로 다가섰을 때, 그들은 그가 동냥이라도 할 것처럼 그를 바라보았다.

"혹시 다우디와 로다 멀리가 사는 곳을 아시나요?"

그가 물었다. 지난 몇 년간 음식을 구걸하며 보낸 시간이 부모를 찾는 도움을 구하는 것을 쉽게 만들었다.

"아니."

그들 중 한 사람이 대답했다.

"그러면 혹시 알 만한 사람을 아시나요?"

"우리는 너를 도와줄 수 없단다. 미안하구나."

진심으로 사과하는 기색은 아니었다. 그들은 다시 대화를 이어갔다. 찰스는 조금 더 멀리 길을 걸었다. 사람이 많은 큰 도시치고는 이상할 정도로 깨끗했다. 쓰레기는커녕 도움을 구하는 찰스 외에는 사람조차 없었다.

"저기요!"

찰스는 발걸음이 빠른 나이 많아 보이는 남자에게 말을 걸었다. 그 남자는 돌아서서 찰스를 보았다.

"저 혹시……."

그러나 그 남자에겐 그 말로 충분했던가 보다. 그는 더 이상 듣고 싶지 않아 하며 가던 길을 가기 시작했다. 찰스는 길을 따라 걸으며 사람과 사람을 지나고 가게와 가게를 지나며 사람들에게 도움을 요청했다. 대부분의 사람이 응답해 주었지만, 그를 도와줄 수 있는 사람은 단 한 명도 없었다. 저녁까지 그는 5시간 동안 자신이 평생 이야기한 사람보다 많은 사람에게 말을 -아무 성과는 없었지만- 걸었다. 그는 음식을 살 돈도 없었고, 기차에 가지고 온 식량은 오래전 이미 바닥났다. 호텔에 있던 사람들이 그가 혼자 거리를 걷는 것을 보았고 그중 어떤 사람은 음식을 나누어주었다. 그는 부모님을 찾아달라고 도움을 청했다. 그러나 사람들이 도움을 주고 싶어도 그들 중 멀리 가족을 어디서 찾을 수 있는지 아는 사람은 없었다.

그는 그날 밤늦게 기차역으로 돌아갔다. 그가 피난처로 택한 곳에는 피형 강판으로 된 지붕이 있었다. 그는 차가운 콘크리트 바닥 구석에 누워 새로운 도시에서 잠을 청하려 최선을 다했다. 혹시 부모님이 다른 곳으로 이사한 건 아닌지, 만약 그렇다면 어떻게 다시 그들을 찾아가야 하는지를 생각했다. 내일 또 다른 하루가 시작될 것이다. 내일은 음식이 있기를, 부모님을 꼭 찾을 수 있길 바랐다.

그러나 둘째 날은 첫째 날과 다름없었다. 몇몇 사람이 그에게 먹을 것을 주며 부모님을 찾을 수 있기를 응원했지만, 그에게 큰 힘이 되지는 못했다. 그는 계속해서 사람들에게 다가갔다.

"저기요, 저 좀 도와주실 수 있나요?"

"혹시 어디서 멀리 가족을 찾을 수 있는지 아시나요?"

"다우디 멀리나 로다 멀리라는 이름을 들어보신 적 있나요?"

"저는 먹을 것도 잘 곳도 없어요. 저 좀 도와주실 수 있나요?"

둘째 날 잠을 청할 때는 부모님을 찾을 수 있을지에 대한 의심이 더욱 커졌다. 희망이 박살나며 현실로 다가왔다. 그리고 그는 자신이 한계에 다다르고 있다고 생각했다. 그에겐 자신을 도와줄 누군가가 필요했다. 부모님에게 자신을 데려다줄 누군가가. 이 세상은 참으로 자비 없는 곳이었다. 이 차가운 콘크리트 바닥처럼. 그리고 그의 모든 고통과 수색에 있어 하나님의 존재는 결코 느껴지지 않았다.

다음날 누군가가 그에게 도움을 주기 위해, 그를 경찰서로 데리고 갔다. 그는 나무 의자에 앉았고 제복을 입은 한 남자가 다가왔다.

"부모님을 찾고 있니?"

그가 물었다. 찰스는 고개를 끄덕였다.

"여기로 와서 물어보라고 했어요."

그는 자신의 이름을 말했다. 경찰관은 찰스에게 차와 빵을 주었고, 자신들이 부모님을 찾아보겠다고 했다. 5시간 뒤, 경찰관이 돌아왔다.

"그들의 집을 찾았단다."

그가 말했다.

"이리 오렴. 내가 데려다줄게."

경찰관이 그를 집으로 데려갔을 때, 찰스는 안심해야 하는지 불안해야 하는지 알지 못했다. 여정의 첫 관문은 끝났다. 그는 부모님의 집까지 찾아온 것이다. 하지만 진짜 문제는 이제 시작이었다.

"여기란다."

경찰관이 말했다.

"감사합니다."

찰스는 어떤 환영을 받게 될지 생각하며 말했다. 그는 작은 집 앞으로 걸어가, 돌아서서 경찰관이 떠나는 것을 보았다. 문을 두들겼지만, 대답이 없었다. 그는 한 번 더 문을 두드리곤 기다렸다. 문이 열렸다. 그는 아버지가 아니길 바랐다. 아버지가 아니었다. 그의 어머니였다. 어머니는 놀라움에 아들을 쳐다보았다. 그녀의 입이 떡 벌어졌다. 어머니는 무릎을 꿇고 아들을 안아주었고, 울기 시작했다. 서로 마지막으로 본 지 벌써 5개월이 흘렀다. 그를 껴안은 어머니 팔의 힘에서 지나간 시간이 느껴졌다. 그녀의 포옹에는 다시는 아들을 보내고 싶지 않은 절박함이 있었다.

"기차는 어땠니? 괜찮니? 우릴 어떻게 찾았니?"

찰스는 질문에 답하며 오랫동안 잃어버렸던 어머니의 눈 속에서 자애로움을 볼 수 있었다. 찰스의 동생들이 집에서 달려 나왔고, 그를 보자 소리를 질렀다. 그들은 웃으며 서로 껴안았다. 저녁을 먹으며 그는 그들에게 몰로에 대해서 말해주었고 그들은 그에게 나쿠루에 대해 말해주었다. 그들이 사는 집은 방이 하나 딸린 작은 집이었는데. 전기가 없어, 해가 지면 서로를 보기 위해 기름 램프를 써야만 했다. 그들은 그림자 안에서 늦은 시간까지 이야기를 나누었다.

그날 밤 찰스가 누워 잠을 청할 때, 그는 어머니가 자신이 돌아온 것을 정말로 어떻게 생각할지에 대해 생각했다. 그가 온 것은 먹을 입이 하나 더 늘었다는 것이고, 그 말은 짐이 하나 더 늘었다는 것을 의미했다. 가족이 정말 그를 원했다면, 정말로 그를 사랑했다면 떠날 때 그에게 이야기해주었을 것이다. 이런 일이 일어난 게 한번이 아닌 벌써 두 번째였다. 어떤 부모가 자신의 아이를 두고 떠난단 말인가? 실수가 아니었다. 그 정도는 그도 알고 있었다. 그들은 고의로 두고 간 것이다. 그는 얇은 이불을 덮고 누워 어색함과 부끄러움을 느꼈다. 자신이 가족에게 환영받지 않는다는 걸 알았지만, 자신을 원하지 않는 이런 부모와라도 살지 않으면 안 되는 걸 알았기 때문이다.

다우디가 집에 온 것은 자정이 다 되어서였다. 기나긴 여행과 동생들과의 축구로 지쳐버린 찰스를 비롯해 모두 이미 잠들어 있었다. 다우디는 또 다시 취한 상태였다. 그는 허름한 집의 문을 열었다. 아버지의 존재에 경보라도 울린 듯이, 찰스가 일어나 그를 보았다.

"네가 왜 이곳에 있는 거냐?"

다우디는 찰스를 본 것에 대해 화난 것도, 기쁜 것도 아니라는 것을 암시하며 말했다.

"넌 학교에 있어야 할 텐데."

찰스는 아버지에게 할아버지가 자신을 이곳으로 보냈다는 것을 설명했다.

"뭐라고?"

다우디가 목소리를 높이며 말했다. 그 말투가 찰스를 두렵게 만들었다. 찰스는 자신의 말이 아버지를 화나게 하기에 충분했음을 생각했다.

"그 노친네가 왜 너를 이리로 보낸 거냐? 왜 너를 기르는 책임을 다하지 않은 거냐?"

찰스는 할아버지가 자신을 돌보지 못한 명백한 무책임에 대해 도대체 무슨 말을 해야 할지 몰랐다. 그는 아무 말도 하지 않았다. 아버지는 폭력적으로 변하지 않았다. 이번에는 아니었다. 그는 문을 닫았다. 찰스는 아버지가 벽에 부딪히며 침대에 쓰러지는 듯한 소리를 들었다.

나쿠루의 학비는 지방에 비해 너무 비쌌다. 다우디는 찰스가 가족과 살게 된 지 겨우 몇 달 지나지 않아, 그를 외할머니가 살고 있는 마챠코Machakos 지역의 카티타이야마Kathithyamaa로 전학시켜 버렸다. 찰스는 다시 한번 어머니와 동생들에게 작별인사를 했다. 어머니도 다시 한번 울었다. 가난이라는 현실은 찰스를 다시 한번 기차 위에 올라타게 했다. 기차가 철로를 따라 움직이기 시작하자, 어머니가 손을 흔들었다. 찰스도 어머니가 더 이상 보이지 않을 때까지 손을 흔들었다. 찰스는 자리에 앉았다. 그는 또다시 혼자가 되었다.

삼촌들은 찰스가 다시 그 땅에 온 것을 반기지 않았다. 그들의 땅에 온 것을 말이다. 그들은 찰스가 어떠한 이유 -혈연관계로 인해 그 땅의 일부분을 요구하려는 이유- 로 그곳에 있는 거라 생각했다. 그래서 그들은 조카가 자신들과 살 수 없다고 말하며, 약 1km 떨어진 무티크와 이모와 함께 살도록 했다.

"안녕하세요."

찰스가 이모를 보며 인사했다. 찰스는 자신이 폐기 처분된 고철이 된 것 같은 느낌을 받았다. 그는 다른 곳으로 쫓겨날 준비를 하고 있었다. 하지만 더 이상 몸을 의탁할 만한 친척이 많이 남아 있지 않았다.

"어서 오렴, 찰스야."

이모가 말했다. 그녀의 모든 것 -눈빛, 목소리 톤, 미소- 이 그녀가 진실을 말하고 있는 것을 확신시켜주었다. 이모는 찰스를 작은 집으로 데리고 들어가 작은 침대를 마련해 주고, 그 위에 앉게 한 후 우갈리를 좀 주었다. 그녀는 찰스와 그의 인생과 학교생활에 관해 이야기 나누었다. 진실한 따뜻함이 느껴졌고, 찰스에게 이모가 자신을 원하고 있다는 것을 확신하게 해주었다. 이모야말로 친척이라고 할 수 있는 사람이었다. 그녀는 적어도 그를 돌보아야 한다는 마음을 가지고 있었지만, 다른 친척들은 혈연의 책임 따위에 관심 없었다. 그리고 그녀는 의무 이상을 하고 있었다. 찰스는 이모가 자신에게 관심 갖고 있음을 느꼈다. 그리고 그것이 오래 지속되길 바랐다. 그러나 그녀의 남편, 마스유코는 찰스를 데려온 것을 반기지 않았다.

"얘가 왜 여기서 살아야 하는 거야?"

그는 소리 지르며 말했다. 그는 술에 취해 있었고 -집안 내력인 듯싶다- 꽹장히 늦은 시각이었다.

"이 아이는 아무 데도 갈 곳이 없어요."

무티크와가 대답했다.

"그래서 뭐? 난 저 아이를 원하지 않아!"

"우리 조카예요."

"쟨, 버려진 아이야!"

"우리는 이 아이를 돌볼 의무가 있어요. 우리는 이 아이를 도와야 해요."

"우리에게는 그런 의무 따위 없어!"

아버지 없는 이에게 아버지를

마스유코는 키가 매우 컸다. 그는 아내 위로 거인처럼 서 있었다. 그녀는 남편의 고함이 조카를 깨우지 않기를 바라며, 찰스를 계속 머물게 해달라고 빌었다. 그녀는 조카에게 그의 삼촌이 그를 어떻게 생각하는지 듣게 하고 싶지 않았다. 그러나 찰스는 단지 잠자는 척하고 있었을 뿐 깨어있었다. 그는 취한 남자에 대해 잘 알고 있었다. 찰스가 듣고 있지 않다고 생각하게 하는 편이 나았다.

"제발 그 아이를 머물게 해줘요."

그녀가 말했다.

"애 아빠가 걔를 돌보지 못한 건 내 잘못이 아니야!"

"그 아이는 갈 데가 없어요."

무티크와는 울기 시작했다. 그녀는 눈물을 참으려 애썼지만, 남편이 조카에 대해 그런 식으로 말하는 걸 들으니 도저히 자신을 통제할 수 없었다.

"난 그 애를 원치 않는다고 했어! 이미 결정 난 거야!"

그러나 무티크와는 그 결정에 반대했고, 찰스를 깨워 침대에서 나오게 했다. 둘은 밖으로 나가 같이 잤다. 찰스가 학교에서 집으로 돌아올 때마다, 무티크와 이모는 음식을 준비했고 그의 이야기를 들어 주었다. 그들은 아프리카에 대해 이야기했다. 이모는 찰스의 숙제를 도와주었고, 그에게 요리하는 법도 가르쳐 주었다.

"나는 너를 사랑한단다."

그녀가 찰스에게 말했다.

찰스는 마지막으로 그 말을 들은 게 언젠지 생각해보았다. 아프리카 문화에서 그런 말을 듣는 것은 그리 흔한 일이 아니었다. 그러나 누군가가 그런 말을 할 때 그것은 진심으로 받아들여졌다. 찰스는 이모의 눈을 마주 보았고, 자애로 가득 찬 여인을 보았다. 그녀는 그를 돌보기 위해 밖에서 자는 것을 주저하지 않았다. 그녀에겐 찰스를 돌려보내는 게 훨씬 편한 일이었는데도 말이다.

"왜요?"

찰스가 물었다.

"왜 저를 사랑하세요?"

무티크와 이모가 웃었다. 어떤 여자들은 웃음소리만으로 세상을 밝게 할 수 있는 능력을 가지고 있다. 무티크와는 그런 사람이었다.

"이유가 필요한 거니?"

찰스는 이모의 눈을 바라보았다. 그가 무엇을 했기에 그녀로부터 이런 말을 듣는 것일까? 그는 돈을 가져온 것도 아니었다. 그에게는 줄 수 있는 게 아무것도 없었다. 그가 하는 것이라고는 음식을 축내는 일뿐이었다. 그런데 그녀가 왜 그를 사랑하겠는가? 이모부는 찰스를 결코 친절하게 대하지 않았다. 언어폭력은 계속되었고, 시간이 갈수록 더 심해졌다.

"너는 그 누구의 자식도 아냐!"

아버지 없는 이에게 아버지를

그는 찰스에게 계속 소리 질렀다. 결국, 찰스는 더 이상 참을 수 없었다. 이번에는 그가 떠나기로 했다. 어머니가 되어 주었던 무티크와 이모와의 작별은 너무도 힘들었다. 찰스는 마스유코에게는 작별인사를 하지 않았다.

찰스는 일하기 위해 근처 도시로 이동했다. 그는 커피나무나 옥수수나무를 심을 구멍을 파거나 커피 원두를 따는 일을 했다. 그는 학비를 직접 벌어 충당했고, 자신을 받아주는 사람의 집을 옮겨 다니며 살았다. 그러나 그는 계속되는 이동 탓에 학교에서 진급할 수 없었다. 몇 년 전 그가 일곱 살이었을 때, 1학년을 시작했다. 그가 열한 살이 되어서도 여전히 1학년이었다.

찰스는 보통 학교에 다닐 수 없어, 야간학교에 다녀야만 했다. 그는 긴 노동 후 하루 중 두 시간을 공부에 투자했다. 그는 1, 2, 3학년 동안 학급 반장을 맡았다. 돈을 어느 정도 벌어 놓은 후에는 낮에 학교에 다닐 수 있게 되었다. 그가 열네 살이 되어 4학년이 되었을 때, 모든 선생님과 1학년부터 6학년까지의 학생이 찰스를 전교 회장으로 뽑아주었다. 그는 아이들의 품행을 감독하고, 모든 아이가 스와힐리어나 지역 사투리가 아닌 오직 영어를 쓰도록 감시했다.

그는 일하지 않거나 학교에 가지 않거나 공부하지 않는 날에는 늦은 밤까지 깨어 자신의 인생에 대해 생각했다. 자신의 부모님과 이곳저곳 옮겨 다니는 자신의 인생에 대해 고찰했다. 자신을 진실로 원하는 곳은 거의 없었다. 대부분은 찰스를 겨우 받아주는 곳에서 머물게 되었을 뿐이다. '내가 도대체 무슨 잘 못을 했기에 이런 처지가 됐을까? 왜 제대로 된 사랑과 보살핌을 받지 못했을까? 도대체 사람들은 왜, 특히 부모님은 그렇게 나 잔인했을까?' 그는 그 질문들에 대한 답을 아직 얻지 못했다.

한 친구가 16살의 찰스를 교회 청년 집회로 초대한 건 1965년 5월의 일이었다. 찰스는 아프리카 형제 교회African Brotherhood Church에 대해 들어본 적 있지만, 그곳이 무엇을 하는 곳인지 그리고 친구가 왜 자신을 오라고 했는지는 전혀 알 수 없었다. 그들이 교회에 도착했을 때, 그는 15살에서 20살 사이의 기대감에 찬 청년이 300명이나 모여 있는 것을 보았다. 찰스는 그곳에 발을 들여놓았을 때, 이상한 기분이 들었다. 그곳의 공기는 무엇인가 달랐다. 보이지 않는 어떤 것이 있었다. 그는 잠깐 아버지가 술에 취해 어머니와 자신을 학대했을 때 직면했던 공포를 느꼈다. 하지만 이내 그것보다 훨씬 더 강하지만 위협적이지 않은 무언가를 느꼈다. 그곳엔 그가 단 한 번도 느낀 적 없는 강한 힘이 있었다.

그들은 가운데 줄 통로 쪽에 앉았다. 앞에 선 사람들이 찰스가 한 번도 들어 보지 못했던 노래를 불렀다. 그들이 자리에 앉자 넥타이와 검은 정장을 입은 중년의 설교자가 조용하지만 모든 청중에게 잘 전달되는 음성으로 말하기 시작했다. 찰스는 그 남자를 만난 적도, 본 적도 없었지만, 그가 예수 그리스도가 모든 사람의 죄를 위해 십자가에 매달려 죽으려 이 땅에 오신 것과 회개의 필요함을 설교했을 때, 착각이 아니라 정말 자신에게 직접 말하는 것을 느꼈다.

"그분께서는 당신을 사랑하십니다."

설교자가 말했다. 300명의 사람이 다 사라지고 설교자와 찰스만 남은듯한 느낌이 들었다.

"구원받기 위해서는 당신의 인생을 예수 그리스도 앞에 내려놓아야 합니다."

설교자가 아닌 누군가가 찰스에게 이야기하고 있었다. 찰스는 태어나 처음으로 자신을 둘러싼, 자신 안에 있는 누군가의 목소리를 들었다. 그 목소리는 그에게 지금이야말로 하나님에게 -자신을 버렸던 수많은 사람과 달리 자신을 절대로 떠나지 않을 친구에게- 응답할 때라고 속삭였다.

"만약 예수님을 영접하고 싶다면,"

그 설교자가 말했다.

"손을 들길 바랍니다."

찰스는 너무나도 확신 있고 자신 있게 손을 번쩍 들어 올렸다.

"믿음의 한 걸음을 내디뎌 앞으로 나오십시오."

찰스는 두려움 없이 걸어갔다. 그는 지금껏 이런 강한 용기를 알지 못했다. 그는 다른 이들과 함께 앞으로 나아갔고, 전기가 흐르는듯한 짜릿함을 느꼈다. 거대한 폭발이 일어나는 것만 같았다.

"만약 예수 그리스도를 구세주로 영접하고 싶다면 제가 하는 말을 따라 하세요." 설교자가 말했다.

"하나님, 전 당신이 필요합니다. 당신께서는 저를 사랑하신다고 하셨습니다. 예수님, 저를 위해 돌아가신 것, 너무나 감사합니다. 저의 죄를 씻어주세요. 제 인생을 당신께 드립니다. 저를 당신의 자녀로 만들어 주시고, 당신을 따라갈 수 있게 해주세요."

그것이 전부였다. 짧고, 간결했으며, 진실한 말이었다. 찰스가 기도를 끝냈을 때, 그제야 숨 쉬게 된 것 같은, 세상에서 가장 큰 평안을 느꼈다. 너무나도 갑작스럽게 지금까지 자신의 가족과 상황에 대해 느꼈던 비통함 대신 다른 것이 들어왔다. 그는 더 이상 쓰레기가 아니었다. 더 이상 미래가 없는 고아가 아니었다. 그저 단순한 청중 중 한 명이 아니었다. 그는 가치 있는 사람이었으며 한 가족의 일원이었다. 그는 사랑받고 있었다. 찰스가 하나님이 자신의 친구라는 사실을 깨달은 순간이었다.

7

　　찰스는 방금 체험한 영향력을 느끼며 집회를 떠났다. 그는 자신 안에서 어떤 전류를 느꼈고, 그건 찰스에게 너무나 강한 힘을 주어 현실감이 없을 정도였다. 찰스가 경험해본 그 어떤 것과도 다른 것이었다. 그 안에는 힘이 있었다. 자신의 안쪽 어디에선가 예전에 자신과 자신의 아버지를 괴롭혔던 악마적인 힘보다 더 강한 힘이 있는 것을 확실하게 느낄 수 있었다. 그는 당시에는 알지 못했지만, 나중에 그 힘이 얼마나 중요하게 작용할 것인지를 깨닫게 됐다.

　　그는 그 집회에 참여했던 자신과 같은 연령대의 군중과 함께 길을 걸었다. 그렇다. 그들에게는 부모가 있었고, 찰스에게는 없었다. 그들에게는 돌아갈 집이 있었고, 찰스에게는 없었다. 그러나 어떤 것도 그를 절망시킬 수는 없었다. 그에겐 틀림없이 하나님께서 자신과 함께하신다는 확신이 있었기 때문이다. 걱정 대신 평안함을 느꼈다. 버려지는 대신 동행하는 것을 느꼈다. 무엇보다 씁쓸한 증오 대신 무책임한 부모를 향한 사랑의 조짐을 느끼기 시작했다. 너무나 이상한 일이었다.

그날 밤, 찰스는 침대 옆에 무릎을 꿇고 앉아 보이지 않는 이와 이야기를 나누었다. 하나님께서 자신을 사랑해주심에, 감사하는 건 쉬운 일이었다. 아무 문제가 아니었다. 또한, 자신이 더 이상 버려진 아이가 아니라는 안도감을 주심에 기도하는 것은 어려운 일이 아니었다. 그러나 자신의 부모님을 위해 기도하는 건 결코 쉬운 일이 아니었다. 물론 자신의 부모가 얼마나 지독한 이들이었는지 말하는 것은 쉬운 일이었을 것이다. 하나님께 만약 더 좋은 부모 밑에서 자랐다면 자신의 인생이 얼마나 더 나아졌을 것인지 말하는 것도 어렵지 않았을 것이다. 하지만 마음속으로부터 부모님은 자신이 가진 것을 갖고 있지 않음을 알았다. 그의 아버지와 어머니는 하나님과의 관계와는 거리가 멀었고, 자신은 이제 그것을 갖고 있었기에 비참한 자신의 어린 시절에도 불구하고 그들을 위해 기도하려 최선을 다했다.

그는 하나님께서 그들을 바꿔주시길, 특히 아버지를 변화시켜주시길 기도했다. 찰스는 그들이 물질적으로나 영적으로 극심한 빈곤을 겪고 있음을 알 수 있었다. 어떤 지독한 저주가 그들을 둘러싸고, 그리스도를 아는 것을 막고 있는 것만 같았다. 찰스는 그의 부모님을 위해 기도하는 것을 -그들이 얼마나 절실히 하나님이 필요한지를 깨닫고, 아버지가 폭력적이고 학대하는 인생을 그만두기를- 매일 밤 일과로 삼았다. 그리고 그 기도들이 변화를 일으켰다. 다우디는 조금 더 책임감 있는 사람이 되었다. 그는 예전만큼 싸우지 않았고, 술을 많이 마시지 않았다. 하지만 그가 로다를 한 달가량 때리지 않았을 때도, 로다는 그의 옆에서 항상 공포를 느꼈다. 그것은 다른 가정폭력 피해 여성들이 공통적으로 느끼는 두려움이었다.

정부는 다우디, 로다 그리고 자녀들 -찰스를 제외한- 을 나쿠루에서 마챠코 지역으로 이동시켰다. 도시에 있는 다른 불우한 사람들과 함께 그들은 오늘날 마쿠에니 지역에 있는 카톤즈웨니라는 척박한 땅에서 숲 지대를 일부 받았다. 카톤즈웨니는 빈곤한 사람들이 음식과 잘 곳을 받을 수 있는 곳으로 칭송받는 임시수용소가 되었다. 나중에 그들은 나이로비에서 약 100km 떨어진 달라니라는 곳으로 이전하게 됐다.

찰스는 카티타이야마에 남아 학교에 계속 다녔고, 1967년에는 8학년을 마칠 수 있었다. 고등학교 학비는 지금까지의 학비보다 훨씬 더 비쌌고, 학비를 내주는 사람이 없어, 찰스는 진학을 못 할 상황에 놓였다. 찰스같이 우수한 학생에겐 이 상황이 불공평하게 느껴졌다. 그는 1학년부터 4학년까지 1등을 놓친 적이 없었고, 5학년부터 8학년까지는 항상 전교 5등 안에 들만큼 우수한 학생이었다. 그에게는 대학진학에 대해 사그라지지 않는 열망이 있었다. 그는 그럴 능력이 있었고, 자신도 그걸 잘 알고 있었다. 찰스는 대학에 가기 위해 갖추어야 할 것들을 갖추고 있었다. 단지 그에게 필요한 것은 돈이었다. 그는 긍정의 힘이 꿈을 성취할 수 있도록 도와주지 않을까 생각하며, 어깨 위에 느껴지는 빈곤의 짐을 떨쳐내려 노력했다.

그는 모든 친척에게 학비를 낼 수 있도록 경제적인 도움을 구했다. 찰스에게 구걸하는 것은 새로운 일이 아니었지만, 지인들에게 가야 한다는 것은 힘든 일이었다. 친척들은 그의 부탁을 거절했다. 그들은 응원의 말이나 일체의 경제적 도움을 주지 않았다. 그러나 찰스는 기회를 찾는 똑똑한 학생이었다.

"하나님."

그가 기도했다.

"당신은 제가 학교에서 읽고 배우는 내용을 이해하는 데 어떤 문제도 없었던 것을 아십니다. 같이 학교 다녔던 이들의 노예가 되지 않게 해주세요. 하나님, 제가 구걸하는 사람이 되지 않게 해주세요. 하나님, 저를 사용하시고 부유하게 만들어주세요. 그렇게 해주신다면 당신을 위해 큰일을 하겠습니다. 하나님, 도와주세요. 당신이 요구하는 어떠한 것도 할 것이며, 오직 당신에게 쓰임 받겠습니다. 제가 제일 먼저 할 일은 교회를 짓는 일일 것입니다."

그는 기도에 변화를 만들 수 있는 힘이 있다는 걸 이미 알고 있었다. 그것은 단순히 하나님과의 교제 통로뿐만 아니라, 실질적으로 무언가를 이루어냈다. 그가 아버지를 위해 기도했을 때, 아버지의 행실은 나아지기 시작했다. 얼마나 갈지 아무도 알지 못했지만, 기도는 확실히 변화를 만들어 냈고, 찰스는 이번에도 하나님께서 응답하실 거라 굳게 믿었다. 찰스는 그리스도를 따르는 사람이 된 지 얼마 안되어, 교회에서 열심히 일하는 사람이 되었다. 그는 지역 당회의 멤버였고, 성경공부 참석은 물론, 그가 자격증을 받은 성경 학교에도 입학했으며 최대한 모든 사람과 친해지려 노력했다. 그는 하나님을 잘 따르고 있었다. 하나님도 분명히 보시고 응답해주실 터였다. 분명히 자신을 섬기는 사람의 재정을 채워달라는 기도를 들어주셨을 터였다.

하지만 돈은 결코 나오지 않았다. 기도, 섬김, 그리스도에 대한 믿음 -그 어떤 것- 도 찰스에게 필요한 돈을 제공해주지는 않았다. 그는 2주 동안 울부짖었다. 저녁에 주위에 아무도 없을 때, 어쩌면 하나님조차 없을 -그 당시는 그렇게 느꼈었다- 때, 그는 침대에 깬 채 누워 어떤 때는 지독할 정도로 관대하신 분이 왜 이런 때는 지독할 정도로 인색하신지를 생각했다. 더이상 할 수 있는 것이 없었고, 도와줄 사람도 없었다.

찰스에게는 다른 소득이 없어 학교 진학을 포기하고 직장을 찾기로 했다. 그는 즉시 근처 농장으로 가서 구덩이 파는 일을 했다. 이른 아침부터 늦은 저녁까지 자신을 부양하기 위해 뜨거운 태양 아래서 일했다. 약 석 달 후, 그는 구두와 정장 바지와 셔츠를 살 수 있을 만한 돈을 벌었다. 그는 어머니를 위해 설탕과 음식을 샀고, 남은 돈은 저축한 후에 부모님을 방문하러 달라니로 향했다. 찰스가 가족을 마지막으로 본지 2년 정도 지나 있었다. 그는 가족이 어떻게 지내고 있는지, 동생들이 어떻게 성장했을지 궁금했다. 그의 가족은 찰스를 보고 행복해할까? 혹시 아버지가 동생들에게 찰스에 대해 거짓으로 세뇌시켜 놓은 것은 아닐까?

그는 고속도로로부터 몇 마일 떨어진 먼지 나는 뜨거운 길을 걸어 부모님 집에 도착했다. 가족들의 흔적이 있는지 주변을 눈으로 훑어보았다. 주위에 덤불이 산재했다. 그곳은 동물들로 인해 굉장히 위험한 곳이었다. 독사들이 덤불과 돌 주위에 숨어 있었고, 뚱뚱하고 게을러 보이는 하마들이 운 나쁘게 앞길을 헛디딘 사람들을 위협하려는 자세를 취하고 있었다. 그리고 어떠한 사냥감이든 쉽게 쫓아갈 수 있을법한 사나운 표범이 잡아먹을 사람을 찾으며 그 주변을 배회하고 있었다.

해가 지기 시작했다. 멀리서 붉은 해가 어머니를 볼 수 있을 만큼 충분한 빛을 비춰주었다. 그는 그 즉시 다른 느낌을 받았다. 그동안 있었던 모든 일에도, 몇 번의 버림에도 불구하고 어머니와 아들의 유대는 쉽게 깨지지 않음을 깨달았디. 그녀는 다친 듯 보이지 않았다. 찰스에게 처음으로 든 생각이었다. 두 번째로는 허름한 어머니의 옷이 보였다. 그녀의 피곤한 얼굴이 육체적, 감정적 고난의 결과를 그대로 보여주고 있었다. 찰스의 어머니는 일을 하다 고개를 들어, 아들이 집으로 향하는 길을 걸어오는 걸 보았다.

아버지 없는 이에게 아버지를

그녀는 지금 보고 있는 게, 기나긴 하루가 만들어낸 상상의 산물이 아니길 바라며 눈을 감았다. 찰스가 웃었다. 그녀는 울었다. 아들은 말쑥하게 차려입고 있었다. 구두, 정장 바지 그리고 셔츠. 모든 게 그녀가 아들에게 단 한 번도 제공해준 적 없던 것들이다. 그는 모든 걸 혼자서 해냈다. 그는 스스로 돌보았고, 스스로 성장했다. 모두 다 그녀의 도움 없이 해냈다. 그 순간 그녀는 실패감을 느꼈다.

찰스가 그녀를 껴안았고, 그녀는 자신이 아무것도 해준 게 없다는 데 창피함과 그를 아주 오랜만에 보는 기쁨을 동시에 느꼈다. 그녀는 눈물도 개의치 않았다. 다우디 같은 남자의 옆에서 이런 눈물은 자주 흐르는 게 아니었다. 그녀는 이 눈물이 죄책감에서인지 기쁨에서인지 알 수 없었다. 찰스는 기쁨의 눈물일 거라 생각했다. 그렇게 생각하는 게 정당했다. 그는 학교 진학 실패로 인한 씁쓸한 실망감을 느끼며, 어머니가 자신을 보고 기뻐하는지 알고 싶었기 때문이다.

항상 그래왔듯이 동생들을 만나는 건 찰스를 충전시켰지만, 아버지를 보는 건 그렇지 않았다. 그들은 눈을 맞추고 인사를 주고받았다. 포옹도, 미소마저 없었다. 양쪽의 목소리에서도 기쁨은 느껴지지 않았다. 찰스는 자신을 학대했던 아버지를 보는 대신, 도움이 절실한 한 남자를 보았다. 다우디는 아직도 언제든 폭력적으로 변할 위험이 있었지만, 찰스는 아버지에게서 깊은 절망과 공허함을 보았다. 그는 사람의 껍데기를 가졌을 뿐,

안은 텅 비어있었다. 이미 죽어 있었다. 단지 알지 못할 뿐이다.

찰스는 부모님 집 옆에 벽돌을 쌓아 집을 만들고, 짚으로 지붕을 얹었다. 그는 갖고 있던 돈을 가족을 위해 썼다. 돈이 전부 바닥났을 때, 그는 떠나야 할 때임을 알았다. 이번에는 그들에게 부담이 되기 때문이 아니었다. 그는 정식으로 작별인사를 하거나 그저 아침에 일어났을 때 버려진 걸 확인하는 게 아닌, 아버지에게서 작별인사를 받길 원했다.

찰스는 어디로 갈지 모른 채 부모님을 떠났다. 다시 농장으로 돌아가 구덩이 파는 일을 할까 생각했지만, 언제까지 그 일을 할 수 있겠는가? 그 일이 장기적으로 무엇을 줄 수 있겠는가? 그가 생존할 수야 있겠지만, 그는 가족을 돕고 싶었다 -그리고 그는 그렇게 했다- 하지만 그는 뭔가 더 해야만 했다. 그는 나이로비에서 직장을 찾아야만 했다.

찰스는 강가에 도착해, 건너편으로 가기 위해 보트운전사에게 반 실링을 냈다. 반 실링은 그가 가진 전 재산이었다. 그의 뒤에는 가족이 있었으며, 그의 앞에는 미래가 기다리고 있었다. 그는 어떤 일이 일어날지 알지 못한 채, 보트에서 내려 나이로비까지 3일을 행진하기 시작했다.

"하나님, 저를 돌봐주세요."

그가 기도했다.

"저는 이곳에서 아무도 알지 못합니다."

아버지 없는 이에게 아버지를

8

혼자 여행하는 탓에 나이로비까지 가는 길은 실제보다 멀게 느껴졌다. 첫날밤은 카티타이야마에 있는 할머니 댁에서 머물렀고, 둘째 날은 어떤 빌딩 옆 길가에서 밤을 보냈다. 셋째 날 아침에 일어나 나이로비로의 마지막 여정을 시작했을 때, 직장과 살 곳을 찾는 어려움은 더욱 분명해졌다. 케냐의 수도로 가는 여정은 여행 아닌, 생존을 위한 싸움이었다. 그는 계속해서 기도했고, 되도록 용기를 가지려 했다. 그리고 이방인을 환영하지 않는 도시에서 거지가 될지도 모른다는 생각을 떨치고자 노력했다.

나이로비에 가까워짐에 따라 더 많은 사람을 볼 수 있었다. 어디에나 사람들이 있어, 길과 시장은 발 디딜 틈 없이 붐볐다. 사람들이 서로에게 소리 지르며 물건을 사고팔거나, 거리를 걷는 사람을 멈춰 세워 물건을 사게 하려 유혹하고 있었다. 길 양쪽에 있는 가게들은 이불 위에 물건들을 펼쳐놓았는가 하면, 양면이 철로 만들어진 작은 가판대에서 물건을 팔기도 했다. 상인들은 옥수수, 음료수, 신발 그리고 과일 등 여행객들을 위한 모든 물건을 팔았다. 적어도 돈이 있는 사람들에게는 말이다.

찰스는 하루의 반쯤 가서야 나이로비에 도착했다. 오늘날에는 감리교길Methodist Ave로 알려진 길가에 멈춰 섰다. 그는 사방을 둘러보았지만, 그에게 익숙하거나 그를 환영하는 어떤 것도 찾아볼 수 없었다. 그는 여정 중에 자신이 무슨 일을 하게 될지 어디에서 살게 될지 상상했지만, 도시에 도착하자 상상은 끝났다. 이제는 자신을 움켜쥔 미래가 어떤 것인지 알아볼 시간이었다.

그는 계속해서 길을 걷다, 울타리가 쳐진 큰 저택을 보았다. 찰스는 '크면 클수록 좋다'고 생각했다. 이 집이 그에게 보이는 것처럼 부잣집이라면, 하인들이 있을 것이고, 고용할 사람을 찾고 있을지도 모른다. 찰스는 대문 앞에 서서 안쪽에서 무슨 일들이 벌어지는지 지켜봤다. 집을 둘러싸고 있는 아름다운 정원과 멀리 작은 집을 발견했는데, 작은 집은 아마도 하인들의 숙소일 것이다. 다른 쪽에서는 사람들이 음식을 준비하고, 다른 사람은 빨랫감을 접고 있었다. 찰스는 직장을 잡기까지 얼마나 많은 집을 돌아다녀야 할지 생각하며 대문을 두드렸다.

"안녕하세요."

경비가 인사라기보다는 질문에 가까운 어투로 말했다.

아버지 없는 이에게 아버지를

"안녕하세요."

찰스가 대답했다.

"주인을 좀 만나볼 수 있을까요?"

"그분들을 아시나요?"

"아니요."

찰스가 말했다.

"일이 있는지 여쭤보고 싶어요. 주인을 좀 불러주세요."

그 남자는 잠시 후 아무 말 없이 뒤돌아섰다. 찰스는 그가 집안으로 사라지는 걸 보고, 주인이 나올 낌새가 있는지 기다렸다. 하지만 너무 오랫동안 아무도 나오지 않자, 남자가 일부러 자신을 잊고 그곳에 세워둔 것인가 생각했다. 그때 한 여자가 나왔다. 검은색 곱슬머리의 젊은 인도 여성이었는데, 치마와 파란색 블라우스를 입고, 하인 한 명에게 명령을 내리며 집안에서 나왔다. 그는 아직 그녀가 도착하기도 전에 그녀와 눈을 마주치려 했고, 그녀의 눈에서 희망을 보았다. 종종 외면이 사람의 성격을 알려주지 않을 때도 있지만, 찰스는 즉시 그녀에게서 자신감 있고 자애로운 인상을 받았다. 그녀의 걸음걸이에서부터 알 수 있었다. 그녀가 자신을 움직이는 방식에는 찰스에게 희미한 희망을 주는 무언가가 있었다. 누군가 자신이 원하는 대로 잘 풀릴지도 모른다고 생각할 수 있는 희망이 있었다.

그녀는 대문으로 와 미소 지었다. 찰스는 안심했다.

"젊은 청년."

그녀가 말했다.

"내가 뭘 해줄 수 있을까?"

"저는 일을 찾고 있어요."

그는 대문이 잠긴 채로 있을 것인지 아니면 그녀가 곧 문을 열어줄 것인지를 생각하며 대답했다.

"어떤 종류의 일?"

"어떤 일이든지요."

찰스는 자신감 있는 목소리로 그녀가 요구하는 어떤 일이든지 할 의향이 있으며, 할 능력이 있다는 것을 전했다.

"나이가 어떻게 되지?"

"열여덟입니다."

모든 질문은 긍정적인 신호였다. 일자리가 없었다면, 그녀가 이미 말해주었을 것이고, 찰스는 다른 일을 찾으러 떠났을 것이다. 그러나 그녀는 아직도 찰스와 이야기를 나누고 있었다. 무언가가 남아있다는 뜻이다. 목소리의 톤을 포함해, 모든 사소한 대답이 그녀의 마음속에서 대문 밖 그 청년의 인상에 대한 생각을 만들어가고 있었다. 다음 질문까지 불과 몇 초가 걸렸지만, 찰스에겐 무한히 길게만 느껴졌다. 그녀가 그를 안으로 들어오게 할 것일까? 이미 그를 고용하지 않기로 하고 시간을 끌고 있는 것일까? 그는 그녀의 눈을 바라보았다.

"잔디 깎을 수 있어?"

그녀가 물었다. 강한 에너지가 찰스의 동맥으로 솟구쳤다.

그녀는 그에게 관심 있다. 일을 구하는 데 너무도 가까워졌다. 그는 이미 그곳에서 일하는 것만 같았다.

"네, 할 수 있습니다."

찰스가 말했다.

"잔디 깎을 수 있습니다. 주로 낫을 사용해서 깎았습니다."

"정원의 잡초도 뽑을 수 있고?"

"물론이죠."

"덤불 울타리를 다듬는 것은?"

"그럼요."

그녀는 그가 일자리를 구하는 데 보인 용기와 무엇이든 하려는 열정을 보고 일을 허락하려는 듯 고개를 살짝 끄덕였다.

"혹시, 빨래도 할 수 있어?"

"네, 할 수 있습니다."

찰스가 말했다.

"저는 어떤 일이든 할 준비가 되어있습니다."

그녀가 지어 보인 미소가 찰스를 기분 좋게 만들었다. 그녀가 문을 열어주었다.

"내 집에 온 걸 환영해."

그녀가 말했다.

"어서 들어와."

찰스는 도시의 거리에서 대문을 지나 그녀의 땅에 들어섰다. '나쁘지 않아.'라고 그는 생각했다. 단 한 번의 시도에 한 번의 합격.

"자네는 하인들 숙소에서 살게 될 거야."

그녀가 말했다.

"내가 곧 침대를 받을 수 있도록 말해 놓을게."

"감사합니다."

찰스가 말했다. '침대라고? 방금 그렇게 얘기한 거야? 내게 나만의 침대를 준다고?'

"그리고 여기서 밥도 먹을 거야. 식사는 준비되어 나올 거고."

"감사합니다."

그가 말했다. 그는 그가 상상한 것 이상을 대접받게 됐다고 생각했다. '음식? 그녀가 내 끼니까지 제공해 준다는 말이야?'

"그리고 자네는 매달 미화 1달러를 월급으로 받게 될 거야. 이상 없지?"

그녀는 그를 쳐다보기 위해 말을 멈췄다. 찰스는 도저히 믿을 수가 없었다. 그는 처음엔 아무 말도 할 수 없었다. 어떻게 할 수 있겠는가?

"네, 좋아요."

그가 속삭이듯 대답했다.

"나는 드소자 부인이야."

그녀가 말했다.

"나와 남편은 두 아이, 에릭과 콜린과 함께 살고 있어."

"제 이름은 찰스 멀리입니다."

"반갑구나, 찰스. 주임이 네게 할 일을 말해 줄 거야."

그녀는 그를 밖에 두고 안으로 들어갔다. 그는 주위를 둘러보았다. 그에게는 아무것도 없었다. 그러나 그는 10분도 안되어 모든 것을 가졌다. 침대와 음식, 일자리까지 주어졌다. 무엇이 더 필요하겠는가? 하나님께서 역사하셨다. 그의 첫 식사는 쌀밥이었다. 그는 몇 명의 하인과 같이 밥을 먹고, 점심이 끝날 때쯤에는 그들과 친구가 되었다. 그는 수많은 일을 담당하게 되었다. 낮으로 3에이커의 잔디와 울타리를 다듬고 빨래를 했으며, 빨랫감을 걸어 말리고 설거지까지 했다.

그날 밤 찰스는 시리온 드소자를 만났다. 그는 사이잘삼(밧줄을 만들 때 사용하는 섬유질을 함유한 식물)과 커피 농장을 소유한 회사의 임원이었다. 그와 그의 아내는 기독교인이었는데, 가끔 찰스와 이야기를 나누며 농담을 주고받곤 했다. 그들은 찰스에게 그가 단지 고용된 하인이 아니라 더 알아갈 가치가 있는 사람이란 걸 느끼게 해주었다. 또한, 그들은 찰스에게 종종 부모님을 찾아뵙는 것과 교회에 가는 걸 허락해주었다.

어느 저녁, 드소자 부인이 찰스에게 말을 꺼냈다. 그가 그곳에서 일한 지 5개월이 지난 때였고, 그는 그동안 자신이 가장 뛰어난 하인임을 증명해냈다. 그는 무슨 일을 맡기든 믿음직하게 해냈다. 그가 빨랫줄에서 마지막 옷을 내려놓을 때, 그녀가 오는 소릴 들었다. 그는 뒤돌아 미소 지었다. 그녀는 벤치에 앉아, 그에게 앉으라고 손짓했다. 조용한 저녁이었다. 그들의 목소리만이 고요함을 흩트려 놓았다.

"넌 너의 인생에서 무엇을 하고 싶니, 찰스야?"

그녀가 물었다. 그는 그 질문에 당황했다. 무슨 말을 해야 할지 몰라서가 아니라, 단지 누군가가 미래에 대한 계획을 물어본 게 처음이었기 때문이다.

"저는 공부하고 싶어요."

그가 말했다.

"공부?"

"네."

"존경스러운 걸, 꿈을 갖는다는 건 정말 중요한 일이야."

"가끔 꿈은 꿈일 뿐일 거라는 생각이 들어요."

"찰스야, 넌 정말 영특한 아이야."

"영특한 것으로 충분할까요?"

"네겐 밝은 미래가 있단다."

"어떻게 아시죠?"

"나는 너를 잘 알고 있으니까."

"하지만 제게는 기회가 없는 걸요."

"넌 기회를 공부에서만 찾을 수 있다고 생각하니?"

찰스는 무슨 대답을 할지 생각했다. 유리바다처럼 완벽한 고요가 느껴졌다.

아버지 없는 이에게 아버지를

"전 공부해야 해요. 전 공부를 좋아해요. 제가 그 외에 어떻게 직장을 잡겠어요?"

"그래서 너의 계획은 공부해서 좋은 직장을 찾는 거니?"

"맞아요. 드소자 부인."

"만약에 공부 외에 직장을 잡을 더 좋은 방법이 있다면 어떠니?"

"그런 게 어떻게 가능한가요?"

"믿는 자에게는 능치 못함이 없단다."

"하지만 모든 회사가 대학졸업자를 찾는 걸요."

"대학은 길고 어려운 길이란다. 첫째로 중학교를 졸업해야 하고, 그다음은 고등학교를 졸업해야 한단다. 그리고 그중에서도 가장 뛰어난 몇 명만이 대학교에 갈 수 있단다. 쉬운 일이 아니야."

"저는 해낼 수 있어요."

찰스가 말했다.

"그건 8년, 어쩌면 10년 이상이 걸릴 수도 있어."

"기나긴 길이죠…."

"하지만 유일한 길은 아니란다."

찰스는 고개를 돌려 그녀를 바라봤다. 그녀는 뭔가를 전하려 하고 있었다. 그는 느낄 수 있었다. 단지 그게 무엇인지 확실하지 않았을 뿐이다.

"제가 어떻게 하면 일자리를 찾을 수 있을까요?"

"찰스야, 넌 여기서 평생 일하기엔 너무 똑똑한 아이란다. 여기는 네 자리가 아니야."

"저는 대학의 도움 없이 앞으로 나아갈 수 없을 거예요."

그녀가 일어나 그의 어깨에 손을 올리며, 그의 눈을 깊이 바라보았다.

"어디 한 번 보자꾸나."

한 달 후, 드소자 씨가 찰스를 뒷마당 식탁으로 불렀고, 그에게 앉기를 권했다. 찰스는 자리에 앉았다.

"네게 좋은 소식이 하나 있단다."

그가 말했다. 찰스가 웃었다. 어쩌면 드소자 씨가 월급 인상에 대해서 말하려는 것일지도 모른다고 기대했다.

"네게 새로운 일이 있단다."

그가 말했다. 그건 좋은 소식이었다.

"마쿠유에서 말이다."

"마쿠유요?"

"네게 농장 관리인 직책을 준비해 두었단다. 너에게는 그곳 농장에 일하러 온 모든 사람의 이름을 확인해야 하는 책임이 있어. 출석부에 표시하고 대금을 준비하고, 모든 게 장부에 기록되었는지 관리해야 한단다. 어떤 거 같니?"

찰스는 대답할 수 없었다. 농장 관리인이라고? 지원하지도 않았는데? 그는 드소자 씨를 바라보았고, 새로운 도전에 대

아버지 없는 이에게 아버지를

한 흥분과 기대하지 않았던 것에 대한 놀라움을 느꼈다.

"감사합니다."

그가 말했다.

1968년 9월, 찰스는 카쿠지 섬유회사에서 일을 시작했다. 모두 그가 젊고 재능 있다는 걸 알았으며, 이 신입이 자기 자리를 빼앗을까 두려워했다. 그는 누구보다 열심히, 오랫동안 일했다. 그가 감독관으로 승진하기까지 그리 오래 걸리지 않았고, 그 후엔 부지배인으로 승진했다. 그는 누구보다도 빠른 속도로 사다리를 올라가고 있었다. 승진과 함께 월급도 올랐다. 그는 처음으로 자동차를 사는 걸 생각해보고 있었다.

찰스는 밤낮 가리지 않고, 일 안에서 숨 쉬고, 일 안에서 살았다. 그리고 앞으로 나아가는 것에 집중하며 모든 노력을 다했다. 그는 더욱더 많은 시간 일했으며, 점차 시간을 좀 더 효율적으로 쓰기 시작했다. 그는 자신이 회사에서 가장 뛰어난 사람임을 증명하기 위해 더 많은 프로젝트를 맡았고, 그것은 그의 경력을 높여주었다. 그 모든 일은 그가 인생에서 다른 걸 생각하기 힘들게 했다. 그러나 그가 곧 만나게 될 젊은 여성은 그 모든 걸 바꾸려 하고 있었다.

9

찰스는 노동자들의 이름이 적힌 장부를 들고 농장을 거닐며, 농장에 나온 사람들 이름을 확인했다. 찰스가 그곳에 간 지 6개월밖에 되지 않았지만, 그는 이미 직원 1,200명을 모두 알고 있었다. 그는 그들의 이름을 알고 있었고, 가끔 그들의 삶과 가족, 관심사를 알고자 그들을 방문하곤 했다. 그러나 그가 파인애플을 따고 있는 여성을 만난 순간, 그는 자신이 지금까지 겪어왔던 어떤 것 이상으로 그녀에게 관심 있음을 깨달았다.

그녀는 굉장히 날씬했다. 그리고 농장에 있는 모든 일꾼과 달랐다. 농장은 사람으로 가득 차 있었지만, 찰스에겐 그녀 혼자 있는 것만 같았다. 그는 그녀를 지켜보았고, 그녀에게 자석처럼 끌렸다. 남자가 여자에게 마음을 사로잡혔을 때 느끼는 멈출 수 없는 끌림을 느꼈다. 그녀는 처음에 그를 알아차리지 못했다. 그는 그녀에게 시선을 떼지 못한 채 서서 그녀를 바라보았다. 찰스는 맹렬한 태양 아래서도 그녀가 일하는 걸 지켜보며 얼어버린 듯 느꼈다.

그녀는 일하다 고개를 들어, 찰스가 자신을 보는 걸 보았다. 그녀는 젊고, 그녀의 눈은 아름답고, 얼굴은 매력적이었다. 그는 두근거리는 가슴을 느끼며 그녀에게 다가섰다. 그녀에 대해 아는 건 많지 않았다. 그의 업무 중 하나일 뿐이었다. 그는 그녀를 본 적 없었고, 그는 그녀가 월급을 제대로 받고 있는지 알기 위해 그녀의 이름을 알아야 할 뿐이다. 그녀와 말하는 건 그의 의무였다.

"안녕하세요."

그는 자신이 생각했던 것보다 조용한 소리로 말했다. 그 목소리는 위엄 있게 들리지 않았고, 농장을 책임지는 사람의 목소리처럼 들리지 않았다. 그러나 그는 어쩔 수 없었다. 그녀는 한마디도 하지 않았고, 반응조차 하지 않았지만, 그가 이 만남을 결코 잊을 수 없다고 생각할만한 무언가를 전달했다.

"안녕하세요."

그녀가 대답했다. 그녀의 목소리는 부드러웠고 포근했다. 그 목소리엔 찰스가 업무에 관련된 질문을 하지 않아도 될 만큼 고요한 자신감이 있었다.

"여기서 당신을 본 적 없네요."

찰스가 그녀에게 그녀가 와서 기쁘다는 걸 확신시키며 말했다.

"제가 일하는 첫날이에요."

그녀가 말했다.

"어머니 대신 일 하고 있어요. 어머니께서 오늘 편찮으시 거든요."

찰스는 유감이라는 말을 전하고 싶었지만, 이런 날에 그녀의 어머니께서 편찮으신 건 그에게 일어난 최고의 일이라고 생각했다. 그녀는 긴 치마에 회색 머릿수건을 두르고 있었다. 그녀의 옷차림은 왜 농장에서 일하고 있는 건지 궁금하게 만들었다.

"유감입니다."

그는 결국에 그 말을 할 수 있었다.

"나이가 어떻게 되나요?"

"열다섯이에요."

그의 안에 있는 무언가가 이 젊은 여성과 연결되고 있었다. 그리고 그는 이 만남이 마지막이 아니길 바랐다.

"내 이름은 찰스 멀리입니다."

그녀는 다시 한번 웃었다.

"저는 에스더에요."

다음날 그는 지금껏 일하는 중 가장 짧은 시간에 장부의 이름을 확인하며 농장을 바삐 돌아다녔다. 사람들이 찰스의 이목을 끌기 위해 그를 멈추려 했지만, 그는 속도를 늦추지 않았다. 그는 사람들에게 짧은 인사와 빠른 미소를 건네며 대화를 피하기 위해 최선을 다했다. 그에게는 이미 이야기 나눌 다른 사람이 있었기 때문이다. 그리고 어제의 그 농장에 도착했을 때, 특별히 한 사람을 찾으려 모든 일꾼을 훑어보았다.

에스더. 그녀가 그곳에 있었다. 그녀는 농장에서 일하고 있었다. 태양이 그녀만을 위한 스포트라이트처럼 그녀를 비추고 있었다. 그는 관심 있는 여자에게 다가설 수 있는 기회가 남아있다는 걸 알고, 안도감을 느꼈다. 그녀에게 가까이 갈 때, 그에게는 옆에 선 일꾼들의 인사도 거의 들리지 않았다. 그의 눈은 단호하고 목적의식에 가득 찬 채 그녀에게 고정되어 있었다. 그는 걸음마다 강한 끌림을 느꼈다. 그녀도 그의 존재를 느꼈다. 그녀가 고개 들어 그를 보는 순간, 그는 두려워졌다. 정말로 그들 사이에 무엇이 있었는지 아니면 어제 일은 단순한 요행이었는지 확신하지 못했기 때문이다.

그녀의 미소는 찰스가 그녀에게 다가가는 데 자신감을 주었다. 그녀는 한마디 말도 하지 않고 여성만이 할 수 있는 방법을 통해, 그의 마음으로 가는 길을 찾아냈다. 그녀는 부모님이 결혼 지참금 문제로 이혼한 사실과 그로 인한 경제적인 문제로 학교에 다니지 못했다는 걸 이야기해 주었다. 찰스는 그녀가 가족의 가계를 위해 일을 돕는 것에 감탄했고, 연민을 느꼈다. 그도 그녀처럼 교육받을 수 없었기 때문이다. 그녀는 찰스가 사는 곳에서 그리 멀지 않은 곳에 어머니와 함께 살고 있다고 했다. 그들의 집은 가난한 지역에 있었다. 낮은 계층이 거주

하는, 빈민가보다 약간 높은 곳이었다.

회사는 멀지 않아 에스더를 일꾼으로 고용했고, 찰스와 에스더가 만날 기회는 더 많아졌다. 찰스와 에스더는 종종 만나 같이 자전거를 타곤 했다. 그들은 이야기도 나누었는데, 이야기를 이끌어가는 건 대부분 에스더 쪽이었다. 그녀는 진정성과 웃음이 조화로운 사람이었다. 그들이 시장에 갔을 때, 에스더는 모든 사람이 찰스를 아는 것을 보았다. 그는 모든 사람이 사랑하는 젊은 상사였으며, 사람들은 개인적인 문제에 대한 조언을 얻기 위해, 이야기를 나누기 위해 찰스를 불러 세웠다. 30명쯤 되는 젊은 여자 무리가 그를 둘러싸 춤추며 노래 불렀다. "멀리! 멀리! 멀리!" 그리고 "코리!"라며 소리 질렀는데 "어린 양"이라는 뜻이다. 에스더는 집에서부터 춤추는 걸 보았고, 그를 흠모하는 모든 여성 사이에서 자신이 선택됐음을 깨달았다.

찰스는 종종 버스를 타고 나이로비 시내로 출장 갔다. 아침에는 업무 관련 일을 보았고, 할 일이 산더미처럼 쌓였더라도 거리의 아이들을 대하는 시간을 항상 만들어 두었다. 그들은 늘어나고 있는 버려진 아이들이었다. 그들의 부모는 죽었거나 약물에 중독되었거나 너무 가난해서 자식을 부양할 수 없는 상황이었다. 많은 아이가 생존을 위해 거리로 나와, 어떤 소득이든지 얻으려 했다. 어떤 아이들은 갱단에 가입해 음식을 사기 위해 강도질을 하거나, 어떤 여자아이들은 비참한 삶을 이어가기 위해 매춘부로 일하기도 했다. 밤에는 보도에서 자거나,

경비가 허락했을 때는 슈퍼마켓 천막 아래서 하룻밤을 보냈다.

어느 날 찰스는 거리의 아이들 몇이 함께 걸어가는 걸 보았다. 찢어지고 해진 옷차림, 찢어진 신발, 더러운 얼굴. 가장 두드러진 특징은 눈에 보이는 절망의 눈빛이었다. 그들의 눈은 에스더의 눈과 달리 빛나지 않았다. 어둡고 희미한 눈빛만이 그들의 인생과 사회적 고난에서 벗어날 수 있는 희박한 확률을 보여 주었다. 찰스는 그 작은 영혼들의 창에서 어릴 적 자신의 눈에서 보았던 고통과 절망, 희망의 부재를 보았다. 그는 그들에게 걸어가 웃으며 손바닥을 펼친 채, 손을 들어 그의 트레이드마크가 된 인사를 건넸다.

"우-에!"

그들은 그를 보았고 자기들보다 그렇게 나이 많아 보이지 않는, 옷을 잘 차려입은 이 남자가 그들에게 무엇을 원하는지 궁금했다.

"안녕, 여러분."

찰스가 말했다. 아무 반응이 없었다. 웃음도 인사도 없었다. 그가 받은 것이라곤 생기 없는 눈에서 보내는 시선뿐이었다.

"너희는 왜 거리에 나와 있니?"

그가 물었다. 그중 가장 작은 아이가 대답해도 괜찮겠냐는 허락을 얻으려는 듯 옆에 있는 아이를 보았다. 그리고 다시 찰스를 보았다.

"우리가 여기 말고 어디를 가겠어요?"

아이가 말했다.

"먹을 것은 충분하니?"

찰스가 물었다. 그중 한 명이 고개를 저었다.

"잘 곳은?"

아이들은 대답할 필요조차 없었다. 그는 아이들과 이야기하며 그들의 고통을 느꼈다. 그들이 원하지 않는 곳에 있다는 것과 너무나 무력해 상황을 바꿀 수 없다는 걸 잘 알고 있었기 때문이다. 찰스는 근처 가게에서 빵을 사 아이들에게 주었다. 그들은 가로채 가듯 그의 손에서 빵을 가져갔다. 찰스는 그들이 먹는 걸 지켜보고 뒤돌아서 그곳을 떠났다. 그러나 그는 거리의 아이들 생각을 떨쳐낼 수 없었다.

찰스가 에스더가 자신의 사람이란 걸 깨닫게 된 건, 그녀가 나이로비에 가정부로 일하러 떠나게 된 날이었다. 그는 그녀를 자주 보아왔기에, 그녀가 지금껏 만나왔던 누구와도 다르다는 확신을 가질 수 있었다. 그녀가 떠나간 것은 그가 그녀를 사랑한다는 사실을 더욱 확신시켜줄 뿐이었다. 그는 의자에 앉아 사랑하는 이로 인한 공허함을 느낄 때 오는 외로움을 느끼고 있었다. 그는 그녀가 정말 자신의 사람인지 알고자 기도했다. 어떻게 사람이 그런 걸 확실하게 알 수 있겠는가? 그러나 그는 그녀가 단순히 자신이 원하는 사람이 아닌 자신에게 필요한 사람임을 확신하게 되었다. 그는 펜과 종이를 꺼내 그녀에게 초대하는 편지를 썼다.

아버지 없는 이에게 아버지를

그는 할 말, 많은 질문을 수없이 연습했다. 큰소리로 연습을 반복하고 또 반복했다. 그래야만 정말 그 시간이 닥쳤을 때 제대로 말할 수 있을 테니까. 그는 자신의 거실에서 왔다 갔다 하며 그녀의 반응이 어떨지를 생각했다. 문에서 노크 소리가 들렸다. 그의 심장이 뛰기 시작했다. 그는 침을 꿀꺽 삼키고 신경을 진정하기 위해 숨을 크게 들이켰다. 그는 해야 할 모든 일을 마쳤다. 이제 갈 준비가 되었다. 그러나 그가 문을 열어 미래의 부인이 되리라 믿는 여성의 눈을 바라보았을 때, 그의 머리는 텅 빈 것 같았다.

그곳에 에스더가 있었다. 빛나는 눈빛과 누구든 전염시키는 미소를 지으며 서 있었다. 그는 전하고 싶은 말이 있었지만 주저했다. 놀랍도록 아름다운 여성의 존재는, 그가 곧바로 인사하는 걸 불가능하게 했다.

"에스더."

그가 말했다. 지금까지는 순조로웠다.

"안녕, 찰스."

그녀가 그의 이름을 부르는 말투엔 특별한 무언가가 있었다.

"당신이 와줘서 기뻐."

"초대해줘서 고마워요."

"우리 조금 걸을까?"

1970년 12월 22일, 8명의 사람이 찰스와 에스더의 결혼을 축하하기 위해 에스더의 집에 방문했다. 그녀는 열일곱 살이었고, 그는 스물한 살이었다. 찰스가 차비를 보내줘 다우디와 로다도 참석했다. 에스더의 할머니가 서약을 진행했고, 찰스가 "맹세합니다."라고 할 때, 찰스는 자신이 에스더의 사람이란 부정할 수 없는 느낌을 받았다. 그리고 에스더가 자신에게 온 선물이란 걸 느꼈다.

캄바 부족 전통에 따르면, 부인은 남편의 가족과 함께 살아야 했다. 그런 이유로 에스더는 다우디와 로다와 살게 됐다. 찰스는 스트로백이라는 회사에서 일하게 되어 마쿠유에서 엘도렛으로 이동했다. 찰스는 인상된 월급으로 그의 첫 번째 차 -중고 포드 코르티나- 를 살 수 있었다. 그는 그의 가족 중에서 그리고 달라니에서 처음으로 자동차를 소유한 사람이었다. 찰스는 매달 부인과 가족을 방문했고, 노래를 틀기 위해 쥬크박스를 가지고 왔다. 그는 자신이 가장 좋아하는 지미 리브스의 "This world is not my home. I'm just a passing through-이 세상은 나의 집이 아니에요. 나는 나그네일 뿐이죠."를 들으며 자신의 아내와 함께 앉아 그녀의 인생과 그의 일에 대해 이야기 나누곤 했다.

아버지 없는 이에게 아버지를

10

       찰스와 에스더의 첫 딸 제인이 태어날 무렵, 다우디와 로다의 집에서 에스더의 인생은 망가지기 시작했다. 전통을 제쳐놓고라도 그녀가 더 이상 그곳에 있을 이유가 없었다. 다우디는 예전 생활로 돌아갔다. 술과 분노 그리고 폭력. 찰스가 아버지가 이미 버렸다고 생각한 것들이 어느새 다시 다우디의 삶으로 들어와 있었다.

    "나머지 돈은 전부 어디 있어?"

    다우디는 또 다시 취해 소리 질렀다. 로다는 시아버지를 진정시키려 했지만 그가 이런 상태 일 때, 그녀의 애원은 아무 상관 없는 것 같았다.

    "찰스가 매달 돈을 보내잖아요, 여보."

    로다는 남편이 진정하길 바라며 말했다.

    "다음 달엔 돈이 들어올 거예요."

"다음 달! 다음 달!"

그건 술 -혹은 음식- 을 살 돈 없이 견디기엔 긴 시간이었다. 그는 이를 꽉 물었다. 남편의 그런 모습은 로다를 무섭게 하지 못했다. 꽉 다문 이는 결코 문제 되지 않았다. 꽉 쥔 주먹은 전혀 다른 문제였지만 말이다. 에스더는 다우디에게서 뒤로 물러나 아기 제인을 침대에서 들어 올렸다. 다른 아들들이 집에 있었다. 다우디가 폭력적으로 변하면 그들이 들어오겠지만, 화가 머리끝까지 난 아버지를 말릴 수 있을지는 누구도 알 수 없었다.

"찰스가 다음 달에 더 많은 돈을 가지고 올 거예요."

로다가 다시 한번 말했다.

"당연히 그래야지! 그 자식은 충분히 가지고 온 적이 없어! 단 한 번도!"

찰스는 자신의 월급에서 60%를 부모님께 드렸다. 그에게 남는 돈은 생활비를 빼고 나면, 그가 겨우겨우 살아갈 수 있는 수준이었다. 그렇다면 다우디는 어땠는가? 그는 아들에게 단 1센트도 준 적 없었다. 그는 직장을 가진 적 -찾아본 적도- 없었고, 자신의 아들이 두 가정을 먹여 살리기 위해 18시간을 일하는 동안, 부인과 아들들 그리고 며느리와 손녀가 굶는 걸 보면서도 아들의 돈을 술 마시는 데 탕진했다.

"내가 말해보마."

로다가 에스더를 따라가며 말했다. 그녀는 뒤에 있는 문을 닫았고, 남편이 적어도 지금 폭력적으로 변하지 않았다는 데 짧은 안도의 한숨을 쉬었다. 가장 먼저 울기 시작한 건 에스더였다. 그녀는 감정을 추스르고자, 결혼생활에 기대했던 밝은 생각을 붙잡으려 눈을 꼭 감았다. 그러나 그 꿈들은 희미해지고 있었고, 그녀는 꿈꿔왔던 것들이 더 이상 닿을 수 없는 것이란 걸 깨달으며 고통을 느꼈다.

로다는 한 팔로 에스더를, 다른 한 팔로 제인을 감쌌다. 아이는 이 혼란을 깨닫지 못한 채 평화롭게 자고 있었다. 로다는 울지 않았다. 그녀는 이런 상황에 익숙했다. 그녀는 찰스가 소년이었을 때 이미 이런 상황을 겪었다. 그녀는 다른 아들들과 이런 상황을 겪은 적 있었고, 심지어 혼자서도 수없이 이런 상황을 겪어왔다. 그리고 지금 에스더와 제인도 이 비참하고 고통스러운 집안 전통을 겪게 된 것이다. 로다는 별로 수놓은 지붕 아래서 며느리에게 아무 말도 하지 않았다. 무슨 말을 할 수 있겠는가? 그녀는 모든 게 나아질 거라 이야기 하고 싶었지만 거짓말할 수는 없었다. 셋은 이불을 덮고 나무 아래서 잠을 청했다. 밖에서 자는 건 춥고 불편했지만, 다우디와 사는 것보다 훨씬 나았다.

"난 더 이상 여기서 살 수 없어요."

매달 있는 찰스의 방문 때, 에스더가 찰스에게 말했다. 그녀의 목소리는 더 이상 감당할 수 없는 상황이 왔을 때 피난처를 찾는 사람처럼, 집어 삼킬듯한 고통으로 가득 차 있었다.

"당신의 아버지가……."

그녀가 시작했다.

"뭐라고?"

찰스는 우간다 국경 근처에 있는 새로운 발령지 엘도렛에서 오랜 시간 운전해온 탓에 피로를 느끼며 물었다.

"당신 아버지가 당신이 보내온 돈을 훔쳐 쓰고 있어요."

그들은 강가 옆에 말없이 서 있었다. 밤이 다가오고 있었다. 그에게는 아내를 의심할 이유가 없었다. 아버지에게 더 이상 예의를 갖춰 대할 필요가 없었다.

"아버님이 그 돈을 술과 담배에 탕진하고 있어요."

그녀가 말했다. 한 마디 한 마디가 쉽지 않았다. 그녀가 이제야 무언가를 해야 한다는 듯 찰스에게 애원했다.

"우리에게 남은 건 아무것도 없어요. 빈곤 그 이상이에요."

가장 먼저 찰스를 괴롭힌 건 그의 아내와 아이가 살고 있는 상황이었다. 그들은 아무 잘못도 하지 않았다. 그렇게 살아야 할 이유가 전혀 없었다. 그의 아내와 아이가 그가 자라왔던 것과 똑같이 살고 있었다. 음식도 없이 최악의 아버지 밑에서 말이다. 역사의 반복이었다. 둘째로 찰스를 괴롭게 한 것은 그가 힘들게 번 돈이 낭비되었단 사실이었다. 도대체 왜? 도대체 왜? 이유가 없었다. 그가 벌어온 돈이 그의 가족을 더 안 좋게 만들었다. 애초에 그들에게는 돈이 전혀 없었고, 찰스에게서 받은 돈은 다우디가 술 사는데 쓰였다. 술이 다우디의 최악의 면

모를 끌어냈고, 모든 것을 더욱더 견딜 수 없게 만들었다. 그리고 더 이상 참을 수 없었다.

"아버지, 저랑 말 좀 해요."

찰스가 말했다. 아버지와 아들, 둘만이 마당 테이블에 앉았다. 소리를 질러도 가족에게 들리지 않을 만큼 떨어져 있는 거리였다. 다우디는 맨정신이었다. 혹은 알코올중독자가 꾸준하게 돈과 술이 제공될 때 가질 수 있는 가장 깨어 있는 상태였다.

"일은 어떠냐?"

다우디가 물었다. 하지만 찰스는 아버지가 정말로 무슨 말을 하고 있는지 알았다. 그 말은 아버지가 아들을 걱정해 진정으로 하는 말이어야 했지만, 다우디가 알고 싶은 것은 다음 달에 술값이 들어오는가였다.

"일은 좋아요. 아버지의 구직 상황은 어떤가요?"

그것이 다우디를 화나게 만들었다. 그의 얼굴이 붉어졌다. 그는 테이블을 뒤집고, 아들을 잡고 정신을 잃을 때까지 팰 준비가 돼 있었다. 그리고 그는 그렇게 하려 했지만, 자신을 진정시켰다. 유일한 술값 공급처를 박살 낼 이유가 없었다.

"너도 잘 알고 있지 않니."

다우디가 가식적인 미소를 띠며 말했다.

"힘든 시기야."

그는 짧은 웃음을 더했다. 그러나 텅 빈 아버지의 눈은 찰스에게 아버지 인생에 무슨 일이 일어나고 있는지 혹은 일어나지 않고 있는지를 말해주고 있었다. 그의 눈은 텅 비어 있었다. 껍데기였다. 생명이 없는 인형의 눈 같았다.

"제가 보낸 돈은 받고 계시죠?"

"그래, 굉장히 도움이 되더구나."

"도움이 됐다고요?"

"그래, 굉장히 도움 됐어."

"어떻게요?"

"어떻게 라니?"

"네, 아버지. 제 돈이 어떻게 도움 되었냐고요?"

다우디는 이가 보이지 않는 조용한 웃음을 지었지만, 분위기는 가라앉지 않았다.

"너의 돈이 우리를 도와주고 있단다."

"저는 그게 아버지를 어떻게 도와드렸는지 알고 싶어요."

찰스의 목소리가 거칠어졌다. 그리고 더욱 명령하듯 말했다. 부드러운 질문을 하다가 대답을 요구하는 취조 중의 경찰처럼 변했다.

"말해 봐요, 아버지. 정확히 어떻게 제 돈이 우리 가족을 도왔나요?"

다우디는 조용했다. 가족 중 누군가가 자신에게 감히 도전한 건 처음이었다. 그리고 다우디는 거짓말하고 있는 사실이 곧 밝혀질 것을 두려워하는 사람처럼 위협을 느꼈다.

"우리는 물건을 샀단다."

"어떤 것들이요?"

"가족들을 위한 물건 말이다."

"옷이요?"

"그래, 옷 말이다."

"음식도요?"

"그래, 음식도 샀단다."

"학비도요?"

"맞아, 그런 것에도 돈을 썼지."

찰스는 아버지에게로 몸을 숙였다. 그는 죽음처럼 차가운 아버지의 눈을 똑바로 보았다. 그는 아버지의 눈을 잠시 보았는데, 그렇게 하는 게 아버지의 영혼에 직접 말을 할 수 있게 하는 것 같았다.

"아버지께서는 지금 거짓말하고 계세요."

다우디가 얼어붙었다. 그는 어떻게 해야 할지 몰랐다. 싸워야 할까? 말을 돌려야 할까? 저 말은 돈을 더 이상 보내지 않겠다는 뜻인가?

"거짓말이 아니란다."

조금의 확신도 느껴지지 않는 말투로 다우디가 말했다.

"돈을 어디다 쓰셨어요?"

"이미 말했잖니."

"아니요, 아버지는 제가 듣고 싶어 한다고 생각하는 것 외에 아무 말도 하지 않으셨어요."

찰스는 자신을 진정시키려 깊은숨을 들이켰다.

"이제 정확하게 말해 봐요. 내가 긴 시간 동안 일해서 번 돈을 어디다 쓰셨냐는 말이에요? 밤낮을 노예처럼 일했어요. 도대체 무엇을 위해서?!"

그는 주먹으로 테이블을 내리쳤다. 그게 다우디를 무섭게 했다. 그는 아들에게서 위협을 느꼈다. 그러나 다우디는 그의 얼굴이 이미 증명하고 있는데도, 사실을 이야기할 수 없었다. 그것은 술이었다. 그도 알고 있었고, 찰스도 알고 있었다. 모든 이가 알고 있었다. 너무나 당연하게 진실은 숨겨져 있었다. 진실을 말하지 않는 것은 자신의 거짓말을 자신이 계속해서 믿게끔 하는 것 외에 아무 일도 하지 않았지만, 그는 말하지 않았다.

"그리고 아버지가 취하셨을 때, 무슨 일을 하셨나요?"

침묵뿐이었다. 찰스가 내뱉는 한 마디 한 마디가 다우디의 등에 채찍처럼 느껴졌다.

"아버지께서는 취하시면 또 어머니를 두들겨 패셨어요. 저는 그 이야기를 들었어요. 여기에서 무슨 일이 벌어지는지도 알아요. 그래서 지금 아버지께 말하는 거예요."

다우디는 갑자기 지금까지 자신의 안에 숨어있던 해결책을 찾아냈다. 그는 남아있던 아주 적은 자존심을 긁어모아 아들의 눈을 바라보았다.

"내 구역에서 나한테 그런 식으로 말하지 말란 말이다. 너는 그저 나한테 돈을 계속 가져오면 돼!"

아버지 없는 이에게 아버지를

"조용히 하세요."

그 순간, 다우디는 모든 힘을 찰스에게 빼앗겨 버렸다. 다우디는 다른 곳을 바라보았고, 이기적인 아버지보다는 비행 청소년 아들이 된 것처럼 느꼈다.

"너무나 오랫동안 멀리 와 버렸어요. 아버지는 어머니를, 동물이 먹이를 대하는 것보다 못하게 대하셨어요. 이제 앞으로 일어날 일은 이거예요. 제 말 듣고 계세요?"

다우디는 아무 말도 하지 않았다. 그는 비참해 보였고, 무너진 채 의자에 앉아 있었다. "저는 에스더와 제인을 데리고 엘도렛으로 돌아갈 거예요."

그것은 다우디를 반으로 찢어버렸다. 에스더를 데려가는 건 찰스의 권리였고, 그녀를 데려가는 것은 찰스와 의절하는 것을 의미했다. 전통은 누가 누구를 돌보고 있느냐에 따라 영향력이 적었다.

"그리고 이게 어머니에 대한 마지막 경고예요."

다우디는 그 말을 들어본 적 있다. 변할 거라는 한 번도 지켜지지 않았던, 길지 않았던 자신의 텅 빈 약속 후에 따라왔던 텅 빈 위협들을 들은 적 있다. 그리고 다우디는 찰스를 쫓아내려 했다. 찰스가 어머니가 다치는 걸 막기 위해 자신이 했던 말을 보충하기 전까지는 말이다.

"부족 법을 아시죠? 그렇죠?"

다우디는 마비되는 것을 느꼈다. 부족 법. 부족 법. 취한 정신에 그 말이 맴돌았다. 그는 부족 법에 대해 잘 알고 있었다. 모든 사람이 부족 법에 대해 알고 있었다. 그의 몸이 부족 법을 마주쳤을 때, 어떤 일이 일어날 것을 깨달음에 따라 손가락이 떨려왔다. 그는 침을 삼켰고, 자신이 아들 앞에서 사라지길 원했다.

"만약에 아버지가 어머니를 때렸다는 소식을 한 번 더 들으면 부족회의에 편지를 쓸 거예요. 그리고 그들이 아버지를 법대로 처리하게 할 거예요."

누군가가 다우디의 귀에 소리를 질러 그를 떨게 만든 것 같았다.

"그들은 아버지를 의회로 끌고 가게 한 다음, 아버지가 그동안 어머니에게 한 일에 대해 기쁘게 증언해 줄 한 사람 한 사람의 증언을 들을 거예요."

다우디가 움츠러들었다. 그는 아들을 보지 않았지만, 그건 이제 막 들을 말에 대한 위안이 되지는 못했다.

"부족이 아버지에게 유죄를 선고하면요, 분명히 그렇게 할 거고요. 아버지를 쭉 펴서 땅에 눕힌 채 팽팽하게 줄로 묶을 거예요. 젊고 강한 마을 청년들이 돌아가며 무겁고 잘 깎인 나뭇가지로 아버지를 채찍질할 거예요. 피부가 찢어져 활짝 벌어지고, 피가 사방으로 튀겠죠. 어머니가 긴 시간 그래온 것처럼, 아버지는 비명 지르시겠지만, 누구도 신경 쓰지 않겠죠. 도움 줄 사람들은 아주 가까이에 있겠지만, 마을 사람 누구도 아버지에게 도움 주는 대신 고통스러워하는 걸 보며 박수 칠 거예요. 그들은 아버지의 고통을 보며 행복해할 거예요. 나뭇가지가 아버지의 피부를 다 뜯어내면, 바로 척추에 가격할 거고, 아버지는 지구 상에서 몇 명밖에 느끼지 못한 고통을 느낄 거예요. 몸이 주체할 수 없이 떨리겠죠. 고문 때문에 구토하실 거예요. 소리 지르고, 비명을 지르시겠죠. 제발 멈춰달라고 빌 거예요. 그러나 결코 멈추지 않을 거예요. 계속 될 거예요. 나뭇가지가 척추를 쪼개 들어갔을 때, 아버지는 죽게 되겠죠. 마을 사람들은 아버지의 역겨운 시체를 보고, 아내를 두들겨 패는 사람에게 알맞은 정의가 찾아왔다고 할 거예요."

다우디는 찰스가 밤에 아버지에게 두들겨 맞는 것을 기다리며 침대에서 떨던 그대로 떨기 시작했다. 그들은 침묵 속에 기다렸지만, 할 말이 전혀 남아 있지 않았다. 찰스는 테이블에서 일어나 떠났다. 다우디가 앉은 채 몇 분이 지났고, 그는 자신의 약한 의지가 약속을 이행하지 못 할 때의 결과를 깨달았다. 찰스는 차를 타고 떠났고, 다우디는 고개를 들지 못했다. 그는 할 수 없었다. 그가 할 수 있는 일이라곤 자신의 인생이 술로부터 떨어지는 자유의지에 달려 있다는 것과 아내에게서 떨어져야 한다는 걸 깨닫는 것뿐이었다.

에스더와 제인은 기차를 타고 엘도렛에 도착했다. 하루가 걸린 여정은 아무 일 없이 조용히 지나갔다. 제인은 여행 내내 거의 잠든 채였고. 에스더는 엘도렛으로 향하는 길마다 재난

같은 상황에서 벗어난 해방감을 깊이 느꼈다. 공기가 더 맑아진 거 같았고 숨이 더욱 쉽게 쉬어지는 듯 했다. 진짜 인생의 시작이었다. 기차 바퀴가 한 바퀴 돌 때마다 자신이 사랑하고 존경하던 이와의 진정한 결혼 생활에 더욱 가까워지고 있었다.

기차가 엘도렛에 가까워지며 속도를 늦추기 시작할 때, 에스더는 딸을 꼭 껴안고 남편을 찾기 위해 창가로 몸을 기울였다. 그들이 정류장에 도착했을 때, 사람들은 철도 주위에 서서 가족들과 친구들을 만나고 있었다. 그녀는 수많은 사람 사이에서 남편을 발견했다. 그의 눈에서 보이는 밝은 빛이 그녀에게 새로운 삶의 시작을 확신시켜주고 있었다. 끊임없는 공포 속에서의 삶은 뒤로 사라지고 있었다. 그리고 그녀 앞에 기다리고 있는 건, 그녀가 단 한 번도 꿈꿔보지 못한 모험이었다.

아버지 없는 이에게 아버지를

11

찰스는 스트로백사에서 하던 일
을 그만뒀다. 그가 다니던 회사는 예멘Yemen에서 건설 계약을
하나 따냈고, 찰스가 예멘으로 가길 바랐다. 하지만 그는 엘도
렛에 머물렀는데, 케냐에서 가족과 함께하고 싶은 간절한 바람
과 자기 사업에 대한 관심 때문이었다.

그는 자신이 하나님께 얼마나 많은 축복을 받는지 생각
해 보았다. 그의 가족과 경력 그리고 부富. 그는 버려진 고아 거
지에서 시작해 한 회사의 임원까지 정말 먼 길을 왔다. 하나님
의 일이 아니라면 이런 일들이 어떻게 가능했겠는가? 그러나
그는 이상하게도 그가 이룬 많은 것만큼 자신에게 아직 많은
것이 남아 있는 것을 알고 있었다. 그는 퇴직금을 들고 회사에
서 나와 자신의 사업을 구상하기 시작했다.

"뭘 하고 싶다고요?"

에스더가 물었다.

"마타투 사업이야."

찰스가 말했다.

"직장을 관뒀다고요?"

에스더가 더 이상 가족에게 안정적인 수입이 없다는 데서 느끼는 공포를 목소리에서 감추려 노력하며 말했다.

"그래." "사업을 시작하려고요?"

"그래 맞아. 우리 벤을 마타투로 개조할 거야."

마타투는 일반적으로 개인이 소유하는 승객용 벤으로 도시에서 여러 길로 승객을 태우는 택시와 버스를 섞어 놓은 것으로, 크기는 다양했다. 마타투는 열네 명 정도 손쉽게 태울 수 있도록 만든 것이지만, 20명 혹은 그보다 많은 사람이 안에 마구 끼어 타는 걸 어렵지 않게 볼 수 있었다. 가끔 차 양 옆에 매달리거나, 뒤 범퍼에 걸쳐 타는 사람들도 있었다.

1973년 4월, 찰스는 자신의 픽업트럭 위에 지붕을 올리고, 짐칸에 벤치를 놓아 좌석을 만들어 마타투로 개조했다. 그리고 스트로백사 직원들을 위한 사택 주위에 집을 하나 빌려, 거기서부터 엘도렛까지의 경로를 개척했다. 첫째 날 아침, 그는 일찍 일어나 그의 새 마타투를 타고 첫 번째 정류장에 섰다. 몇 명의 일꾼이 올라타, 요금을 내고 자리에 앉았다. 그는 기어를 올리고 클러치를 넣고 길을 따라 달렸다. 찰스 멀리는 자신의 사업을 시작한 것이다.

며칠 내로 그의 마타투는 만원이 되었다. 사람들은 찰스의 차를 타기 위해 긴 줄을 서서 기다렸다. 그는 당시에는 흔치 않던 기독교 음악을 틀은 채 운행했는데, 그게 그의 마타투 만의 독특한 특징이 되었다. 그는 자기 고객의 이름을 기억했고 고객이 탈 때마다 그들의 이름을 부르는 걸 잊지 않았다. 찰스는 자신의 차를 더욱 차별화하기 위해 차 옆면에 자신의 새로운 회사 로고 -멀리웨이즈Mullyways- 를 페인트로 그려 넣었다. 그의 성은 원래 Mulli로, 마지막이 'i'로 끝나는데, 자신의 회사 이름과 개인 계좌의 이름이 겹치는 걸 막기 위해 'y'를 대신 넣었다.

그는 자신의 마타투에 올라탔을 때, 자기 이름을 걸고 사업한다는 것에 자부심을 느꼈다. 그의 꿈이 이루어지고 있었다. 그는 아주 작게 시작했다. 그의 회사는 작은 미니밴 하나로 이루어져 있을 뿐이었다. 하지만 그는 그게 자기를 어디까지 변화시킬지 알지 못했다.

그는 아주 약간의 이윤이 처음 나왔을 때, 얼마 되지 않는 돈을 엘도렛 거리의 아이들을 위해 썼다. 그의 가족과 사업이 벌어들인 돈으로 이득을 얻고 있는 동안 그는 자신의 도움이 필요할 수도 있는 모든 사람에게서 눈을 떼지 않고 있었다.

"안녕."

그는 쓰레기통 주위에 서 있는 세 명의 소년에게 말을 건넨다. 통은 천 쪼가리로 채워져 있었고 체온을 유지하기 위해 피운 불이 지펴져 있었다. 이른 아침, 그들은 춥고 더러웠고, 배

가 고팠다. 아이들은 대답하지 않았다. 대답할 이유가 뭐겠는
가? 그들이 얻는 게 무엇이겠는가? 이 미친 남자가 차에서 나
온다면 두들겨 팬 후, 시계를 뺏고 옷을 뒤져 돈을 빼앗으리라.

　찰스는 차를 멈췄다. 지금 시각에 나와 있는 사람은 별로
없었고 멀리서 가게 주인들이 가게 문을 열고 있었다. 그러나
소년들이 서 있던 곳은 모든 사람에게서 멀찌감치 떨어진 길목
의 끝이었는데 그곳에서는 모든 것이 달라 보였다. 그곳은 소
년들의 구역으로 그곳에는 그들밖에 없었다. 일이 안 좋게 풀
려, 찰스가 도움을 요청할 때는 너무 늦을 것이다.

　"너희들 배고프니?"

　그가 물었다. 이번에도 대답이 없었다. 아이들은 서로를
쳐다보았다. '이 남자는 누구지? 도대체 뭐가 문제야? 그냥 다
시 네 마타투로 돌아가서 돈이나 벌어. 우리한테 원하는 게 뭐
야?'찰스는 그들의 눈에 자리한 공허함을 볼 수 있을 만큼 그들
에게 가까이 다가갔다. 그 눈은 등불에서 나오는 빛을 반사할
뿐인 절망의 껍데기였다. 그들은 찰스에게서 희미한 희망의 빛
을 보려는 듯 눈을 가늘게 뜨고 그를 쳐다보았다. 그때 그들은
찰스의 손에 있는 봉투를 알아차릴 수 있었다. 미심쩍은 찰스
의 존재가 그들에게 봉투 안에 들어있는 자애로움을 볼 수 없
도록 혹은 보고 싶지 않도록 만들었다.

　"너희를 위해 준비한 게 있단다."

　그가 말했다. 소년들의 눈이 봉투에 집중됐다. 어쩌면 이

남자는 동료들이 자신들을 둘러싸는 동안 관심을 끌려 수작 부리는 경찰일지도 모른다. 소년 중 한 명이 뒤돌아 주위를 훑어보며 그런 상황이 아닌 것을 확인했다. 그저 생각이 없는 사람일 수도 있다. 긴 밤, 술에 취해 술을 좀 나눠 주는 것일 수도 있다. 그건 괜찮을 것이다. 그것이 최고일 것이다. 술과 대마초가 그들에게는 축복이었다. 술과 대마초는 고통을 잊을 수 있는 기회와 도망칠 기회를 주고 버려짐과 절망의 고통을 더디게 해줄 기회가 될 수 있다. 그러나 이번은 그런 경우가 아니었다. 오늘 밤은 아니었다. 그 대신 찰스는 봉투에 손을 집어넣어 빵 두 덩이를 꺼냈다.

"너희들을 위해 이것들을 가지고 왔단다. 배가 많이 고플 거야. 이렇게 이른 아침에는 날씨가 쌀쌀 하단다. 그렇지? 어젯밤은 어디서 잠을 잤니?"

아이들의 표정이 그들의 대답이었다.

"여기 있다."

찰스가 빵을 건네며 말했다. 키가 가장 큰 아이가 만약의 경우에 손을 거두어 갈 수 있도록 애매한 태도로 손을 내밀었다. 소년은 빵을 만졌고, 그 빵은 그들이 3일 동안 먹은 것보다 많은 양의 음식이었다. 빵 두 덩이. 두 덩이의 빵. 소년은 빵을 하나 집어 옆에 있던 아이에게 주고 이내 손을 내밀어 두 번째 빵을 가져갔다. 찰스는 미소 짓더니 웃기 시작했다.

"그건 좋은 빵이란다. 신선하지. 조금 전에 샀단다."

'왜? 이 남자는 이런 일을 하는 걸까? 도대체 이 사람한테 뭐가 잘못된 걸까? 가게 주인인가? 우리가 자신의 가게에서 도둑질한 것으로 생각하는 걸까? 우리 얼굴을 확실히 익힌 다음에 경찰에 넘기려는 걸까? 도대체 왜 우리에게 빵을 이렇게 나눠주는 걸까?'

"아산테Assante."

소년들이 말했다. 그 말은 '감사합니다'라는 뜻이다.

"천만에."

찰스가 말했다. 그들 사이에 긴 침묵이 깔렸다. 서로서로 어떻게 생각하고 있을까 궁금해했다. 가끔 사람들이 무슨 말을 해야 할지 모를 때 이런 침묵은 어색함을 주곤 한다. 하지만 낯선 이의 관대함을 마주한 세 소년은 아무것도 돌려받기를 바라지 않는 이에게서 받을 수 있는 고요함을 느꼈다.

"또 보자꾸나."

찰스가 말했다.

"그리고 다음에는 더 많은 빵을 가져다줄게."

소년들은 고개를 끄덕였다. 그들은 친절함에 익숙하지 않아 어떻게 반응해야 할지 몰랐다. 찰스는 마타투에 다시 탔고, 14시간의 일을 시작했다.

사업은 폭발적이었다. 밤이나 낮이나 승객이 초만원이었고 한 명을 더 끼워달라고 사정하면서 서로 밀어내며 자리를 만들곤 했다. 찰스와 에스더는 마타투로 벌어들인 돈으로 냐루Nyaru

라는 도시 길 끝에 있는 가게를 빌려 채소, 음료수, 음식 그리고 옷을 파는 일을 시작했다. 나루에서 찰스는 유일한 캄바족 남자였지만 그곳에서 이런 이질감은 문화적으로 받아들여졌다.

그는 확장되는 마타투 경로에 대한 수요를 맞추기 위해 할부로 몇 대의 자동차를 더 구입했다. 마치 어부의 그물에 엄청나게 많은 물고기가 걸린 것처럼 그의 차를 타려는 승객으로 찰스의 마타투는 초만원이었다. 마치 찰스의 마타투가 자석이고, 승객들이 자석에 이끌리는 금속인 것만 같았다.

그러나 찰스는 사업이 안정권에 들어섰다고 생각할 무렵, 모든 돈을 자동차 수리하는 데 써야 했다. 그가 지금까지 모아왔던 모든 돈이 그렇게 사라졌다. 아내, 아이, 사업의 중압감이 등산을 오를 때의 무거운 짐처럼 그를 짓눌렀다. 그는 그런 상황에서도 하나님께서 역사하실 거라는 묘한 자신감을 가졌다. 그는 어떻게든, 어떤 방법으로든 해낼 것이다. 그에게는 빚이 쌓여 눈으로 보고 있는 상황에도 모든 것이 잘 풀릴 거라고 믿을 수 있는 이상한 능력이 있었다.

1976년 그는 삼일 밤낮을 쉬지 않고 마타투를 운전했다. 찰스는 잠도, 휴식도 취하지 않았다. 찰스 멀리는 쾌활하고 미소가 떠나지 않던 사람에서 자기 이름이나 겨우 기억할법한 남자로 변모했다. 승객들이 그의 차를 타면 그는 고개를 끄덕이며 요금을 받고 키수무로 운전을 시작했다. 그는 눈을 뜨도록 노력했지만, 잠들 시간이 한참 지난 아이처럼 더 이상 깨어 있을 수 없었다. 결국, 그는 길가에 차를 대고 승객들에게 자신은 잠을 자야 한다고 했다. 그가 눈을 붙인 것은 고작 30분이었다.

찰스는 새벽 3시에 다시 도로로 돌아갔고 엘도렛으로 운전해 12월 24일에 도착했다. 그는 승객들을 내려주고 아침인지 밤인지도 구분 못할 정도의 상태로 차량들을 지나 집으로 갔다. 차에서 내린 그의 다리는 겨우 앞으로 나아갈 수 있을 정도여서 집안으로 다리를 절며 들어갔다.

에스더가 문 앞으로 나왔다. 그녀는 자동차 주차하는 소리를 들었을 때 힘이 넘치는 남편을 예상했지만, 그녀가 본 것은 피곤하다는 말을 하기에도 힘든, 힘을 있는 대로 다 쏟아버리고 끝이 나버린 한 남자였다. 그녀는 남편에게 팔을 두르고 그를 집 안 침실로 데리고 갔다. 찰스가 마지막으로 본 것은 자신에게 빠르게 접근하는 침대였다. 그는 몸이 침대에 도달하기 전 이미 잠들어버렸다. 그는 신발도 벗지 않은 채 깊은 잠이 들었다. 13시간 동안 마치 죽은 것처럼 말이다.

그는 그날 밤 10시가 돼서야 일어났다. 그는 샤워하고 아내와 저녁을 먹었다. 그는 그녀와 그녀의 하루가 어땠는지, 아이들 그리고 그의 3일 동안의 모험에 대해서 이야기를 나누었다. 이내 그는 일어나서 밖으로 나가 마타투를 타고 일터로 돌아갔다.

1976년 4월 그는 냐루에서 가게를 접고 엘도렛으로 옮겼다. 12월쯤에는 8에이커의 땅을 살 만큼 충분한 돈을 모았다. 그는 그곳에 집을 짓고 엘도렛에 첫 번째 바나나와 오렌지 그리고 패션푸르트 (시계풀의 열매) 나무를 심었다.

1977년, 그는 4개의 마타투를 소유했다. 그는 엘도렛에 집터 세 곳을 구입해, 집을 지어 세를 주었다. 그가 하는 모든 일이 잘 풀렸다. 그가 하는 모든 거래는 그에게 유리하게 되었다. 어떤 사람들은 실패의 두려움 덕에 성공하지 못하는 반면, 찰스는 두려움이라는 것을 몰랐다. 무너지는 것은 그에게 일어나지 않았다. 그는 기도했고 담대했으며 성공했다.

그의 인생에서 어려움은 그의 결혼, 자녀들 그리고 그의 사업을 넘어 확장되어갔다. 그러나 모든 것을 넘어 찰스는 아버지와 어머니의 운명에 대한 걱정에 사로잡혔다. 그리고 사람이 자기 자신의 발목을 잡듯, 다우디는 다시 로다를 때리기 시작했다. 그것은 다우디가 찰스를 방문할 때마다 더욱 명확해졌다. 어떤 날은 다우디가 로다를 데리고 왔고, 때로는 로다에게 상처가 너무 확연한 것이 두려워 그녀를 집에 두고 오곤 했다. 찰스는 다우디에게 방문할 돈을 내주었다. 그가 도착해 억지웃음을 보일 때, 찰스는 그것이 사랑에서 비롯된 게 아님을 알았다.

다우디가 찰스에게 얼마나 자랑스러운지를 말할 때, 찰스는 그것이 진실하지 않음을 알았다. 다우디가 달라니에서 겪는 역경과 돈을 버는 것이 얼마나 어려운지 그리고 자신이 얼마나 노력하고 있는지를 말할 때, 찰스가 듣는 것이라곤 항상 같은 오래된 이야기일 뿐이었다. 다우디는 돈을 원했다. 더 큰 문제는 그가 술에 취하면 아직도 폭력적으로 변한다는 것이었다. 그리고 그가 폭력적으로 변할 때, 그에게는 즐겨 찾는 목표물이 하나 있었다.

찰스는 달라니의 집을 위해 소와 양, 탁자와 의자 등 여러 물건을 구입했다. 가족의 돈 -술 값- 이 떨어질 때, 다우디는 그들의 생계가 달린 동물들을 팔아 알코올 중독을 유지했다.

"그만 좀 해요!"

로다는 남편에게 -남편이라고 부를 수 있는지 모르겠지만- 몇 번이나 사정했다. 그녀는 그가 가족의 경제적, 사회적 그리고 관계적 파괴의 주범임을 알고 있었다.

"닥쳐!"

가축과 소유물들을 파는 것은 큰 문제였다. 로다가 그것을 막으려는 것 또한 문제였다. 그리고 다우디는 속으로 자신이 이런 사람이 되어서는 안 되는 것을 알고 있었다. 다우디의 마음속 깊은 곳, 정체성을 형성하는 부분이 텅 비어있었다. 그는 아무것도 아니었다. 그는 그 누구도 아니었다. 뼈아픈 현실은 그가 술을 마신 밤에는 더욱 섬뜩한 모습이 그를 덮쳐온다는 것이다.

찰스는 다우디를 다시 방문했다. 그는 자신이 속해있는 캄바족의 아옴비 족장을 불러 아버지의 인생에 마지막 판결을 내리게 하고 싶은 충동을 깊이 느꼈다. 그것은 아버지의 업보였다. 그가 자초한 일이다. 찰스는 어머니를 제일 먼저 보러 갔다.

아버지 없는 이에게 아버지를

그는 어머니가 맞는 것을 보는 데 익숙해졌다고 생각했다. 그러나 그렇지 않았다. 그리고 어머니의 뒤 틀리고 망가진 얼굴에 찢어진 상처와 멍들을 보자, 어머니를 더는 이대로 둘 수 없다는 생각이 들었다.

"이제 종지부를 찍을 거예요."

찰스가 말했다. 로다는 아무 말도 하지 않았다. 그녀의 부서질듯한 목소리가 바람을 타고 다우디의 귀에 들어가 끔찍한 분노를 일깨우는 것을 두려워하는 것만 같았다.

"이제 충분해요."

찰스가 말했다.

"그동안 많이 참아드렸어요, 아버지."

찰스가 근엄하고 강한 말투로 말했다. 다우디는 자신이 피해자인 것처럼 입술을 꼭 물며 말했다.

"그동안 문제가 많았단다. 상황이 크게 어렵단다."

"조용히 하세요. 아버지에게는 더 이상 할 말이 없어요."

찰스는 차분함을 잃지 않으려 혹은 아버지가 범죄자보다 악질인 것을 최대한 참을 수 있는 만큼 최대한 차분하려 노력했다.

"아버지께 드릴 말씀은 단 한 가지예요."

다우디는 고개를 들지 못했다. 그는 그럴만한 용기가 없었다.

"제가 앞으로 하려는 말을 주의 깊게 잘 들으셔야 할 거예요."

찰스는 아버지에게 몸을 가까이 숙였다. 그는 아버지가 자신과 눈을 맞출 때까지 기다렸다. 얼마나 비참하고 가치 없고 두려움에 떠는 사람인가. 찰스는 아버지의 차디찬 두 눈에서 공허함 외에 어떤 것도 없는 것을 보았다.

"만약에 다시 한번 이런 일이 일어난다면 부족에 아버지를 신고할 거예요."

그게 다였다. 그것이 찰스가 말한 전부였다. 화도 분노도 없었다. 사람은 때로는 지독한 상황에서의 변화가 가능하다고 믿는다. 그러나 찰스는 그것을 넘어선 지 오래였다. 천국도 로다가 그것을 오래전에 넘어선 것을 알고 있었다. 찰스의 목소리는 다우디에게, 찰스가 아버지가 변할 거라는 희망을 더 이상 갖고 있지 않다는 걸 각인시켜주었다. 그 대신 다우디는 술에 취한 어떤 밤, 로다에게 몇 번 주먹을 휘두르는 게 자신을 피범벅 된 시체로 만들 거라는 공포를 느꼈다.

다우디는 후회했다. 자책감에 느끼는 눈물과는 거리가 멀었다. 그는 자신의 행동이 아닌, 이 상황을 후회했고, 자신이 아내에게 가한 해가 아닌 자신의 신변을 걱정했다. 그는 자신에게 가해질 형벌이 두려웠지만, 자신의 행동에 대해 잘못을 느끼지는 않았다. 그는 자신에게 변할 것을 권하는 이웃에게 화살을 쏜 적 있었고, 자신을 설득해 보려는 아들을 쫓아냈으며, 아들의 돈을 술로 탕진했다. 그는 술을 사기 위해 생계 도구를 팔아 치웠고 아내를 폭행했다. 선택은 간단했다. 술병인지 부족

회의인지.

　석 달 후, 찰스는 로다로부터 무티카와 이모가 엘도렛으로부터 온다는 전보를 받았다. 그는 가족들이 자신의 성공을 축하하며 좋은 소식을 가져오리라는 기대를 품은 채 기차역으로 갔다. 그러나 찰스가 그의 어머니를 보았을 때 모든 기대는 무너져버렸다. 그녀의 얼굴은 예전과 같이 좋지 않았다. 무티카와는 그녀의 팔로 로다를 감싸며 일으켜 세웠다. 로다의 머리는 터지기 직전의 풍선처럼 부어있었다. 변색된 얼굴은 태양 밑에서 번들거렸고, 누군가가 얼굴 전체에 어두운 페인트를 칠한 것만 같았다.

　찰스는 어머니가 아프지 않도록 최선을 다해 포옹했다. 그녀의 눈에서 흐르는 눈물에 그녀의 몸에 든 멍과 물집이 쓰라려왔다. 그들은 집에 앉아 무슨 일이 있었는지 이야기했다. 새로운 이야기는 없었다. '그가 취해서 나를 때렸어'라는 말을 바꿔봐야 몇 가지 이야기가 나오겠는가? 그래도 폭행에 대해 말하는 것은 어느 정도 로다의 상태에 도움이 되었다. 찰스는 어머니가 폭행당한 바를 설명하는 것을 들으며, 부족을 부르는 데 필요한 마지막 증거라는 것을 깨달았다. 결정해야 한다는 무게가 그의 어깨를 내리눌렀다.

　찰스는 방을 떠나 자신의 책상에 앉았다. 집안에서 울려 퍼지는 어머니의 울음소리를 제외하고는 고요했다. 그는 펜을 꺼냈다. 무기를 꺼낸 것 같은 느낌이 들었고, 사실 그랬다. 종이를 한 장 꺼냈다. 그의 아버지다. 어떻게 찰스가 친아버지를 부족에 고발할 수 있겠는가? 아니다. 아니다 절대로 아니다. 그는 아버지가 아니다. 그는 남편도 아니다. 그는 많은 이름으로 불릴 수 있겠지만, 결코 아버지나 남편은 아니다. 그러나 그는 찰스의 혈육이었다. '그의' 혈육. 가족이었다.

가족이라는 이유로 폭행을 변호할 수 있을까? 가족이 잘못된 것을 바로잡는 것일까? 가족이란 아버지가 해왔던 일과 계속 할 일들로 인한 결과에 대해 어떤 역할을 하는 걸까? 정의의 무게가 찰스를 눌렀다. 그에게는 난감한 일이었다. 그는 깊은 숨을 들이마시고 의자에서 자세를 다잡았다. 족장에게 정식 재판을 열어줄 것을 요청하는 편지를 써 내려 갔다. 재판에는 아버지의 생명이 요구된다는 것을 알았다.

12

　　다우디는 그늘에 혼자 서 있었다.
날씨가 쌀쌀해 나무 밑에 서 있을 필요는 없었지만, 그는 이제
무엇이 다가오는지를 알았기에 움직이지 않았다. 오늘은 그의
인생에서 가장 긴 하루가 될 것이다. 살아서 끝을 보진 못하겠
지만 말이다. 그의 손이 주체할 수 없을 만큼 떨릴 일은 없었을
것이다. 그가 이를 딱딱거리며 부딪히지도 않았을 것이며, 땀이
얼굴에 쏟아지지도 않았을 것이다. 공포가 그의 사고를 전부
지배하지도 않았을 것이다. 다가오는 부족 회의가 가진 효과는
참으로 이상한 것이었다.

　　그가 생각도 못 한 사이 몸이 반응하고 있었다. 토사물이
입에서 쏟아져 나올 것처럼 배가 들썩거림을 느꼈다. 그는 무
릎을 꿇고 앉아 남아있는 것들을 다 뱉어냈다. 솟구치는 열이
이마로 느껴졌다. 그는 근처에 있는 물이 담긴 냄비를 끌어왔

다. 물을 좀 퍼서 열을 식히기 위해 자신에게 뿌렸다. 그의 숨, 생각, 이성 그 모든 게 마치 몸무게가 두 배로 늘어난 것처럼 무겁게 느껴졌다. 그는 냄비를 바라보았고 냄비에 비친 자신의 모습을 보았다. 죽음이라는 것이 그렇게 생겼으리라.

"이제 시간이 됐습니다."

그의 뒤에서 목소리가 들렸다. '벌써? 어떻게 벌써 시간이 됐단 말이야? 난 방금 일어났단 말이다.' 그러나 그는 금방 일어나지 않았다. 잠을 자지도 않았다. 사형 집행 전인 사람은 결코 잠들 수 없다. 적어도 그 전날 밤에는 결코 잠들 수 없는 법이다.

"알겠수다."

그가 말했다. 그는 금방이라도 무너질 듯 약해진 다리를 느끼며 일어났다.

"갑시다."

그는 뒤돌아 그들을 보았다. 6명의 젊고 건장한 남자가 있었다. 그들의 눈빛은 다우디가 협조한다면 쉽게 가겠지만, 아니라면 자비 따윈 없을 거라는 걸 드러내고 있었다. 그는 도망갈 생각을 해봤다. 한밤중에 떠나는 것도 생각해봤다. 그렇게 사라질 수 있었을 것이다. 어디로든 어떤 곳으로든 갈 수 있었을 것이다. 하지만 그가 얼마나 멀리 갈 수 있겠는가? 돈도 음식도 없다. 6시간 정도야 갈 수 있겠지만, 정의의 판결을 피해 도망하는 그의 흔적을 따라붙는 수색팀이 나선다면, 그 시간은 아무것도 아니었다. 그가 잡힌다면 생존 가능성은 확실히 제로일 것이다.

부족은 그에게 자비를 베풀지 모르고, 그에게 삶의 방식을 바꾸라는 조언 정도만 할지도 모른다. 그러나 그는 건장한 청년들과 걸어가며, 자신을 기다리고 있는 게 무엇인지 짐작할 수 있었다. 그는 부족회의에서 무슨 일이 일어났는지 잘 알고 있었다. 모두가 잘 알고 있었다. 그리고 그는 자신이 왜 그곳에 가고 있는지 똑똑히 알고 있다. 자신의 친아들 때문이다. 그 망할 놈의 찰스, 그 자식은 왜 평소처럼 돈을 주지 않았단 말인가? 어떻게 감히 부모의 인생에 이딴 식으로 간섭한단 말인가? 전부 다 찰스의 잘못이었다.

찰스는 거대한 나무 밑에서 모두와 함께 기다리고 있었다. 마을 사람들, 동생들, 삼촌들, 이모들 그리고 부족 지도자들 모두 다우디가 끌려오길 기다리고 있었다. 부족 지도자들에게는 이것이 정의였고, 마을 사람들에게는 잔치였으며 삼촌들과 이모들과 형제들에게는 로다가 온갖 학대로부터 마땅히 가져야 할 자유를 되찾는 일이었다. 찰스에게는 지금까지 저질러온 모든 악행에 대해 책임 있는 한 남자를 잡는 일이었다.

건장한 청년들이 회의 장소로 다우디를 데리고 왔다. 군중은 자신들에게 지워진 생명의 무게를 느끼며 점점 조용해졌다. 아주 화창한 날이었다. 뛰노는 아이들, 밭에 나가 일하는 사람이 있을 법한 날이었다. 하지만 그렇지 않았다. 죽은 바나 진배없는 한 남자가 사람들 앞으로 걸어 나올 때는 고요만이 느껴졌다.

찰스만이 다우디를 쳐다볼 용기가 있는 사람이었다. 그리고 그들의 눈이 마주친 순간 찰스는 아버지의 분노를 느낄 수 있었다. 다우디는 그를 노려보았다. 그는 이를 꽉 물고 찰스에게 '내가 이곳에서 살아 나간다면, 나를 배신한 네 놈을 조각조각 찢어 죽일 것이다. 네 놈이 한 짓을 똑똑히 봐라!'라고 하는 것만 같았다. 황소가 나무 뒤에 묶여 있었다. 다우디와 마찬가지로 그 소도 죽기를 기다리고 있었다. 젊은 남자들이 다우디의 등을 열고 그를 죽이면, 다음은 소를 도살할 차례였다. 지나간 일을 뒤로 보내버리고 축하할 때라는 걸 의미하는 것이었다.

"찰스 멀리."

족장이 말했다. 족장은 키가 작은 남자였지만, 작은 체구와는 반대로 부족민 모두를 손쉽게 다스리고, 모두의 존경을 받으며 그들을 지휘했다. 찰스는 젊은 남자들에게 둘러싸인 아버지 앞으로 한 걸음 나아갔다. 그게 찰스를 안심시켰다. 다우디가 (다시) 미쳐버린다면 찰스의 목을 졸라 죽여 버리려 할 테니까.

"너는 이 남자의 아들이다. 무슨 문제가 있는지 설명해줄 수 있는가?"

찰스와 다우디는 서로의 옆에, 아버지와 아들로, 피고와 원고로, 사형수와 자유인으로 서 있었다.

"이 남자는 저의 아버지입니다. 제가 기억하는 바에 따르

아버지 없는 이에게 아버지를

면, 아버지는 어머니를 폭행했습니다."

찰스는 잠시 멈추었다. 그가 정말 이 일을 하고 있다. 정말로 자신이 뱉은 말을 지키고 있다. 지금으로부터 고작 몇 달 전에 그의 아버지에게 이 날이 다가오고 있다고 이야기했다. 그리고 그날이 지금 이렇게 온 것이다.

"우리 가족은 몇 년 동안 그에게 경고했습니다. 그에게 변해달라고 말하고 사정하고 명령했습니다."

찰스는 자신의 왼쪽을 보고 싶었다. 그의 증언이 내뱉어지는 이 순간에도 아버지에게 자신의 얼굴을 볼 수 있는 자부심과 교만함이 아직 있는지 확인하고 싶었다. 그가 뱉어내는 한 문장 한 문장은 마치 가라앉고 있는 배에 벽돌 한 장 한 장을 싣는 것과 같았다.

"그는 술을 사기 위해 모든 소유물을 수없이 팔아 치웠습니다. 그리고 취하면 폭력적으로 변했습니다."

"자네 가족들 모두에게?"

"그렇습니다."

그건 중요하지 않았다. 찰스는 불평하러 온 것도 자신과 형제들이 당한 폭행을 증언하러 온 것도 아니었다. 아버지의 폭행은 분명히 지독했지만, 그가 확실하게 해두고 싶은 것은 재판이 아버지가 어머니에게 한 짓을 바탕으로 판결되어야 한다는 것이었다.

"세 가지 조건이 있다."

족장이 말했다.

"세 가지요?"

"그걸 알고 있는가?"

"들어본 적 있습니다."

찰스가 말했다.

"여기 세 가지 규칙이 있다. 너는 이에 동의해야 한다."

"동의합니다."

"아직 듣지도 않았지 않나?"

"저는 이미 동의합니다."

"첫째, 네 아버지가 유죄로 판명 시 젊은 남자들이 밧줄로 그를 묶어 형벌을 받게 될 땅에 눕힐 것이다."

"알겠습니다."

"아직 끝나지 않았다. 그는 모든 사람이, 그가 충분히 맞았다고 만족할 때까지 맞게 될 거다. 단 한 사람이라도 그 어떤 누구라도 계속하길 바란다면, 형벌은 계속 이어질 것이다. 누군가가 형벌을 계속하는 걸 말릴 수 있을 때는, 그가 죽었을 때뿐이다."

찰스는 침을 삼켰다. 그는 잠시 눈을 감았다. 그는 디우디를 활짝 펴서 눕힐 강한 밧줄이 그를 잡아당기는 것과 굵은 나뭇가지들과 막대기가 그의 살을 튀기며 내려치는 것을 모두 떠올릴 수 있었다. 그는 이내 눈을 떴지만, 전혀 진정되지 않았다.

"이것들에 동의하는가?"

찰스는 족장의 말을 듣지 못했다. 그가 들을 수 있었던 전부는 몽둥이가 아버지의 피부와 근육을 뚫고 지나 뼈를 부러뜨리며 그의 척추를 활짝 열어 연약한 척수를 드러내는 소리였다.

"이 조건들에 동의하는가?"

찰스는 자신의 아버지를 보고, 다시 족장을 보았다.

"동의합니다."

"둘째, 네 아버지의 죽음을 축하하기 위해 황소를 도살할 것이다."

다우디의 눈이 무슨 일이 일어날지 알지 못한 채 서 있는 황소에게로 향했다. 그는 저 소와 자신이 똑같은 운명이라는 게 참 기이한 일이라고 생각했다. 그는 소를 바라보며 자신의 비참한 인생을 후회했다. 그는 살아가는 동안 누군가에게 기쁨을 주는 일을 해 본 적 없었다. 그리고 지금, 죽음 앞에서야 마침내 사람들에게 행복을 주고 있었다.

"동의합니다."

"셋째, 형벌은 너의 아버지를 밥도 먹지 못하거나, 옷을 입거나 자신을 돌볼 수조차 없는 장애인으로 만들 거다."

다우디가 움찔했다. 그가 만약 한 가지를 요청할 수 있다면, 장애인이 되는 것보다 차라리 죽여 달라 했을 것이다. 제정신이 아니거나 몸을 쓸 수 없게 되어 모든 이에게 평생 무시당하며 사느니, 송장이 되는 게 나을 거라고 생각했다.

"만약 형벌로 인해 죽게 된다면, 그에 대해 어떤 반론도 없어야 한다."

찰스는 고개를 끄덕였지만, 족장은 그걸 대답으로 받아들이지 않았다.

"그가 매질로 죽게 된다면 어떠한 반론도 없어야 한다. 동의하는가?"

찰스는 어렸을 때, 술에 취한 채 귀가한 아버지가 가족을 공포에 떨게 하며 그를 폭행한 것을 떠올렸다. 그는 노예처럼 일해서 집에 보낸 돈이 고작 술을 사기 위해, 어머니에게 더 많은 폭력을 가하기 위해 쓰이게 된 걸 떠올렸다. 그리고 아버지에게 그만 하라고 말했던 모든 시간을 떠올렸다.

"동의합니다."

에스더는 그곳에 없었다. 찰스가 원한 바였다. 어머니가 이런 곳에 출석해 죄책감을 느낄 이유는 없었다. 그러나 로다는 말할 차례가 되자, 그녀가 느꼈던 공포를 아주 자세하게 설명했다. 남편의 폭행과 그가 어떻게 가족을 쫓아냈는지, 그가 가구와 가축을 팔고 싸움을 말리려는 사람들을 죽이려고 위협했던 것까지 설명했다. 찰스의 동생들은 아무 말도 하지 않았다. 무엇을 더 추가하겠는가?

"찰스 멀리. 우리는 증언을 전부 들었다. 추가하고 싶은 게 있는가?"

로다가 울며 삼촌들과 이모들 사이로 돌아갈 때, 찰스가 앞으로 나아갔다.

"저는 이 모든 일을 참아왔습니다. 저의 아버지는 문제를 일으키는 일 외에는 한 게 없습니다. 저는 그 모든 시간 동안 도움을 주었습니다. 그러나 아무것도 달라지지 않았습니다. 그는 그 어떤 것, 그 누구에게도 반응하지 않았습니다. 지금 우리는 부족이 아버지를 온 가족을 잘 부양할 사람으로 훈육해주시길 바랍니다."

이 재판이 몇 년 후에 열렸다면, 조금 더 나은 태도로 개입했을지 모른다. 다우디가 재활할 때까지 감옥에 가둬두는 다른 방법이 있었을지도 모른다. 하지만 그 시절은 법정이라는 것이 생기기 전이었다. 부족 회의가 가장 높은 집행기관이었다. 로다와 그녀의 자녀들이 모든 방법을 취했지만, 평화를 찾지 못했을 때, 그 일을 처리하는 것은 부족에게 달려있었다. 영원히.

"이 모든 혐의가 다 사실인가?"

다우디가 울며 사실임을 인정했다. 족장이 젊고 건장한 남자들에게 고개를 끄덕였고 그들은 다우디에게 달려가 순식간에 그를 포박했다. 다우디는 곧 닥칠 고문을 지금에야 완벽히 깨달은 것처럼 비명을 지르기 시작했다. 남자들은 다우디를 강하게 밀어 땅에 눕혔다. 그는 일어나려 했지만, 그들이 얼굴을 땅으로 다시 처박았다. 그중 한 사람이 밧줄을 다우디의 발목에 매달았고 다른 이는 그의 손목에 밧줄을 감았다. 그들은 다우디의 옷을 벗기고 자비 없는 태양 밑으로 그를 끌어냈다.

그의 몸이 자유를 간절히 원하는 낚싯줄 끝에 매달린 생선처럼 꿈틀거렸다. 군중이 환호했다. 그들이 보게 될 광경에 흥분하여 크게 외치며 고함을 질렀다. 다우디는 땀이 쏟아져 내렸다. 그의 숨이 불규칙하게 변했다. 너무나도 시끄러웠다. 사람들의 비명으로 익사할 것만 같았다. 다가올 매질에 대비하려는 듯 그의 눈이 커졌다. 공포가 그의 얼굴을 가득 채웠다. 군중의 환호가 더욱 커졌다. 예측할 수 있었다. 첫 열 번의 매질에 피가 사방으로 튈 것이다. 사람이 죽는 데 한 시간이 걸릴 수도 있지만, 이 경우에는 10분이면 이 세상을 떠나는 길에 충분할 것이다.

다우디는 마지막으로 찰스를 볼 수 있었다. 찰스는 아버지의 눈을 보고 그가 지금까지 보지 못했던 무언가를 보았다. 아버지의 눈에 무언가 다른 것이 있었다. 그건 불타고 있던 쓰레기통 옆에 있던 거리의 아이들에게서 봤던 것과 닮았다. 그들 눈에 비치던 희망 없는 빛과 깊은 절망의 표정이었다.

찰스는 많은 죄와 함께 이제 곧 죽을 한 남자를 보았다. 그의 이성은 깊은 절망 속에서도 어떤 것이 좋은 것인지 알지 못했던 악으로 오염되어있었다. 찰스는 청력을 잃게 할듯한 마을 사람들의 함성을 들었고, 그의 친척들이 다우디를 죽을 때까지 매질하라고 크게 소리 지르는 것을 보았다. 그는 잠깐 감정적으로 그곳에서 나와 무슨 일이 일어나고 있는지를 보았다. 그곳에서 그는 유일한 그리스도인이었다. 그것은 확신할 수 있었다. 그리고 그것이 도대체 이 모임이 무엇을 하는 모임인지 생각하게 만들었다. 그들은 아내를 폭행한 것으로 한 남자를 죽일 준비가 되어있었다. 그것은 정의였다. 하지만 도대체 어떤 정의란 말인가?

첫 번째 청년이 자리에 서서 다우디의 등을 쪼갤 준비를 하고 있었다. 군중이 박수 치기 시작하며 구호를 외치기 시작했다. 한 시간 뒤면 소고기가 있는 축제가 열릴 것이다. 다우디는 미친 사람처럼 보였다. 첫 번째 타격을 예상하며 그 공포로 머리를 앞뒤로 꿈틀대고 있었다. 로다는 남편을 바라보며 동정심과 안심이 섞인 이상한 감정을 느꼈다. 찰스는 자신의 해결법을 보자 몸이 뻣뻣해졌고 젊은 청년이 신호를 기다리고 있는 것을 쳐다보았다. 모든 눈이 족장에게 집중되어 있었다. 족장이 고개를 끄덕였다. 매질이 시작될 시간이었다.

13

젊은 남자들이 밧줄을 잡아당겨 다우디의 얼굴을 땅에 납작하게 만들었다. 그는 비명을 질렀고 군중은 광분한 기대감에 소리 질렀다. 형을 행하는 힘 센 남자들이 없었더라면 그들은 당장에라도 달려나가 직접 그를 때려죽일 듯했다. 다우디는 이를 악물었고 압박감에 땀이 쏟아졌는데 이미 첫 타격을 맞은 것처럼 보였다. 그러나 이제 막 시작하려는 참이었다. 그리고 한번 시작하면 그곳에 실수 따윈 없을 것이다. 그는 행여 빠져나갈 방법이 있을까 머리를 이리저리 마구 흔들어댔다. 하지만 그는 군중 사이에서 자신을 불쌍히 여기는 사람을 단 한 명도 찾을 수 없었다.

100여 명의 사람이 다우디를 둘러싸고 있었다. 그중 몇 명은 그에게 너무 가까워 그의 피가 튀기 시작하면 그들에게 닿을 것만 같았다. 찰스는 침을 삼켰다. 그는 형 집행이 이미 끝

아버지 없는 이에게 아버지를

났기를 바랐다. 그는 아내와 가족들이 있는 엘도렛으로 향하는 차 안에 있길 바랐다. 그는 피투성이가 된 아버지의 시신이 이미 땅에 묻혀 모두 각자의 일상으로 돌아가길 바랐다. 하지만 그는 지금 기다리며, 지켜보며, 생각하며 이곳에 있었다. 첫 타격 전의 긴장되는 순간이 몇 시간처럼 느껴졌다. 그 시간은 찰스가 이 형벌이 얼마나 길 것인지를 생각하게 했다.

그의 안에서 두 가지 신념이 전쟁을 벌이고 있었다. 하나는 아버지가 죽어 마땅할 뿐 아니라 어머니의 안전을 위해 죽어야 할 '필요'가 있다는 것이었고, 다른 하나는 경멸하는 아버지도 결국엔 인간이며 그야말로 심각하게 도움이 필요하다는 것이었다. 마치 두 사람이 논쟁을 벌이는 것처럼 양쪽의 긴장감이 찰스의 마음에 쌓여갔다.

'그는 죽어야 해. 그게 어머니를 구할 유일한 길이야. 그는 당장 사라져야 해. 이미 충분히 당할 만큼 당했어. 이미 결정 났고, 부족이 이미 개입했어. 그들은 재판을 했고 유죄 선고를 내렸어. 멈추고 싶더라도 할 수 없어. 매질을 멈추려 방해한다면 벌금으로 황소 한 마리를 내야 하고 그렇게 할지라도 그들은 판결을 뒤집지 않을 거야. 그대로 두란 말이야. 이게 모두에게 올바른 길이야.'

'그렇지만 그는 내 아버지야. 그는 내 아빠라고. 그를 봐봐. 너무나 비참하고, 죄 많은 사람이야. 그가 어딜 가겠어? 이곳에 있는 어느 누구도 그가 죽은 후에 그에게 무슨 일이 닥칠지 모

르고 있어. 그는 한 시간 뒤면 지옥에 가게 될 거야. 이걸 멈추기 위해 뭔가를 해야 해.'

찰스는 젊은 남자가 묵직한 몽둥이를 들고 그에게 가까이 걸어가는 것을 보았다. 군중들은 단체로 안도와 흥분의 한숨을 내쉬었다. 마침내 시작하려 하고 있다. 그들은 기다리던 쇼를 볼 수 있게 된다. 젊은 남자가 공중으로 몽둥이를 들었다. 순간 모든 게 조용해졌다. 귀를 멎게 할듯한 광분의 고함 전의 고요함이었다. 시간이 멈추었다. 사진을 찍은 것처럼 모두가 얼어버린 것 같았다. 역사적인 한순간이었다. 반환점이었다.

그리고 그 일이 일어났다. 몽둥이가 강하게 공중에서 내려왔다. 모두가 공기를 가르며 내려오는 소리를 들었다. 몽둥이가 날렵하고 상쾌한 '휙' 소리를 내며 목표물을 향해 내려왔다. 이내 나무가 살갗에 닿으며 부서지는 소름 끼치는 소리가 들렸다. 그것은 집행자와 사형수의, 자유인과 죄수의 그리고 율법자와 가정폭력범의 소리였다.

다우디가 비명을 질렀다. 군중은 복수심으로 소리를 질렀지만 다우디의 찌를 듯이 끔찍한 비명이 모두를 안도했다. 그는 머리를 할 수 있는 한 뒤로 젖혔고, 고통을 경감시키기라도 할 듯 그의 근육을 수축시켰다. 그의 생기 없는 눈에서 눈물이 타들어 갔고, 무언가 혹은 누군가가 그의 안에서 이미 죽은 것만 같았다.

내가 무언가 해야만 해. 더는 계속하게 할 수 없어. 그는 곧

아버지 없는 이에게 아버지를

죽을 거야! 타오르는 지옥 불을 느끼게 될 거야! 누가 그를 도울수 있겠어? 그를 죽여버리면 그에게 무슨 기회가 있겠어? 그는 그리스도가 없는 영원으로 가게 될 거야. 난 그걸 그대로 둘 수 없어. 아버지가 죽게 할 수 없어.

'그러나 어머니는? 어머니는 어떻게 할 건데? 지금 끼어들면 죽게 되는 건 어머니일 거야. 어떻게 생각해? 어머니가 결국엔 아버지에게 두들겨 맞아 죽어버렸다는 예쁜 편지를 한 달이나 일 년 후에 받게 되는 건 어때? 영웅이 되고 싶어 하고, 저 악마 같은 남자를 구하고 싶어 하는 부드럽고 연약한 이성 때문에 말이야. 잊어버려. 그냥 죽게 내버려 두란 말이야. 이건 분노가 아니야. 정의야. 그리고 내가 한 말을 지켜야지. 그에게 얼마나 많이 경고했어? 그가 술을 사기 위해 쓸 돈을 벌기 위해 셀수 없을 만큼 많은 시간을 일했어. 그리고 그는 폭력적으로 변해서 어머니를 폭행했지. 난 할 수 있는 일을 다 했어. 의무 이상을 했어. 모든 사람이 했을 것보다 더 많은 것을 그에게 해주었어. 네 잘못이 아니야. 그의 잘못이지. 그걸 이해해야 해. 내가 그를 죽이는 게 아니야. 몽둥이를 들고 있는 저 남자들도 아니고. 그를 죽이는 건 그 자신이란 말이야. 그가 마침내 자신을 죽이는 거야.'

'그렇지만 그는 지옥에 떨어지게 될 거야. 그를 봐. 그는 죄로 가득 차 있어. 그는 끔찍해. 그의 좋은 점이라고는 그의 악행이 마을 안으로 제한돼있었다는 정도야. 그는 도움이 필요한 사람이야. 난 그를 도와야만 해. 내가 나서서 멈추어야만 해. 더이상 지켜볼 수 없어. 그들은 멈추지 않을 거야.'

'알고 있잖아. 그건 규칙을 위반하는 일이야. 지금 끼어들면 벌금을 내야 할 거고 그다음엔 그들은 어찌 됐던 간에 다시 진행할 거야. 한 번 끝난 건 끝난 거야. 제발 그만 끼어들려 하란 말이야. 그리고 죽어가는 사람 생각도 하지 마. 아버지를 죽이는 게 아니라 어머니를 살리는 길이야. 그건 옳지 않아.'

'뭐가 옳지 않아? 어떻게 이게 옳지 않다는 거야? 뭐가 옳지 않은 건지 말해줄게 -지금 끼어들어서 고통과 분명히 다가올 어머니의 죽음을 반복하는 거야- 그게 옳지 않은 거야.'

'내가 무엇인가 해야만 해.'

'그냥 있는 곳에 그대로 있어.'

'개입해야만 해.'

'한 시간만 강인하게 견디면 모든 게 끝나있을 거야.'

'아버지의 인생도 포함해서 말이지.'

'어머니의 인생이 끝나는 것보다는 낫지 않겠어?'

몽둥이가 들어 올려졌다. 다우디는 고작 한 번의 매질에 탈진해버린 것처럼 보였다. 그는 다음 타격에 준비하려는 듯 등을 이상한 자세로 굽혔다. 그는 운이 좋게 아까와는 다른 부분으로 타격이 가해지길 바랐다. 같은 곳에 몇 번이나 타격이 가해지면 피부가 뜯어지기 시작할 것이다. 그리고 몇 십 번의 타격이 반복되면 척추가 드러날 것이고 고작 몇 번 후에는.

아버지 없는 이에게 아버지를

"찰스야!"

다우디가 소리쳤다.

"찰스야, 부탁이다. 제발 뭔가를 좀 해다오!"

'무시해. 쳐다보지도 마.'

"제발! 찰스야. 제발 도와다오!"

'멈추어야 해.'

'갑자기 이렇게 비는 건 뭔데? 네가 지금 끼어들면 다음에 이 짐승이 어머니의 알아보지도 못할 얼굴에 주먹을 갈기고 또 갈길 때는 누가 어머니를 도와줄 건데? 두 번째 매질이 시작돼. 그 후에는 닥치고 있게 될 거야.'

"내가 미안하다 찰스야. 제발 나를 용서해다오!"

'그는 미안해하지 않아. 그를 믿지 마. 그저 형벌이 무서울 뿐이야. 장애인이 되고 싶지 않은 거야. 죽고 싶지 않은 거야. 그건 이해할만해. 하지만 자신의 아내를 폭행한 건 그렇지 않아.'

'하지만 그를 봐봐. 도와달라고 사정하고 있어. 내가 개입해야 해'.

'아버지를 위해 더 이상 어떤 것도 하지 않아도 돼.'

"제발 찰스야. 이렇게 사정한다. 제발 도와다오!"

"저는 아버지를 위해 어떤 것도 해드릴 수 없어요."

찰스가 말했다.

"이제 제 손을 떠났어요."

'아주 좋아. 정확했어. 이제 내 손을 떠난 거야. 이제는 그

누구도 해줄 수 있는 것이 없어. 그저 흘러가는 대로 가는 거야.'

"제발!"

"저에게는 힘이 없어요."

찰스는 확신 없는 말투로 말했다. 젊은 남자가 몽둥이를 들어 올렸다.

'그냥 지금 있는 곳에 가만히 있으면 모든 게 괜찮을 거야. 지금부터 너의 어머니는 안전해. 어머니를 생각해 봐. 어머니를 사랑하지 않아? 어머니가 안전하길 바라지 않아? 어떻게 어머니를 그런 잔학함 속에 계속 살게 할 거야? 어떻게 이제 막 해방되려는 참에 다시 그녀를 지옥으로 돌려보낼 거야?'

"그만!"

찰스가 너무 크게 소리 지른 까닭에 몽둥이를 들고 있던 소년이 놀랐다. 모두가 그에게로 얼굴을 돌렸고 그를 노려보았다. 그들의 눈이 다트처럼 찰스를 꿰뚫었다.

"부탁드립니다."

찰스가 족장을 바라보며 말했다.

"당신에게 요청합니다. 난 그의 편에 서려 합니다. 더는 그를 때리지 말아주십시오."

누군가가 형 집행 중에 개입하려고 시도한 것은 이번이 처음이었다. 부족원들이 놀라움에 서로를 쳐다보았고 이내 찰스를 보았다.

"네가 한 말을 반복해 보겠는가?"

아버지 없는 이에게 아버지를

"당신이 이것을 멈추어 주시길 바랍니다."

다우디는 울기 시작했다. 그는 무력함에 눈물이 쏟아져 나와 눈을 감았다. 그는 땅에 얼굴을 묻은 채 흐느끼며 누군가가 집행 중 개입하는 대단히 희박한 확률의 일이 자신에게 일어난 것에 안도감을 느꼈다. 찰스는 고개 숙여 아버지를 보았고, 단 한 번도 어머니가 없었던, 지독한 상황 속에서 자라온 한 남자를 보았다. 아니, 그건 지금까지 그가 어떻게 살아왔는지 무슨 일을 해왔는지에 대한 변명은 되지 못한다. 그건 그저 찰스에게 아버지가 평생 아버지 자신과 그와 함께 지내야 했던 모두에게 불행하게도 얼마나 끔찍한 사람이었는지를 확신시켜줄 뿐이었다.

족장은 다우디를 보고 이내 찰스를 보았다. 그는 어찌 됐든 찰스에게 벌금을 물게 할 것이다. 그의 마음에 교차하는 질문은 형을 계속하느냐 마느냐였다. 족장은 어느 누구의 눈도 볼 수 없는 로다를 보았다. 그는 그녀가 남편이 살길 원하는지 죽길 원하는지 궁금했다. 족장은 젊은 남자에게 다우디를 때리는 것을 그만하도록 지시했다. 군중 사이에서 소란이 일었다. 실망감, 분함, 분노. 찰스에게 즐거운 시간을 빼앗겨 버린 것이다.

"자네는 아들이 자네에게 무슨 일을 하고 있는지 보고 있는가?"

족장이 다우디에게 물었다.

"그는 지금 법정의 결정을 바꾸도록 노력하고 있네."

"다시는 이런 짓을 하지 않겠습니다! 부탁합니다!"

다우디가 말했다.

족장은 찰스에게 형의 집행에 개입한 것에 대해 황소 한 마리를 벌금으로 물게 했다. 황소 한 마리로 한 명의 생명을. 찰스와 다우디에게는 좋은 거래로 보였다. 모두에게는 최악의 거래였다. 후에 찰스에게 옳은 결정을 내렸다고 말해준 무티카와 이모를 제외하고.

족장은 다우디의 포박을 풀어줄 것을 명했고 그를 땅에 앉게 했다. 그들은 약 30분간 그에게 다음엔 멈추지 않을 것이라 경고했다.

"이것이 마지막 기회다. 다시 반복될 시, 너를 죽을 때까지 벌할 것이다."

족장은 다우디에게 일어나라 명했고 그를 풀어주었다.

"자네는 온 가족을 부양한 자네의 아들 찰스에게 배우도록 하게. 자네의 아들이 자네의 가족을 돌보는 것은 좋지 않은 일이야."

다우디가 변하겠다고 약속했을 때, 거기엔 확신한 진실함이 있었다. 그가 등에 멘 처음 타격을 당했을 때 그는 자신이 아내를 폭행한 것이 이런 것이란 걸 느꼈다. 자신이 감당할 수 없는 누군가 앞에서 도움을 청하며 비명을 지르는 것이라는 걸.

군중은 사형 장소가 될 뻔했던 곳을 떠났지만, 결국 잔치 음식은 똑같이 갖게 되었다. 그들에게는 비싼 돈을 주고 간 이

벤트가 약속했던 것만큼 즐거움을 주지 못한 것 같은 아쉬움이 있었다. 그들은 다우디를 내버려 두고 황소가 도살되는 장소에 모였다. 다우디는 자신의 척추가 부러지는 소리를 똑똑히 들을 뻔했다고 생각했다. 그 대신 그는 다시 한번 두 번째 기회를 얻었다.

"저는 더 이상 아버지에게 원한이 없어요."

찰스가 아버지에게 말했다.

"아직 아버지를 잃을 준비가 되어있지 않나 봐요. 하지만 아버지는 행실을 바꾸셔야 해요. 폭력, 소유물을 팔아버리는 것, 술, 재정관리를 못하는 것 등을 모두 그만두셔야 해요."

그리고 찰스는 땅바닥에 앉아있는 아버지를 내버려 두고 떠났다. 그는 자신의 차에 올라타 엘도렛으로 긴 운전을 시작했다. 그는 아버지가 겪은 모든 위협이 아버지에게 지속적인 효과가 있을지에 대해 생각했다. 어쩌면 그들이 아버지를 두렵게 해서 다시는 악한 일을 하지 않게 만들지도 모른다. 그러나 어떻게 되든 그것은 진짜 문제를 해결해주지는 못한다. 다우디 안에 있는 조절할 수 없는 분노와 폭력성을 말이다.

엘도렛에서의 사업은 긴 노동 시간과 문제들과 어려운 결정 없이 계속해서 번창해갔다. 찰스는 멀리웨이즈가 더 많은 마타투를 소유하도록 확장했다. 그의 식료품점은 폭발적이었다. 그가 어디를 가든 그는 번창했다.

다우디의 형벌로부터 6개월 후에 찰스는 자신의 책상에서 편지 한 통을 보았다. 편지는 무티카와 이모에게서부터 온 것이었다. 그는 자신의 부족에게 편지를 쓸 때 앉았던 것과 같은 의자에 앉아 봉투를 손에 들었다. 그는 편지를 열어보기도 전에 설명할 수 없는 느낌이 편지 안에 들어있는 것이 자신을 구역질 나게 할 것이라는 걸 알았다. 나빠 봐야 얼마나 나쁘겠는가? 그는 봉투를 뜯고 읽기 시작했다.

빨리 이곳으로 오너라. 네 아버지가 다시 술을 마시기 시작했단다. 우리는 다시 그가 예전 생활로 돌아가고 있다고 생각한단다. 다우디와 나는 문제가 어디서 오는 것인지 알아내기 위해 주술사와 상담했단다. 우리는 다우디가 악한 조상 신들에게 홀려 있다는 것을 알아냈단다. 가족 모두가 그처럼 될 수 있다고 하더구나. 다우디는 어쩌면 더 안 좋아질 수도 있단다. 그리고 너의 사업도 그로 인해 기울게 될 것이고. 달라니로 오너라. 주술사가 우리에게 이 귀신을 어떻게 쫓아낼 수 있는지, 우리가 잘 살게 되는 법을 가르쳐 줄 거다.

찰스는 편지를 읽으며 자신에게 속삭였다. '내가 아는 하나의 힘이 있고, 그것은 그 어떤 것과 비교할 수 없다.' 그의 아버지에게는 문제가 많았다. 그리고 그 문제들은 그가 감당하기엔 너무나 큰 것이었다. 이제야말로 다우디가 살아계신 하나님의 능력을 체험해야 할 시간이었다.

아버지 없는 이에게 아버지를

14

"우리는 그곳에 '가야만' 해!"

다우디가 말했다.

"왜요?"

찰스가 물었다.

"우리 조상님들이 왜 이러는지 알아야 하니까. 왜 이런 일이 일어나는지 알아야 하니까!"

"아버지께서 술에 취하시는 거요? 분노를 주체하시지 못하는 거요?"

"그래."

"그리고 그곳에 가면 이유를 찾으실 거라 생각하시는 거예요?"

"그렇게 될 거야."

"어떻게 아시는데요?"

"어떻게 아느냐니? 무슨 말이냐? 그곳이야말로 모든 중요한 답이 나오는 곳 아니니. 알지 않니?"

"아뇨, 그들은 아무 대답도 해줄 수 없어요."

"그들이 답해 줄 수 있다니까! 모두가 알고 있단다!"

"정말로 무당집에 가시는 게 아버지를 도와줄 거라 생각하시는 거예요?"

다우디의 눈이 열정적인 눈에서 절망적인 눈으로 변했다. 그는 불타는 술의 갈망을 없애버리고 싶었다. 그것은 확실했다. 그는 술에 취했을 때 나오는 폭력적인 행동으로부터도 자유롭고 싶었다. 그것 또한 확실했다. 하지만 술에 취하는 것이 주는 해를 알고 있음에도 그가 도움을 원하는 동기는 이타적인 것과는 거리가 멀었다. 로다를 폭행한 것에 대한 모든 후회의 감정은 이런 일이 일어났을 때 다시 족장을 만나야 한다는 것에 대한 공포로 가려져 있었다.

그것이 마지막일 테니까. 그는 멈추고 싶었다. 그는 '멈추어야만' 했다. 그의 생명이 달려있었다. 그는 부족이 마지막 경고를 했을 때부터 이 사실을 깨닫고 있었다. 그리고 그는 무엇을 해야 할지도 잘 알고 있었다. 금주를 해서 더 이상 취하지 않으면. 취하지 않는다면 폭력도 없을 것이고 폭력이 없다면 아내를 때리지도 않을 것이며. 아내에 대한 매질이 없다면 죽음도 없을 것이다. 모든 게 간단했다. 그러나 그가 노력하는 만큼, 그는 사그라지지 않는 술에 대한 갈망에 사로잡혔다. 그는 너무나도 벗어나길 원했지만 그럴 수 없었다. 그에게는 자신을 중독에서 벗어나게 할 능력이 없었다.

"그래."

다우디가 현실을 인정하고 싶지 않다는 어조로 찰스에게 말했다.

"왜냐하면, 내 목숨이 거기에 달려있으니까."

찰스는 고개를 들어 거대하고 꽉 찬 구름이 케냐의 하늘을 덮고 있는 것을 보았다. 그는 머리를 휘젓고는 시선을 내려 아버지의 눈을 바라보았다.

"무당에게는 어떤 힘도 없어요."

"있다니까! 그래야만 해!"

다우디의 눈에 다시 절망이 비쳤다.

"그게 내가 가진 마지막 기회야."

"절대 도움이 되지 못할 거예요. 아버지도 알게 되실 거예요."

"도움이 되고말고! 우리는 그곳에 갈 거다. 우리는 주술사를 만나야만 해."

다음 날 아침 일찍 떠나는 일정이었다. 찰스는 아버지가 일어나기 훨씬 전에 일어났다. 찰스의 마음은 아버지의 상황으로 무거워졌다. 사람이 문제에 빠진 것도 문제지만, 문제에 빠진 사람이 자신의 힘으로는 문제를 벗어날 수 없다는 것은 완전히 다른 단계의 문제였다. 밖에는 달이 뜨지 않았다. 찰스는 밖이 너무 어두워 시각 대신 기억에 의존해 길을 걸어야 했다. 그는 들판 빈터에 도착해 무릎을 꿇고 앉았다. 그는 자신의 눈을 감고 손을 들었다.

'하나님, 당신께서는 전능하십니다. 당신은 그 누구보다 강하신 분입니다. 당신의 힘은 그 주술사를 훨씬, 훨씬 더 능가함을 압니다.'

그 순간 오한이 느껴졌다. 찰스가 처음 느꼈을 때 단순한 바람 이상이 아니라고 여겼다. 바람이 지나간 후에도 차가운 느낌은 계속 남아있었다.

'당신께서는 제 아버지의 문제를 다 아십니다. 당신께서는 아십니다'

확실하게. 그것은 단순한 바람 이상이었다. 한줄기의 바람은 사람을 진정시키고 시원하게 할 수 있다. 이번은 조금 달랐다. 찰스가 침을 삼켰다. 그는 눈을 열어 뒤를 보고 싶었다. 그러나 왜? 그가 무엇을 볼 수 있겠는가? 너무나 이른 시각이었고 아무도 있을 리가 없었다.

'아버지는 사악한 영과 싸우고 있습니다. 그 주술사는 그를 도울 수 없습니다. 오직 당신만이 그를 도울 수 있습니다. 당신의 의와 계획이 이루어지길 기도합니다. 당신이 그에게 모습을 드러내 주시길 기도합니다.'

찰스는 눈을 들었다. 그는 고개를 돌려 뒤를 보았다. 그곳에는 아무도 없었다. 그가 볼 수 있는 것은 없었다. 그들은 차

아버지 없는 이에게 아버지를

를 타고 갈 수도 있었지만, 사람들의 시선을 피하기 위해 그러지 않기로 했다. 그 대신 주술사의 집까지 7시간을 걸어갔다. 그곳은 6채의 집으로 이루어져 있었다. 주술사는 3명의 여자와 함께 있었다. 언뜻 보기에도 백여 명의 사람이 그 구역 곳곳에 팔다리를 아무렇게나 벌린 채로 누워있었다. 그 주술사가 정말로 그들을 고칠 힘이 있거나 아니면, 적어도 그에게 자신들을 도울 힘이 있다고 믿었던 것이다.

흑인, 동양인, 백인, 아랍인들. 찰스와 다우디는 사람들 틈으로 들어갈 때 수많은 언어를 들을 수 있었다. 사람들은 서로 말을 나누며 주술사를 보려면 얼마나 걸릴지 궁금해했다. 그곳엔 선착순이라는 게 없었다. 한 사람이 도착하자마자 몇 시간 혹은 며칠을 기다리고 있던 사람보다 먼저 순서가 오는 수도 있었다.

"찰스."

한 남자가 말했다.

"당신이 찰스고, 이분이 다우디인가요?"

질문이 아니었다. 그 남자는 이미 아는 것을 확인하려는 듯 말했다.

"맞습니다."

찰스가 그 남자의 얼굴을 자세히 보며 말했다. 그가 아침에 기도할 때 느꼈든 소름 끼치든 존재가 느껴졌다.

"당신 차례에요."

"우리요?"

찰스가 기억을 더듬으며 말했다.

우리는 방금 도착했는데요."

"환영해요, 찰스."

그 남자가 자신을 따라오라는 손짓을 하며 말했다. 찰스 가족은 영원처럼 느껴질 만큼 오래 기다리는 사람들을 지나 주술사의 집까지 그를 따라 걸었다. 그 집에 들어가려는 찰나 찰스가 뒤돌아 그 남자를 보았다.

"혹시 저를 아시나요?"

"아니요."

그 남자가 고개를 저으며 말했다.

"우리는 한 번도 만난 적 없어요. 어서 들어가세요."

초가지붕과 진흙으로 만든 벽과 바닥으로 이루어진 오두막에는 표범 가죽이 깔려있었다. 작은 불이 한쪽에서 타고 있었다. 오두막에는 창문이 없어 연기가 방안에 쌓여갔다. 방안은 연기로 뿌옇게 되어, 그들은 꿈속에 있는 것처럼 느꼈다. 주술사는 찰스가 생각했던 것과는 다르게 생긴 사람이었다. 찰스는 허약한 노인이 아픈 표정을 지으며 구석에 앉아 있는 것을 상상했다. 그러나 상상과는 다르게 강인한 중년 남성이 담요를 덮고 차디찬 눈을 하고 있는 것이 보였다. 그는 아무 말 없이 앉아있었다. 그는 사람이라기보다는 동상같이 보였다. 주술사가 그들의 존재를 인식했다는 것을 알려주기 위해 고개를 끄덕였을 때, 찰스는 거의 무서울 지경이었다.

찰스 가족은 주술사의 건너편에 다리가 셋 달린 의자에 앉았다. 다우디는 기대에 차 주술사를 쳐다보았지만, 주술사는 그를 보지 않았다. 그 대신 주술사는 찰스를 보았다. 그들의 눈이 마주쳤다. 처음에는 주술사가 찰스에게 관심을 보였지만, 그들이 요상한 연기 속에서 서로를 더 오래 쳐다볼수록 찰스는 주술사의 눈에 있던 힘이 동요하며 그의 자신감이 흔들리고 불확실함으로 무너지는 것이 보였다. 주술사의 가슴 안에 공포가 주체할 수 없는 드럼처럼 쿵쾅쿵쾅 하기 시작했다. 그는 침을 삼키고 시선을 돌리려 했지만, 어떤 보이지 않은 힘이 강요하는 것처럼 찰스의 시선에 사로잡혀 있었다. 그는 몸에 전류가 흘러 모든 세포 하나하나를 공포감에 떨게 하는 감전을 당한 것만 같았다.

그의 몸이 떨리기 시작했다. 처음엔 손가락이었다. 처음에는 그저 작은 떨림으로 시작했지만, 점점 더 심하게 떨리기 시작했다. 그의 손이 앞뒤로 덜그럭대기 시작했고 무의식적으로 자신의 몸을 때리기 시작했다. 찰스와 다우디는 그의 썩어가는 치아가 '딱딱딱'거리는 소리를 들었다. 그의 어둡고 텅 빈 눈이 터져버릴 것처럼 커졌다. 그는 불규칙한 숨을 내뱉고 있었다. 그는 무슨 말을 하려 했지만, 찰스의 눈에서 본 무언가가 한 마디 내뱉는 것도 불가능하게 만들었다. 그는 자신을 위에서 잡고 있는 무엇인가를 뚫고 나아가려 노력하며 말을 더듬었다.

이내 그는 말할 수 있었다.

"너는 왜 이곳에 있는 거냐? 왜 이곳까지 온 것이냐? 내게 왜 이런 짓을 하는 거냐? 우리에게 어떻게 이런 짓을 할 수 있는 거냐?"

공포스러운 딱딱대는 소리가 다시 시작됐다. 그의 눈이 더욱 커져 부자연스럽게 보였다. 그는 다우디를 돌아보았다.

"네놈의 아들은 아무 문제가 없어. 아무것도."

'딱.딱.딱.' 그 주술사의 눈이 초점을 잃었다. 그의 눈이 연기 속에서 연한 노란색으로 바뀌었다.

"돌아가서 내일모레쯤에 찾아와…."

찰스는 그곳을 떠나고 싶지 않았다. 그는 그 주술사가 다우디에 대해 무슨 말을 하는지 -자신이 궁금해서가 아닌 아버지를 위해서- 듣고 싶었다. 그는 주술사가 계속하길 기다렸다. 그러나 주술사가 할 수 있는 것이라곤 공포에 잠긴 눈에서 눈물을 짜내며 제발 돌아가 달라고 훌쩍이며 애걸하는 일이었다.

제일 먼저 자리에서 일어난 사람은 다우디였다. 그는 찰스의 팔을 잡으며 현실 감각을 찾으려 노력했다. 찰스는 자신의 앞에 있는 불쌍한 남자가 기절하길 반쯤 기대하며 일어났다. 하지만 그렇지는 않았다. 그는 그저 의자에서 떨고 울며 겁에 질린 큰 눈을 깜빡 거릴 수도 없는 상태였을 뿐이다.

"이제 가시죠."

찰스가 말했다.

"이제 아시겠어요?"

찰스가 달라니로 돌아가며 물었다.

"이제야 그 남자가 아무런 힘도 없다는 걸 아시겠느냐고요?"

다우디는 아무 말도 하지 않았다. 주술사의 이미지가 너무나 생생히 잊혀지지 않아, 그가 그들 앞에 있는 것만 같았다.

"이 모든 게 다 끝나면요."

찰스가 말했다.

"그 남자가 아무런 힘도 없다는 걸 잘 아시게 될 거예요."

하루의 휴식 후, 그들은 두 번째 방문을 위해 떠났다. 그들은 새벽 2시에 주술사의 집으로 떠났다. 그곳의 광경은 아무것도 변하지 않았다. 백여 명의 사람이 단체로 앉아 자신들의 이름이 불리기를 기다렸다. 황소와 염소들이 찰스와 다우디가 가까이 갈 때 길목에 어지러이 서 있는 게 보였다. 그들은 멀리서 주술사의 집을 보았다. 그들은 앉아 자신들의 이름이 언제 불릴까 생각하며 기다렸다.

그들은 그날 아침에 불리지 않았다. 태양이 중천에 떴고, 찰스는 저번 방문 때 일어났던 일 때문에 아예 불리지 않을 수도 있다고 생각했다. 그가 발을 펴기 위해 일어난 순간, 그는 사람들 위로 끔찍한 고요를 느꼈다. 사람들은 계속해서 이야기를 나누고 있었지만, 그는 어떤 것도 듣지 못했다. 이상한 정적이 느껴졌다. 다우디가 찰스에게 무언가를 말했지만, 그는 아무 대답도 하지 않았다. 그는 무언가 좋지 않은 일이 일어날 것을 느꼈다.

'아무것도 아닐 거야.' 그는 자신에게 이야기했다. '뜨거운 태양 밑에 있어서 그런 거야. 아무것도 걱정할 것 없어.'

그러나 그것은 단지 태양이 아니었다. 그곳엔 너무나 많은 걱정거리가 있었다. 그가 막 다시 자리에 앉으려는 참이었다. 그는 눈언저리에 그것을 감지했다. 처음에는 그저 자신의 상상인 줄 알았다. 그는 자신이 왜인지 평범한 것들을 평범하지 않은 것으로 받아들이고 있는 것으로 생각했다. 그러나 찰스는 제대로 보기 위해 집중했고, 자신이 본 것이 진짜임을 깨달았다.

화염이 주술사의 집에서 번져 나왔다. 불길이 문을 밀어냈고 불꽃이 풀에 옮겨와 사람들에게로 번져나갔다. 열과 연기가 근처에 있는 사람을 숨 쉴 수조차 없게 만들었다. 화염은 곧 주술사의 집을 가루로 만들며 그를 순식간에 연소시켰고 철창에서 도망쳐 나온 사자처럼 사람들에게로 뛰어들었다. 공포가 사람들 사이를 뚫고 지나갔다. 비명이 뜨거워진 공기를 가득 채웠다. 사람들이 이곳저곳으로 도망가다 사랑하는 이들을 찾으려 광분해 다시 돌아왔다.

불이 너무나 빠르게 번져, 주술사의 집 근처에 있는 사람들은 도망치지 못했다. 처음에 그들은 가만히 서서 용서받을 수 없는 화염의 폭풍처럼 주술사의 집이 불타는 것을 보았다. 그러나 굉장히 흥미로운 볼거리로 시작한 불이 그들을 집어삼

아버지 없는 이에게 아버지를

킴에 따라 공포로 끝나게 되었다. 불은 그들의 옷을 먼저 태웠다. 이내 그들이 절망감에 뛰어 다닐 때 그들의 피부가 불타며 고통에 소리 질렀다. 그들의 얼굴이 불에 휩싸였고 피부는 부글부글 끓었다. 더 이상 녹고 있는 근육을 조절할 수 없는 사람들이 불에 휩싸여 땅에 쓰러져갔다.

찰스와 다우디는 길가로 도망갔다. 그들은 풀밭 쪽에서 미친 듯이 타고 있는 불을 보기 위해 단 한 번 멈춰 섰다. 주술사의 단지는 폐허가 되었다. 그들은 몇 시간 동안 아무 말도 하지 않았다. 단지 둘만이 외롭게 달라니로 돌아갈 뿐이었다. 들리는 건 땅에 끌리는 그들의 발걸음 소리뿐이었다.

"그래서요?"

찰스가 마침내 입을 열었다. 그의 목소리는 조용했지만, 그 고요 안에서는 크게 느껴졌다.

"그래서 뭐?"

다우디가 물었다. 그의 목소리는 공포로 가득 차 있었다.

"이제 아시겠어요? 제가 믿는 하나님께서 더욱 강하시다는 걸 이제야 아시겠느냐고요."

다우디는 대답하지 않았다. 말할 필요가 없었다. 그는 그 불을 보았다. 그러나 불이 그를 확신시킨 것은 아니었다. 그를 확신하게 한 것은, 그가 주술사의 눈에서 본 혹은 보지 못했던 것이었다. 그는 무력한 그 표정을 알고 있었다. 자신의 눈에서 봤던 것과 똑같은 것이었다. 다우디는 몇 년 동안이나 우상들을 섬겨왔다. 그는 아들의 옆에서 걸으며 자신의 인생은 인생이 아니었다는 것을 알 수 있었다. 아들은 자신에게 없는 무언가를 가지고 있었다.

　찰스는 하나님의 힘에 자신감을 느끼며 엘도렛으로 돌아왔다. 그는 자신과 하나님의 관계에 자부심을 느꼈다. 불로 인한 파괴 때문이 아니라 아버지가 주술사에게 가졌던 희망을 박살 내주신 덕분이었다. 석 달 후, 찰스는 엘도렛에서 모든 석유 제품의 배급 담당자로 임명되었다. 그의 사업은 성공 속도가 예전보다 훨씬 빨랐다. 주술사와의 조우가 그의 노력에 촉매제가 된 것만 같았다. 일 년 뒤, 다우디는 엘도렛으로 돌아왔다. 그는 술을 끊었고, 그의 이번 방문은 돈을 요구하기 위해서가 아닌 아들과 함께 하기 위해 온 것이다.

　"잘하고 있구나, 내 아들아."

　다우디가 말했다.

　"이번에 62명을 태울 수 있는 버스를 하나 추가했어요."

　찰스가 말했다.

　"그리고 네가 무슨 배급업자가 됐다며… 무엇이었지?"

　"석유 제품이요."

　다우디는 이가 보이지 않게 미소를 지었다.

　"너는 축복받았구나. 내 아들아, 너는 축복받았어."

　"맞아요."

　"하나님? 하나님께서 네게 이런 것들을 해주신 거야."

"맞아요."

"네가 있던 곳에서? 아무것도 가진 것 없는 꼬맹이에서 지금 이것들을? 하나님께서 네게 이런 것을 해주신 거니?"

"맞아요."

다우디는 하나님께서 자신이 할 수 없던 방식으로 자신의 아들을 채워주심에 놀라며 달라니로 돌아갔다. 자신이 저지른 그 모든 폭행과 유기에도 아들은 자신에게 화나 있지 않았다. 그의 아들은 자신의 목숨을 살려주었다. 왜? 왜 그랬을까?

달라니에는 로다가 종종 출석했던 교회가 있었다. 다우디는 일요일에 그곳에 나갔고 설교 중에 갑자기 일어섰다. 모두가 멈추었다. 그들 모두 이 남자를 알았다. 그들은 이 남자가 무슨 짓을 해왔는지 알고 있었다. 알코올 중독자에 아내 폭행범 그리고 돈을 낭비하는 사람인 것을 알고 있었다. 물론 그는 이런 짓들을 일 년 넘게 해오지 않았지만, 그들은 그의 전과를 알고 있었다. 그는 다우디 멀리가 아닌 찰스의 아버지였을 뿐이다.

"하나님께서 제게 말씀하셨습니다."

그가 말했다. 교회가 조용해졌다.

"그분께서는 제게 많은 방법으로 이야기해주셨습니다."

그는 단어들을 생각했다. 교회에 있는 모두가 그를 알고 있었지만, 그는 아무도 그에게서 경험해보지 못했던 진실함으로 이야기를 시작했다.

"그분께서는 제 아들 찰스를 통해 말씀하셨습니다."

그는 잠시 멈추었다. 청중 앞에서 말을 하는 것은 그의 천직이 아니었다. 그는 깊이 숨을 들이마시고는 많은 사람의 눈앞에서 이야기할 수 있는 용기를 얻었다.

"저는 제 아내를 폭행해왔습니다. 모두 잘 아실 겁니다. 저는 저의 아들의 돈을 낭비했습니다. 그것도 잘 아시겠지요."

그는 입술을 세게 깨물며, 눈물이 터져 나오려는 것을 참으려 노력했다. 그 모든 것의 무게가 -로다를 폭행했던 모든 순간과 그의 자식들을 폭행했던 모든 순간 그리고 자신의 자식들을 돕기 위해 찰스가 보낸 돈을 술을 사는 데 썼던 모든 순간이- 감당할 수 없을 만큼 무겁게 그에게 매달렸다

"저는 제 죄를 용서받길 원합니다."

15

　　찰스는 책상 앞에 앉았다. 평소와 같은 기나긴 하루의 끝자락이었다. 그는 자신의 비지니스 왕국에 다른 무기를 하나 더 추가했는데, 그것은 자동차와 노동자들의 보상금 그리고 강도나 화제로 인한 손해를 다루는 보험 브로커가 되는 것이었다. 그는 자신의 사업을 멀리웨이즈 에이전시 유한 책임회사Mullyways Agencies Ltd.로 확장할 수 있었다. 그는 그 사업으로 수송 회사와 가솔린, 타이어, 윤활유 등을 판매하는 대리점들과 보험과 재산을 처리하는 회사들을 소유하게 되었다. 그런 성장은 엘도렛에서는 전례 없는 일이었다. 찰스는 케냐에서 가장 성공한 사람 중 하나가 되었다. 그가 시작한 모든 일은 뭐든지 그의 뜻대로 되어갔다. 어느 날 그는 자신의 앞에 있는 종이 더미를 보았다. 그는 그것들을 훑어보았고, 아버지에게서 온 편지를 볼 수 있었다. 그는 편지를 뜯어보았다.

아들아, 너는 내가 너에게 아버지가 되어준 것보다 오히려 내게 더 아버지 같은 존재가 되었단다. 너는 내가 너를 부정했을 때도 내 옆에 서 있었고 너는 내가 너를 다치게 했을 때도 나를 도와주었구나. 하지만 이번에는 너에게 전해줄 좋은 소식이 있단다. 내가 예수 그리스도를 영접했단다. 단 한 번의 결단이 인생을 송두리째 바꿔버릴 수 있다는 것을 믿기 힘들었지만 정말 그랬단다. 그리고 나는 너에게 감사할 수밖에 없구나. 네가 모든 부분에서 옳았다. 이런 편지를 쓰는 것이 쉽지는 않았단다. 내가 어떤 사람이었는지를 생각하는 게 정말로 쉽지 않았단다. 그것이 내가 지금 너에게 한 일에 대하여 용서를 비는 이유란다. 미안하다, 찰스. 내가 잘못했다. 너는 너의 인생에 축복을 받았다. 하나님께서 너에게 선하심을 보여주셨다. 너는 좋은 가족이 있고, 너의 자녀들에게 좋은 아버지가 되었다. 나는 네가 자랑스럽단다, 내 아들아.

찰스는 편지를 멍하니 보았다. 예상하지 못했던 일이었다. 기적이었다. 놀라운 버라이어티 쇼에서 나오는 그런 것과는 다른 것이었다. 아픈 사람이 낫게 되거나 귀신을 쫓아내는 것 같은 극적인 기적은 아니었다. 그런 것들도 물론 따라오겠지만 지금 이 순간의 기적은 인생이 바뀌었다는 것과 새로운 사람으로 태어났다는 것이었다. 그가 아버지에게 보여준 모든 기도와 모든 용서 그리고 모든 헌신이 헛되지 않았다는 증거였다. '나는 네가 자랑스럽단다.'

아버지 없는 이에게 아버지를

찰스는 29살에 엘도렛의 교회에서 장로로 선출되었고, 영국 선교사의 도움을 받아 다른 교회를 개척해달라는 요청을 받았다. 그들은 넓은 땅이 있는 낡은 빌딩에서 고작 세 가족으로 시작했다. 그들은 청년사역에 집중해서, 교회가 놀라운 속도로 발전하게끔 했다. 그들은 영어 설교를 원하는 청년들의 갈망을 들어주었고 그 설교는 한 시간 반을 넘지 않았다. 그들은 청년 그룹 모임을 매주 가졌는데, 그것이 더욱 많은 사람을 이끌었다. 멀리 가족은 교회 활동에 적극적으로 참여했다. 그의 자녀들은 일요일마다 노래했고, 찰스는 예배를 인도하거나 설교했다. 그는 몇 달 뒤, 엘도렛에 있는 11개 교회의 감독이 되었다. 교단 리더들은 찰스를 사랑했다. 그러나 언제나 그런 것만은 아니었다.

1985년경, 찰스는 엘도렛 밖의 거대한 지역에서 100명이 넘는 목사가 있는 41개 교회의 감독으로 선출되었다. 보통 이런 자리를 맡게 되는 사람들은 목사에 4년제 학위가 있어야만 했다. 찰스는 목사도 아니었고, 그에게는 4년제 학위도 없었지만, 그럼에도 최연소 감독으로 선출되었다. 또한, 그는 두 개의 고등학교에서 봉사 의장직을 맡게 되고 한 기독교 학교에서 회계 담당자로 선출되었다.

얼마 지나지 않아 스무 개의 유명한 교회 리더들이 케냐의 대통령 대니얼 모이Daniel Moi를 방문하게 되었을 때 찰스를 초대했다. 찰스는 37살로 그 그룹에서 가장 젊었다. 그들은 운전하는 내내 보디가드들의 감시를 받으며 카바락에 도착했다. 그들은 차에서 내렸고 대통령 보좌관의 안내를 받았다. 대니얼 모이 대통령이 방에 들어왔을 때 찰스는 얼어붙었다. 그는 텔레비전에서 수없이 대통령을 보아왔다, 대통령에 대해 많은 이야기를 읽어왔고, 그를 존경해왔다. 케냐에 사는 사람 대부분도 그와 같았을 것이다. 그러나 그를 직접 보게 되는 것은 완전히 다른 것이었다. 그 남자는 보통 사람이 아닌 것처럼 보였고 찰스는 이 나라에서 가장 강력한 사람을 만나는 것에 경외감을 느꼈다.

모이 대통령은 대표단에서 나이가 많은 사람들과 이야기를 나누었는데 이미 그들 대부분을 알고 있었다. 찰스는 뒤에 서서 지켜보며 어떻게 자신이 이곳에 있을 수 있는지 놀라워했다. 그는 돌아서서 다른 대표단의 멤버와 이야기를 나누었다. 둘은 모이 대통령과 한방에 있는 게 얼마나 놀라운 일인지 이야기했다. 그러던 중 갑자기 그의 친구가 말을 멈추었다. 그의 눈은 찰스를 지나 다른 곳을 보고 있었다. 누군가 오고 있었다. 찰스는 그 시선을 따라갔다. 모이 대통령이었다.

"잘 도착했는가, 젊은 청년?"

대통령이 걸어가며 물었다. 대통령의 인사에 받은 충격이 찰스의 몸으로 솟구쳐 올랐고 그들은 눈을 마주 보았다.

"네, 그렇습니다."

찰스가 대답했지만, 모이 대통령이 복도를 걸어가 시야에서 사라졌기 때문에 그의 말을 들었는지는 확실하지 않았다.

두 달 후, 찰스와 그의 가족은 예상치 못한 손님을 교회에서 만나게 되었다. 찰스의 자녀들은 그가 뒤에 앉아 있는 동안 노래를 불렀다. 찰스는 절대 앞자리에 앉지 않았다. 그는 신도들과 함께 앉는 것을 선호했다. 맨 앞에 앉는 것은 그를 남들과 다른 위치에 올려 두는 것처럼 느끼게 했기 때문에, 그는 자신의 설교를 듣는 사람들과 함께 앉는 것을 선택했다.

사람들이 찰스도 디자인에 참여한 새로운 교회 건물에 몰려들었고, 이 교회는 일요일 평균 예배 참석이 900명이 넘는 곳이 되었다. 예배가 신도들을 뚫고 지나가는 강한 에너지와 함께 시작되려는 참이었다. 사람들이 뒤돌아 가장 큰 입구를 보았고, 아직 밖에 있던 사람들은 교회로 다가오는 자동차 행렬을 지켜보고 있었다. 행렬이 곧 멈췄고, 정장을 입은 한 남자가 차에서 내려 문을 열었다. 모이 대통령이 찰스의 교회에 온 것이다.

대통령은 계단을 올라 고요해진 신도들을 지나 앞으로 나아갔다. 그는 예배가 시작됨에 따라 거의 맨 앞줄에 앉았다. 그는 누군가를 찾으려는 듯 주위를 둘러보았다. 결국, 가까이 있는 누군가에게 쪽지를 건넸다. '찰스 멀리는 어디에 있는가?' 젊은 남자가 뒤로 와 찰스와 눈을 마주쳤다.

"모이 대통령이 당신을 만나고 싶어 해요!"

그 남자는 반은 속삭이며 이야기했다. 찰스는 침을 삼켰다. 그는 대통령 쪽으로 걸어갔고, 대통령은 그의 측근들과 함께 앉아있었다. 왜 대통령이 이 교회에 온 것일까? 왜 이 사람이 찰스를 부른 걸까? 찰스는 대통령이 앉아 있던 줄에 도착했고 미소 지으며 인사했다.

"다시 만나게 되어 기쁘네, 찰스. 자네의 교회에 와서 기쁘다네."

찰스가 강단으로 나아가 모이 대통령을 소개하자 대통령이 강단에 올라와 신도들과 인사를 나누었다. 찰스는 앉아 대통령이 하는 이야기를 들으며 축복받는 것에 대한 놀라움과 겸손함을 느꼈다. 그는 놀라운 가족을 가졌고, 사업에서도 성공했으며, 그의 교회는 성장하고 있었다. 그는 교회에서 교회로 복음을 전파하고, 사람들이 그리스도 앞에 자신의 인생을 내려놓는 것을 볼 수 있었다. 그리고 지금 대통령이 자신을 인식하고 있었다. 그렇다 하더라도 인생에 고난이 없진 않을 것이다. 그리고 기적 또한 없진 않을 것이다.

16

"그들은 돈을 내지 않을 거예요."

보좌관이 말했다.

"그건 참 안타까운 일이야. 그 지역은 우리 관할이야. 월세가 밀린지 한참이지. 그들은 돈을 지급할 거고, 이 이야기는 이것으로 끝이야."

사무실에서 찰스가 자신의 책상 뒤에 앉은 채 말했다. 이 상황이 이렇게 문제가 되기 시작한 지는 몇 주가 되었고, 찰스는 지금쯤은 문제가 해결되길 바랐다. 찰스의 회사는 빈민가 주변의 연립주택을 포함한 몇 개 구역의 임대를 담당하게 되었는데, 약 40명이 되는 세입자가 말도 안 되는 이유를 대며 지급을 거부하고 있었다. 찰스는 문제를 해결하기 위해 그의 보좌관을 두 명의 경호원과 두 대의 승합차와 함께 보냈지만, 성과를 보지 못했다. 세입자들은 서로 뭉쳐 결코 돈을 내지 말자는 데 동의했다.

"그렇지만 그들은 말을 들을 생각조차 하지 않아요."

보좌관이 말했다.

"그렇게 해야만 할 거야."

"저희가 그곳에 간 게 두 번째입니다."

보좌관이 말했다. 찰스는 그의 목소리에서 불안함을 느꼈다. 또 다른 바쁜 하루가 시작되고 있었다.

"그렇지만 그들은 일종의 약속 혹은 조약을 맺었는걸요. 찰스, 저는 더 이상 할 수 있는 게 없습니다. 제가 뭘 해야 하나요?"

"난 더 이상 이 일에 신경 쓸 시간이 없어."

찰스가 그에게 보다는 자신에게 하듯 말했다.

"부탁드립니다. 당신이 이 일을 해결할 유일한 사람입니다."

찰스는 시계를 보더니 이내 고개를 끄덕였다.

"좋아요. 그럼 가 봅시다."

그는 보좌관과 함께 사무실 밖으로 나갔다.

"경호원 20명과 직원 6명을 데리고 와요 10분 뒤에 밖에서 만납시다. 그들을 만나러 갈 겁니다."

찰스는 자신이 이제 휘말리게 될 일을 깨닫지 못한 채 말했다. 그들이 그 구역으로 운전해 갈 때, 찰스는 가슴에 답답함을 느꼈다. 그는 너무 바쁜 날 일정에 없던 일을 추가했기 때문일 거라며 무시하려 했다. 그는 창밖을 보았고 거리에는 쓰레기들이 뒹굴고 있었다. 사람들이 길 한쪽에 모여 티셔츠부터 사탕까지 모든 것을 팔고 있었다. 그들이 운전하여 들어가면 갈수록 보이는 사람들은 더욱 가난한 사람들이었다.

자동차가 연립주택의 한 동에 멈추었다. 그들은 차에서 내렸고, 찰스는 자신이 데려온 사람들이 충분할 것이라 생각했다. 그러나 그는 자신들의 수가 한참이나 부족하단 것을 곧 깨달았다. 20여 명의 세입자 그룹이 그들에게로 다가왔다. 그들 중 한 명은 다른 집들로 뛰어갔는데, 짐작건데 다른 세입자들과 친구들을 부르러 갔을 것이다.

"안녕하세요."

찰스가 자신의 그룹을 이끌며 말했다.

"우린 돈을 내지 않을 거야!"

한 여성이 소리 질렀다. 세입자 무리는 싸움을 시작하려는 갱들처럼 양쪽 보도에 서 있었다.

"화가 나신 것은 유감입니다."

찰스가 말했다.

"여러분은 이곳에 이사 오실 때, 세를 내는 데 동의하셨습니다."

그 여성이 소리 지르며 어떤 대답을 했지만, 찰스는 듣지 못했다. 그의 시선이 세입자들을 둘러싼 사람들의 무리에게로 분산되었기 때문이다. 그는 자신의 왼쪽과 오른쪽을 보았다. 땅에서 솟아난 것처럼 더 많은 사람이 마을과 빈민가에서 계속

다가오며 자신들을 둘러싸는 것을 보았다. 잠시 후에는 300여 명의 사람이 그들을 둘러쌌고, 30명이 안 되는 찰스의 대표단은 아주 왜소해 보였다. 찰스는 가슴에 다시 공포 -찰스가 깨달은 것처럼 전에 느꼈던 공포는 그가 이 일을 피해야 한다는 일종의 경고였던 것 같았다- 를 느꼈다.

"우리는 돈을 내는 걸 거부한다!"

다른 남자가 말했다.

"우린 당신을 보고 싶지 않아. 우리는 결코 돈을 내지 않을 거야. 우리는 당신과 싸울 거야!"

그들에게는 찰스에 반대하는 자신의 행동에 대한 논리도, 정당한 이유도 없었지만, 머릿수 하나는 확실하게 많았다. 10대 1. 숫자가 모든 걸 말해주고 있었다. 찰스는 그곳을 떠나고 싶었다. 의미 없는 일이었다. 설령 경찰을 부른다 하더라도 이 사람들이 광폭하게 변한다면, 경찰은 제시간에 도착할 수 없을 것이다.

날이 어두워지고 있었다. 그리고 사라지는 불빛에 불확실함은 고조됐다. 찰스가 기대했던 평화적인 협상과 함께 해가 사라지고 있었다. 그는 이곳에 세입자들이 지급하도록 하는 것을 확실히 하려는 의도를 가지고 왔다. 그 후에 이 일을 문제없이 해결하는 것으로 그의 우선 사항이 바뀌었다. 그러나 지금 그는 생존한 채 그저 이곳을 벗어나고 싶은 지경에 이르렀다. 그가 군중 틈 어딘가에서 끔찍한 비명을 들었을 때, 자신이 이곳을 떠날 거라고 그들에게 말하려 했다. 그를 두렵게 한 것은 목소리가 아닌, 뱉어진 말이었다.

"네놈을 태워버릴 거야!"

충격적인 공포감이 찰스 무리를 뚫고 지나갔다. 군중이 동의하며 소리 질렀다.

"타이어와 기름을 가지고 와. 그리고 저 자식들을 태워버리자!"

빈민가의 사람들은 살인이 충분히 나쁜 일이 아니라는 듯, 종종 극단적인 방법으로 처형을 시행하곤 했다. 그 방법 중 하나는 타이어로 피해자의 머리부터 허리까지 감싼 다음 안쪽에 손을 고정해 그들을 흠씬 두들겨 팬 후, 휘발유를 뿌려 불을 붙이는 것이었다. 군중은 살이 타는 냄새가 공기를 채울 동안 그것을 지켜보며 환호 -마을 사람들이 다우디가 매질을 당하는 것을 보며 환호했을 때와 비슷했다- 했다. 사람들은 비명이 끔찍한 외침에서 공기를 원하는 간절한 신음으로 사그러지는 것과 건강했던 신체가 새까만 뼈와 살로 변해가는 것을 보며 저주를 퍼부었다. 그 외침이 군중 속에서 울려 퍼진 순간 죽음에 대한 위협이 찰스의 팀원들에게 굉장한 현실로 다가왔다.

'하나님. 하나님, 제가 여기서 무엇을 하길 바라십니까? 저는 이 문제를 해결할 수 있다고 생각했습니다. 저는 이곳에 와서 문제를 바로잡을 수 있을 거라 생각했습니다. 제가 도울 수 있을 거라 생각했습니다, 하나님. 지금 저희는 너무나 심각한 문제 안에 있습니다. 제 손에서 벗어난 일입니다, 하나님. 저들이 저희를 죽이려 합니다. 그리고 당신도 그것을 아십니다.'

찰스는 침을 삼켰다. 군중이 더욱 가까이 다가왔다.

"므난곤지아 니니Mnangonjea nini?"

한 사람이 군중 속에서 외쳤는데 '무엇을 기다리고 있나?'라는 뜻이다.

"코마Choma! 코마!"

사람들이 소리쳤다. '저들을 태워버리자!'는 뜻이다.

찰스의 심장은 매우 강하게 뛰었는데, 이는 오두막에서 아버지가 술을 마시고 들어오는 소리를 들으며 밤새 침대에서 깨어있을 때를 떠올리게 만들었다. 그는 사람들을 쳐다보았다. 많은 사람이 '챵가changa'a' 라는 불법으로 집에서 제조한 술에 이미 취해 있었다. 이런 흉포함에 아드레날린이 온몸으로 치솟았고 마치 누군가가 피를 빨아 먹는 것만 같았다.

'하나님? 하나님, 제가 무엇을 해야 하나요? 하나님, 저들이 저희를 죽이려 합니다!'군중이 더욱 가까워졌다. 굉장히 끔찍한 '코마! 코마! 코마!'라는 외침이 그가 가진 모든 생각을 떠내려가게 했다. 해가 졌고 군중의 이글거리는 눈들이 가까워졌다. 보좌관이 자신이 할 수 있는 한 가장 크게 소리를 질렀다.

"제 말 좀 들어 보십시오! 여러분, 제 말 좀 들어보세요!"

그러나 그건 아무 효과도 없었다. 아주 조금도. 고함이 더욱 커졌고 거칠어졌다. 그들은 찰스의 귀에서 맴돌 만큼 강한 분노로 소리 질렀다.

'하나님, 지금 저희는 굉장히 어려운 상황에 있습니다. 여기서 무슨 일이 일어나고 있는지 보고 계시죠? 이제는 저들에게서 저희를 구해주십시오. 예수 그리스도의 보혈로 감싸주십시오.'

그 순간 찰스는 갑자기 대담함과 용기를 느꼈다. 아주 강력한 약이 정맥으로 투여되어 모든 공포를 제거하고 완전히 새로운 힘을 주입된 것만 같았다. '내가 왜 이들을 두려워해야 하는가? 이들이 누군데 나를 두렵게 할 수 있겠는가?'

찰스는 사람들을 뚫고 트럭 위로 뛰어 올라갔다. 모든 사람이 그를 올려다보았다. 특히 회사 사람들은 더욱 그랬다. 그들은 찰스가 무슨 말을 하든 하지 않든 그것에 자신들의 목숨이 달려있다고 생각했다.

"여러분!"

그가 소리쳤다. 군중이 조용해졌다. 난폭한 바다가 순식간에 얼어붙은 것처럼 그들이 잠잠해졌다. 그것은 그곳에 있던 모든 사람에게 적잖은 충격이었다. 끔찍할 정도의 광분에서 설명할 수 없는 평화로 변해버렸다.

"우리는 이곳에 전쟁하러 온 게 아닙니다. 저는 갈등과 문제를 해결하러 온 겁니다." 아무도 움직이지 않았다. 모두가 한 몸이 된 듯했다.

"저는 당신들에게 더 이상 할 말이 없다는 것을 말하고 싶습니다."

찰스는 그리스도 안에서 놀라운 자신감을 느꼈다. 그가 한 번도 느껴보지 못한 것이었다. 이런 것은 처음이었다. 군중의 힘이 빠지고 있었다. 그들의 압도적인 숫자도 더 이상 대수로운 게 아닌 것처럼 느껴졌다. 찰스의 입에서 불이 뿜어져 나와 그 구역에 있는 모든 사람을 태워버릴 것만 같았다. 그들은 공포를 느끼며 찰스가 다음에 무슨 말을 할지 기다렸다.

"예수 그리스도의 이름으로 말하노니 당장 이곳에서 물러가십시오!"

그 즉시 사람들이 여러 방향으로 도망가기 시작했다. 그 강력함은 야생 사자가 그들에게 갑자기 풀어진 것만 같았다. 몇 초 지나지 않아 그들은 전부 사라지고 없었다. 자신들의 집으로 달아나거나 빈민가로 후퇴했고 트럭 위에서 알 수 없는 힘과 함께 말하고 있는 한 남자를 피해 도망갈 구석을 찾아 달아났다. 찰스는 트럭 위에서 엄청난 놀라움으로 자신을 쳐다보고 있는 직원들을 바라보았다. 어떤 이들은 입을 떡 벌린 채로 있었다. 어떤 이들은 군중과 있을 때보다 더욱 두려워하는 듯 보였다. 찰스는 트럭에서 내려왔고, 그들은 차에 타 운전을 시작했다.

'감사합니다, 하나님.' 그가 기도했다. '저희를 구해주셨습니다. 당신께서 저희를 구해주셨습니다.'

다음 날, 찰스는 전날 밤 보좌관이 들어왔을 때와 똑같은

아버지 없는 이에게 아버지를

책상에 앉아 있었다. 그는 그 구역에 대한 파일을 꺼내 주소록을 찾았다. 그는 모든 세입자에게 그들이 얼마를 채무하고 있는지에 대한 편지를 쓰기 시작했다. 그리고 모든 세입자가 금액을 지급했다.

17

돌이켜 보았을 때, 찰스 멀리는 어떤 평범한 일이 완전히 새로운 인생의 촉매제가 되는 그런 날을 시작하려 하고 있었다. 어떤 사람들에게는 특별한 사람을 아주 우연히 처음 만나는 것일 수도 있고, 어떤 사람에게는 이메일이나 편지로 자신이 원하던 대학교나 일자리에 합격했다는 것을 아는 일일 수도 있다. 찰스에게는 모든 것이 일상적인 나이로비Nairobi로의 방문에서 시작되었다.

그는 자신의 버스들 등록을 갱신하기 위해 냐요 하우스 빌딩 근처에 주차할 곳을 찾고자 케냐타 에비뉴를 따라 운전했다. 이미 오전 시간이 반쯤 지나 있었고 대부분의 주차공간이 차 있었다. 그는 멀리서 아이들이 길가에 서 있는 것을 보았다. 모두 8명이었는데, 나이는 17살에서 22살 정도 되어 보였다. 어두운 색 옷을 입고 씻지 못한 얼굴은 더러웠다. 그들은 주차 공간 찾

는 것을 도울 수 있다는 듯 찰스에게 손을 흔들었다. 찰스는 속
도를 줄이고 그들을 따라 갔다. 그들이 앞서 뛰어가며 어느 방
향으로 가야 할 지 안내해주었다. 당연하다는 듯이 빈 곳이 나
왔다. 찰스는 그곳에 자신의 차를 주차하고 밖으로 나왔다.

"1 실링(케냐의 화폐 단위)만 주세요."

한 소년이 말했다.

"딱 1실링만요. 저희가 원하는 건 그것뿐이에요."

다른 소년이 말했다.

"수고비로요."

"우리가 차를 봐 드릴게요. 우리가 관리하고 있을게요."

찰스는 그들을 돕고 싶었다. 그들이 먼저 찰스를 도와주었
다. 도와주지 않을 이유가 뭐겠는가? 그러나 그들의 눈에서 본
드와 가스 흡입에 의한 절망과 중독을 볼 수 있었고, 그들에게
돈을 줘버리면 그 돈이 전부 그들을 해하는 데 쓰일 것이란 걸
알 수 있었다. 단기적으로 본드를 불고 그것에 취하는 것은 가
족을 부양하는 것에 대한 고통 -혹은 가족이 없는 것- 을 잊게
해주고, 잠시라도 썩어빠진 삶을 살아가는 것에 휴식을 줄 수
있을 것이다. 그러나 약효가 떨어지면, 그들은 주차공간을 찾는
다른 사람을 찾아 1실링을 받고 쳇바퀴 같은 일상을 반복할 것
이다.

"미안하구나."

찰스는 늦었단 걸 깨달았지만, 소년들을 돕고 싶은 마음으

로 말했다.

"우리가 아저씨를 도와주었잖아요. 우리가 주차할 곳을 찾아주었잖아요."

그 아이들은 악취마저 풍기고 있었다. 휘발유와 본드 그리고 몸의 채취가 섞인 구역질 나는 냄새의 조합이었다. 찰스는 견디기 힘들었다. 그들은 찰스를 둘러싸고 손을 내밀어 이 세상에서 잠시라도 달아날 기회를 구걸했다.

음식. 그는 음식을 사줄 의향이 있었다. 그는 걸으며 주위를 둘러보았지만, 가게를 찾을 수 없었다. 어쩌면 가게가 그 주위에 있었을지 모르지만, 소년들에게 둘러싸인 찰스는 자신에게 몰려있는 희망 없는 눈들을 넘어 다른 것을 보기 어려웠다. 그는 그들을 제쳐놓고 빌딩 안으로 들어갔다.

30분 뒤 그는 자신의 면허를 갱신하고 밖으로 나왔다. 그는 길을 따라 걸어 내려왔고 자신이 주차했다고 생각한 곳에 도착했지만, 그곳은 텅 비어 있었다. 그는 너무 멀리 걸어온 게 아닐까 생각하며 빌딩 쪽으로 다시 걸어갔다. 그러나 여전히 아무것도 없었다. 그는 뒤돌아서 다시 걸어가며 차가 견인되거나 도둑 맞았다는 걸 느꼈다. 멀리서 그는 1실링을 구걸하던 소년 중 한 명을 보았다. 소년은 키가 컸고 건장해 보였다. 굉장히 강해 보였다. 그는 기름때가 묻고 찢어진 셔츠와 낡은 가디건을 입고 있었다.

"혹시 내 자동차를 보았니?"

찰스가 물었다.

"저를 경비원으로 고용하셨었나요?"

소년은 찰스로부터 고개를 돌리더니 그 후로는 아무 말도 하지 않았다. 찰스는 근처에 있는 친척의 사무실에 가서 아내에게 전화했고, 무슨 일이 있었는지 말해주었다. 이내 찰스와 찰스의 친척은 경찰서에 가서, 혹시 그들이 알고 있는 것이 있는지 문의했다. 한 경찰관이 그들에게 찰스가 말한 것과 일치하는 차를 보고받은 바 없다고 말해주었다. 그는 찰스에게 진술서를 받았다.

"자동차를 찾으면 연락드리겠습니다."

그가 말했다. 그러나 누구도 찰스의 차에 무슨 일이 일어났는지 알아내지 못했다. 찰스는 엘도렛으로 돌아가는 만원 버스 뒷좌석에 앉았다. 그는 그가 마타투를 운전하는 일을 시작한 이후로 대중교통을 타본 적 없었다. 버스에는 나이로비를 떠나는 모든 버스가 그렇듯 항상 사람 한 명을 더 끼워 타게 할 공간은 있었다. 사람들이 찰스의 옆으로 끼어 앉았고 4인용 좌석에 6명이 끼어 앉았다. 그러나 좁아터진 버스는 찰스의 걱정거리가 아니었다. 그는 먼지 나고 찌는 더위에 집으로 돌아가는 중이었지만, 도둑맞은 자동차 역시 그의 마음을 어지럽게 하지 않았다. 그는 자신이 거절했던 소년들을 생각하고 있었다.

그들의 눈에 비친 표정은 절망, 완벽하게 보이지 않는 희망이었다. 그들은 공포 안에 갇혀 있었다. '그 아이들은 왜 거리로 나온 것일까? 왜 아무도 그들을 돌봐주지 않는 걸까? 부모들은 어딜 간 거지? 양쪽 부모에게 무슨 일이 있었기에 이 아이들이 돌아갈 집이 없는 걸까?' 그들의 역겨운 옷과 구역질 나는 냄새가 찰스와 함께 머물렀다. 썩은 냄새가 찰스의 기억을 가득 채웠다. '어떻게 그렇게까지 더러워질 수 있단 말인가? 밤에 어디서 자는 거지? 음식이 없을 때는 무슨 일을 하는 걸까?'

그는 자기 차에 대해서 까맣게 잊었다. 사업이 주는 압박감도 잊었다. 그가 나이로비에 도착한 그 아침 이후로, 그의 생각은 자신이 풀어야 할 문제로 가득 찼다. 그리고 지금, 집으로 돌아가는 길에 그는 그 아이들이 어떻게 그곳까지 가게 됐는지 이해하려는 생각에 몰두하며 그 생각에 풍덩 빠져있었다.

'그들이 거리로 가게 된 것은 누구의 잘못일까? 그들 부모의 잘못일까? 그들에게 무책임한 부모가 있을지도 모른다. 부모가 그들을 유기했을지도 모른다.' 찰스는 그의 경험에 비춰보았다. '그러나 그 모든 아이가? 그들 모두가 끔찍한 부모를 가졌단 말인가? 아니면 그들의 아버지가 에이즈로 죽고 어머니가 매춘부라서 그들을 돌봐줄 수 없는 상황이기에 거리에 나가 구걸할 수 있는 모든 것을 긁어모아 오라고 한 것은 아닐까?'

그것은 정부의 잘못일지도 모른다. 아이들을 도울 프로그램이 충분하지 않았고, 충분한 돈과 시간이 그들을 사회의 의미 있는 일로 재활시키는 시설에 투자되지 않았다. 그러나 그 문제는 너무나 컸다. 거리의 아이들은 그저 통제되지 않는 케냐의 빈곤 확산의 일부분일 뿐이었다. 백 명, 천 명이 넘는 사람이 나이로비 슬럼 전역에서 하루에 1달러도 되지 않는 돈으로 살아가고 있었고, 케냐의 다른 지역이나 아프리카 혹은 다른 나라는 말할 것도 없었다.

'왜? 왜 그들은 거리에 있는 걸까?' 버스가 멈추었지만, 찰스는 일어나지 않았다. '왜 그들은 거리에 있는 걸까?' 사람들이 버스에서 내렸다. 엘도렛에 도착한 것이다. '누가 그들을 도와주지?'

"엘도렛 도착입니다."

운전기사가 말했다. '그들에게 무슨 일이 일어나는 걸까? 평생을 거리에서 보내게 되는 걸까? 누가 그들을 거리에서 나가게 할 수 있을까?' 찰스를 제외한 마지막 몇 명의 승객이 내렸다. 그는 뒷좌석에서 거리의 아이들, 더럽고 냄새나는 음식도 집도 미래도 없는 그들에 대한 생각에 몰두했다. 늦은 시각이었다. 그의 가족은 잠들어 있었다. 찰스는 지평선에서 지평선까지 하늘을 가득 채운 별들을 바라보며 서 있었다. 시원한 산들바람이 부는 완벽한 밤이었다. 찰스는 고요함을 느껴야 했겠지만, 대신 가슴에 무시할 수 없는 무거움을 느끼고 있었다.

그가 자동차를 도둑맞은 지 삼 년이 지났다. 삼 년 전 그날 거리의 아이들에 대한 부담이 그의 심장에 심어졌고, 그것은 지금 그가 밤을 지새울 만큼 강하게 커졌다. 그는 종종 사람들에게 학비를 대주거나 음식을 사주며 돕곤 했다. 그는 하나님께서 자신에게 주신 모든 것을 다른 이들에게 베풀었다. 그러나 거리의 아이들에게 무언가 실질적인 것을 해주어야 한다는 것, 그것이 필요하다는 생각이 마음의 문을 두들겼다.

　'내가 무엇을 할 수 있을까? 이 문제는 너무나 큰 문제다. 내가 어떤 것을 한다는 것이 가능할까? 어떻게 도와줄 수 있을까?' 그의 안에서 전쟁이 일어났다. 그의 일부는 거리의 아이들을 도와주고 싶었고 다른 일부는 그가 누리고 있는 풍요로운 삶에 만족하고 싶어 했다.

　'나는 그들을 도와야만 해. 나는 뭔가를 해야만 해. 내가. 내가 해야만 해. 정부는 자신들이 할 수 있는 일을 하고 있고, 아이들의 부모도 그들이 할 수 있는 것을 했을 거야. 그들에게 무슨 일이 있었는지 누가 알겠어. 그러나 나는 응답해야만 해. 이 문제에 발을 담가야 해. 하나님 저는 이 문제에 들어가렵니다.'

　'기다려. 기다려보라고. 지금 생각해봐. 멍청한 짓 좀 하지 마. 나와 가족을 위해 열심히 일해 왔어. 내게는 중요한 친구들이 있고 굉장한 사업도 있다고. 지금 멍청한 짓을 한다면, 온 가족을 위험에 빠뜨리는 거야. 그게 네가 원하는 일이야? 그들을 위험에 빠트리고 싶어? 집으로 돌아가 봐. 아이들과 아내를 봐. 그들에겐 돈과 관심이 필요해. 무슨 권리로 아이들을 무시하고 다른 아이들을 돕는다는 거야? 그저 필요한 사람들한테 돈을 계속 보내. 그렇지만 지나치게는 하지 말고. 내가 왜? 다른 누군가가 그들을 돌봐줄 거야.'

'그러나 내가 해야만 해. 내 가슴에서 떠나지 않고 있어. 이걸 무시할 순 없어. 이건 나의 사명이야. 알 수 있어. 내 마음 깊숙이 내가 해야 할 일이라는 것을 알고 있어. 설명할 수는 없지만, 그냥 알 수 있어. 이것이 내가 짊어져야 할 일이 아닐까? 하나님께서 내게 주신 사명에 순종하는 일이 아닐까?'

'하나님께서 이 일을 하라고 부르셨다고? 그분께서 정말 이것을 해야 한다고 하셨어? 정말로 거리에 그리고 모든 장소에 가서 아이들을 도우라 했다고? 그건 그저 한순간의 만용일 뿐이야. 지레짐작일 뿐이야.'

'그러나 난 이게 옳다는 걸 알고 있어.'

'누구에게 옳은 건데? 그들에게 아니면 아내와 자녀들에게? 이미 엄청나게 많은 일을 하고 있어. 너는 자비로운 사람이야. 나는 누구도 상상할 수 없을 만큼 돈을 나누어 주고 있어. 사업을 그만두는 것 같은 극단적인 일을 한다면 그게 얼마나 가겠어? 재산을 전부 잃을 거고 그다음에는 뭐? 누가 날 부양하겠어? 다른 사람들한테 짐이 될 거야. 아내와 아이들은 누가 돌봐주지? 돈이 다 떨어졌을 때 그들에게 일어날 수 있는 일들을 생각해 봐. 그들의 미래를 망치게 될 거야. 아이들 학비는 누가 대주겠어? 아이들 옷은? 아이들의 기회는? 얼마나 공평한 일이겠어? 가족을 거부하고 거리의 아이들을 도와주는 바보 같은 일을 함으로써 그들을 등 돌리게 할 거야.'

'하지만 하나님이 내 인생에 준비한 사명을 따라가는 데 어떻게 실패할 수 있겠어? 하나님께서 경제적인 파탄으로 나를 이끄시겠어? 이 일을 한다면 그분께서 나를 좌절시키실까? 사람이 하나님을 따라가는 데 실패하는 것이 어떻게 가능하겠어?'

'거리에 아이들이 너무나 많아. 엘도렛에만 얼마나 많은지 세보기는 했어? 수천 명이야. 나이로비에는 수천 명이 더 있겠지. 어떻게 네가 하는 일이 변화를 만들 수 있겠어? 내가 하는 일이 어떻게 이 광대한 빈곤 문제에 무슨 상관이나 있겠냐고?'

'내가 도와주는 사람들에겐 상관있을 거야.'

"또요?"

에스더가 남편과 함께하기 위해 밖으로 나오며 물었다. 그녀는 그에게 안심을 줄 수 있길 바라며 미소 지었다.

"난 무언가를 해야만 해."

찰스가 말했다. 에스더는 존경하는 사람을 남편으로 둔 아내가 느끼는 자긍심을 느끼며 그의 옆에 섰다.

"난 당신이 뭘 계획하고 있는지 모르겠어요, 바바 칼레리."

그녀는 아내가 남편의 이름을 부르지 않고 첫째 아들의 이름으로 부르는 전통에 따라 '바바 칼레리 (칼레리 아빠)' 라는 단어를 쓴 것이다.

"나쁘게 생각하지 말아줘."

찰스가 말했다.

"나도 내가 뭘 계획하고 있는지 모르겠거든."

그녀는 옅은 웃음을 내뱉고 그와 눈을 마주쳤다.

아버지 없는 이에게 아버지를

"아마도 당신은 거리의 아이들을 생각하며 밤에 깨어있는 유일한 사람일 거예요. 그거 알아요?"

"이제 시작이야."

"시작이요? 무슨 시작이요?"

"잘…. 잘 모르겠어. 아직은. 그러나 곧 알게 될 거야. 느낄 수 있어. 굉장히 금방 알게 될 거야."

그들은 차가운 바람이 얼굴로 불어오며 그들 주변 그리고 마당 전체를 채우는 것을 느끼며 고요 속에 잠시 서 있었다.

"제가 당신 옆에 있어요, 찰스. 알고 있죠?"

"그럼. 알고 있지."

찰스가 말했다. 그는 아내를 껴안았고, 그녀는 침대로 돌아갔다. 찰스는 다시 하늘을 보았다. '하나님, 저는 이 생각이 당신에게서 온 것임을 알아야 합니다. 저는 전도를 위해 이렇게 도시 깊은 곳까지 가본 적이 없습니다. 하나님, 더 이상 제가 무엇을 해야 할지 모르겠습니다. 제 사업은 누가 물려받게 되나요? 모든 빈곤한 아이들. 그들도 중요한 사람이 될 수 있습니다, 하나님. 그들도 당신이 그들을 지으신 그대로 살아갈 수 있습니다. 당신이 제게 하신 일들을 보십시오. 저는 어린 시절 버려지고 거부당했습니다. 저의 교육은 고작 8학년 까지었지만, 당신께서 제게 해주신 일을 보십시오. 만약 당신께서 제게도 이렇게 하셨다면 그들에게 못하실 게 뭐가 있겠습니까? 그러나 그들은 누군가가 필요합니다. 누군가가 그들을 도와야 합니다.'

그가 울부짖기 시작했다. 그의 성공신화는 모든 케냐인 그리고 이 세상사람 대부분에게 꿈과 같은 것이었다. 그러나 더 이상 그 일을 하는 데 있어 그의 마음이 평안하지 않았다. 그는 교회 설교를 통해 하나님을 섬기고 있었고 많은 사역을 지원하고 있었다. 그러나 그 밖에 더 많은 것이 있었다. 뭔가 빠져 있는 느낌이었다. 그리고 찰스는 거리의 아이들을 도와주는 데 드는 모든 의심을 넘어서기 시작했다. 이는 그가 설명할 수 있는 것은 아니었지만, 그가 무시할 수 있는 것도 아니었다.

'하나님, 저는 분별력이 필요합니다. 당신의 안목 말입니다. 제가 무엇을 해야 할지에 대해서요. 사업을 계속해야 할까요? 아니면 거리의 아이들을 도와주러 가야 할까요? 당신께서 인도해 주세요, 하나님. 당신의 인도를 구합니다. 예수 그리스도의 이름으로 기도합니다.'

찰스는 눈을 감았다. 그는 이 결정의 무게를 어깨에 고스란히 느끼고 있었다.

'내가 어떻게 그들을 도울 수 있을까? 내 사업은 어쩌고? 누가 회사를 운영하겠어? 가족에게 무슨 일이 생길까? 내가 내 아이들의 미래를 위협하는 걸까? 어떤 길을 선택해야 할까?'

찰스는 기도했지만, 쉽지 않은 감정이 그를 떠나지 않았다. 너무나 많은 질문과 너무 작은 평안함이 있었고, 어떤 길을 선택해야 할지에 대한 자신감도 너무 작았다. 그러나 1987년 11월 17일, 모든 것이 변하려 하고 있었다.

18

찰스는 구토를 느꼈다. 배가 아팠다. 머리가 지끈거렸고, 땀이 몸 밖으로 펌프질해댔다. 모든 게 잘못된 것처럼 느껴졌다. 어지러움, 혼미함, 피로까지. 물 한 잔을 마셨지만 별 도움이 안 됐다. 그는 다시 사무실 의자에 앉아 깊은숨을 들이마시고 진정하려 애썼다. 말라리아에 걸린 것은 아니었다. 어쩌면 독감이 아니었을까? 그는 이 느낌이 지나가기를 바라며 눈을 감았다.

잠시 세상을 닫아버리면, 모든 것이 정상으로 돌아가, 다시 일을 시작할 수 있지 않을까 싶었다. 그는 아픔이 잠깐 줄어드는 것을 느꼈고, 곧 평상시로 돌아올 것이라고 생각했다. 그러나 그는 앞으로 무슨 일이 일어나려 하는지 알지 못했다. 그는 책상에서 일어났고 불안함을 느꼈다. 배 위에서 멀미하는 것만 같았다. 몸을 지탱하기 위해 책상을 짚었다. 독감이 아닌 무언가 다른 것이었다. 뭔가 완전히 새로운 것이었다.

"난……."

그가 복도를 따라 걸어가며 비서에게 말했고 그녀의 책상을 지나 문까지 걸어갔다. 그녀는 그가 괜찮지 않다는 것을 알 수 있었다. 낙천적이고 긍정적이던 찰스가 밖으로 나갈 때, 그는 너무나 많은 일에 눌려 그녀에게 웃을 여유조차 없는 사람으로 변해 있었다.

"멀리 씨?"

그녀가 물었다.

"난 나가볼게요."

"언제 돌아오실 건가요?"

"오늘 하루는 돌아오지 않을 거예요."

찰스가 그녀를 돌아보며 이 상황에서 지을 수 있는 최선의 미소를 지으며 말했다.

"먼저 퇴근할게요."

그때까지는 괜찮을 거라 믿었다. 찰스는 자신의 메르세데스 벤츠에 올라탔고 운전을 시작했다. 그는 삼일 연속으로 마타투를 운전하고 나서 느꼈던 것과 비슷한 갑작스러운 피로를 느꼈다. 어지러움이 다시 시작됐고, 온몸에서 힘이 빠져나갔다. 단순한 몸살이 아니었다. 다른 뭔가가 개입돼 있었다. 왜 이렇게 느낌이 안 좋지? 그는 차를 주차장 출구에 멈추고, 거리로 나가기 위해 문이 열리는 것을 기다렸다. 그는 한 번 더 깊은숨을 들이마시고 눈을 감은 채 진정하고자 했다.

그다음에 그가 깨달은 것은, 자신이 고속도로에 있다는 것이었다. 자신이 그곳에 있다는 충격에 핸들을 강하게 잡았다. 그렇게 하는 것이 현실감을 유지하는 것인 양 말이다. 그는 자신이 운전하고 있는 도로 앞을 보았다. 그러더니 이내 양 옆을 보았다. 그 길은 자신의 집으로 향하는 길이 아니었다. 그는 어디에 있는 것인가? 그리고 어떻게 이곳까지 오게 된 것일까? 그는 백미러를 흘깃 보고 정면을 보았다. 그 어떤 것도 익숙해 보이지 않았다. 그는 손목시계를 보았다. 그는 아무것도 기억하지 못했지만, 이미 한 시간 반을 운전하고 있었다.

그는 멀리서 사인을 보았다. 그는 터보Turbo라는 도시에 있었다. 눈을 깜빡였다. '터보? 사인에 쓰여 있던 말이 그거야?' 그는 사인을 지나쳐 갈 때 자세히 사인을 보았다. 확실하게 터보였다. 찰스는 우간다로 가는 길에 있었다. 집으로 가는 길은 절대 아니었다. 그는 차를 길목에 대며 멈추었다. 그의 심장이 다시 두근거리기 시작했다. 지난 30분간 무슨 일이 있었던 걸까? 머리가 하얀 백지가 된 듯했다. 어떤 것도 기록되지 않은 것 같았다. 그가 사라지고 누군가 자신의 자리를 대신했던 것만 같았다.

'운전하는 동안 버스나 트럭에 충돌할 수도 있었겠어. 무슨 일이 일어났겠어? 내가 사람을 죽일 수도 있었어. 나 자신도 죽을 뻔했고.' 눈물이 흘렀다. 그는 자신에게 무슨 일이 일어나는지 이해하려 노력했다. 감정이 복받치며 눈물이 쏟아졌다. 그는 울부짖으며 세 시간을 그곳에 머물렀다. 그는 인생과 결심에 대해 생각했다.

'사업을 계속해야 할 것인가? 아니면 모든 것을 그만두고 거리의 아이들을 도와주어야 할 것인가? 난 오늘 결정을 내려야만 해. 여기서. 지금 여기서 이 꿈을 내 사명으로 만들던가 아니면 안 돼 라고 이야기하고 그만하는 거야.'

그는 토할 것 같은 느낌이 들어 입을 막았다. 두통이 다시 느껴졌다. 눈물이 그의 셔츠로 스며들었다. '결정해야 해. 어느 길로 가야 할까요, 하나님?' 하지만 하나님의 목소리 대신 끔찍한 긴장이 느껴졌다. 두 개의 힘이 충돌했다. 마치 거대한 줄다리기에서 한쪽에서는 그에게 사업을 계속 하라고 당기고, 다른 한쪽에서는 거리의 아이들을 도와주라고 당기는 것만 같았다.

'지금 이 일이 내게 하는 짓을 봐! 이건 미친 짓이야! 사업을 그만두겠다는 말과 하나님께서 주신 축복을 등지는 일들 말이야. 자신을 아프게 하는 거야. 넌 지금 뭔가에 홀려 있어. 넌 방금 이 고속도로에서 죽을 뻔했다고. 자신이 무얼 하는지도 모른 채 운전을 했다고. 자신을 죽이고 있어, 이해하겠어? 오로지 혼자서 자신을 미치게 하고 있는 거야. 이 모든 걸 포기하길 바라는 것으로 말이야. 스스로 얼마나 큰 위협이 되었는지 볼 수 없는 거야?'

'하지만 이건 나의 사명이야. 난 느낄 수 있어. 알 수 있어.

하나님께서 나를 부르신 일을 하는 것이 어떻게 등을 돌리는 일이야? 그분께서 나를 빈곤에서 이끌어 주셨어. 버려진 고아라는 운명에서부터 나를 건져 주셨고 나를 성공신화의 주역으로 세워주셨어. 내 인생에서 실패하는 것 따위는 없어. 단 한 개도 말이야. 내가 만지는 모든 것은 성공해왔어. 왜 하나님께서 내게 모든 걸 떠나라 하시는 걸까? 왜 이런 마음에 불편함이 있는 걸까?'

'왜냐면 하나님께서는 날 어디서도 부르시지 않고 계시니까, 그게 이유야. 하나님께서 정말로 이 일을 하라고, 부르시는 거라면 왜 그런 불편함과 아픔이 느껴지겠어? 그 악명 높은 샬롬 -하나님의 평안- 이라는 말은 어디 간 거야? 이 말씀은 이 결정에 임하지 않아.'

'하나님께서는 내 결정에 임하고 계셔. 나는 그분을 밤낮으로 따르고 있어. 그분의 계획이 있지 않고서야 내게 이런 고통을 주실 리 없어. 그분께서 이 꿈이 이뤄지길 바라지 않고서야 이 꿈을 심어주셨을 리 없어.'

'그분께서 정말 내가 이 일을 하길 바라신다면, 이 인생의 길목에서 낙담시키지 않으셨을 거야. 지금 내가 서 있는 이 길은 사람이 가질 수 있는 최고의 길이야. 내가 불쌍한 사람들을 위해 얼마나 많은 일을 하고 있는지 생각해 봐. 돈을 떠나버린다면 그들을 위해 무얼 할 수 있겠어? 할 수 있는 일이라곤 불쌍한 사람들과 함께 더 깊은 수렁으로 빠지고, 가족까지 수렁으로 데리고 가는 거야. 바보처럼 보일 거야. 정치적, 사업적 인맥도 다 잃게 될 거고 하나님께서만이 아니라 가족과 자신에게도 수치가 될 거야. 내가 시작했던 곳 -거리의 거지- 로 돌아가게 될 거야. 하나님께서 주신 걸 떠난다는 결정은 사람들에게 하나님께 등 돌린 자의 최후가 어떤 것인지 보여주는 예가 될 거야.'

'그러나 하나님께서 나를 이 길로 인도하신 데는 이유가 있을 거야. 나는 고아였고 바닥에 있었어. 짓밟혔었지. 그러나 지금 나를 봐. 내게는 목적이 있어. 예수 그리스도와 안에 있어. 중요한 인생이 있어.'

'그게 사업에 남아야 하는 이유야.'

'아니야, 내가 가야 하는 이유야.'

'간다고?'

'아무도 내가 이 아이들을 이해하는 것보다 더 잘 이들을 이해할 수 없어. 다른 사람들이 이 아이들을 볼 때 그들은 실패자를 보겠지만, 난 그렇지 않아. 다른 사람들이 그들을 볼 때 그들은 그저 강도와 매춘부 그리고 마약상이나 거지에 지나지 않아. 하지만 내겐 그렇지 않아. 나는….'

'뭐? 도대체 그들에게서 뭘 볼 수 있는데?'

'나는……'

'뭘 본다고?'

'나는 나 자신을 봐.'

모든 것이 고요해졌다. 그가 잠을 이루지 못하며 별들 아래 지새웠던 수많은 밤이 그에게 이해되기 시작했다. 그가 차를 도둑 맞은 날부터 그의 영혼에서 느껴졌던 거부할 수 없던 느낌이 더욱 명확해졌다. 아이들을 돕겠다는 열정이 자신의 자리를 찾았다.

'자신이라고?'

'이건 내 인생에 관한 게 아니야. 이건 그들의 인생에 관한 거야. 이건 그리스도께서 나를 어떻게 축복하셨냐는 문제도 아니고 그리스도께서 어떻게 나를 사용해서 그들을 축복할 수 있느냐에 관한 거야. 그들에게는 내가 가진 것처럼 각기 재능이 있어. 그들도 내가 그랬던 것처럼 미래를 가질 수 있어. 나는 고작 몇 명의 사람에게밖에 닿을 수 없겠지만, 내가 닿았던 사람들이 다른 사람에게 닿는다는 게 중요한 거 아니야? 이것이 내게 주어진 사명이 아닐까?'

'제정신이 아니야. 그리고 나중에 자신 말고는 탓할 사람이 없을 거야.'

'난 더는 그런 말 따위 듣지 않을 거야.'

'이 말을 들을 거야. 그리고 차를 돌려 다시 직장으로 돌아갈 거야. 가난한 자들에게는 돈이 필요해.'

'그들에게는 내가 필요해.' '그들에게는 나의 경제적 자산이 필요한 거야.'

'그들에게는 나를 통한 하나님의 사랑이 필요해.'

'그들은 그들 스스로 삶의 구렁텅이에서 벗어나야만 해!'

'그들에게는 그들을 이끌어줄 내가 필요해! 이게 최종 결정이야. 이것이 최종 결정이라고!'

그의 몸이 떨리기 시작했다. 많은 눈물이 쏟아져 그의 시선을 일그러뜨렸다. 그의 몸에 더욱 심한 고통이 느껴져 마치 몸이 폭발할 것만 같았다.

"하나님."

그가 소리 질렀다.

"제가 이곳에 있습니다. 당신께서 내 인생에 원하시는 것이 무엇인지 말씀해주세요."

그의 몸에 치유가 번져갔다. 쏟아지던 땀이 멈추고, 배에 느껴지던 답답함이 사라졌다. 더는 고통이 느껴지지 않았다. 순간 아픔 대신 평안함이 찾아왔다. 누군가가 스위치를 올려 그의 인생을 혼돈에서 질서로 바꾼 것만 같았다. 불확실함이 자신감으로 바뀌었다. 많은 차가 그의 옆을 빠르게 지나가는데도 이상하게 고요함을 느꼈다.

"하나님 보여주세요. 제가 이곳에 있습니다. 주여, 저는 믿음으로 움직이며 당신께 사용될 준비가 돼 있습니다. 저는 제가 제 안에서 놓지 못하던 것들을 다 나누어줄 준비가 돼 있습니다. 하나님, 저를 사용해 주시옵소서."

찰스 안에서 벌어지던 싸움이 사라졌다. 공기가 더 맑게 느껴졌다. 어째서인지 그가 아까 길가에 차를 멜 때는 보지 못했던 아름다운 나무가 풍성한 잎을 내놓은 채 서 있는 것을 보앉다. 그의 안에서 강한 힘이 느껴졌다.

'이게 맞는 거야. 이게 그 결정이야. 나는 사업을 떠나 거리의 아이들을 도와줄 거야.' 어떻게 가족을 부양할 것인지에 대한 부담이 사라졌다. 걱정의 족쇄가 자유로 대체됐다. 그는 차에 앉아 웃었다. 그리고는 사람들이 하나님을 따르기 위해 자신의 모든 것을 버리겠다고 결정할 때 느낄 법한 자신감을 느끼며 찬송가를 부르기 시작했다.

'감사합니다, 주님. 이 여정을 당신과 함께하겠습니다. 그리고 당신도 저와 함께하심을 믿습니다. 오로지 당신만을 섬기겠습니다. 최선을 다하겠습니다.' 그는 근처 다리로 운전했고 방향을 돌려, 다시 그 다리를 건너 이 소식을 그의 아내와 가족에게 나누기 위해 엘도렛의 집으로 향했다.

"오늘은 굉장히 일찍 돌아오셨네요."

에스더가 남편이 집에 들어올 때 말했다. 그녀는 시장에 가기 위해 준비하느라 바빠 찰스의 대답에는 반밖에 관심을 두지 않았다. 찰스는 잠시 머뭇거렸고, 에스더는 남편의 머뭇거리는 태도를 보고, 그가 일찍 집에 돌아온 게 그녀가 생각했던 것보다 더 큰 일 때문일 거라는 걸 짐작했다. 찰스는 그저 그의 고개를 끄덕였다. 그게 전부였다. 그는 그녀에게 말해야만 했다.

"오늘은 굉장히 재미있는 날이었어."

찰스가 알맞은 단어를 고르며 말했다.

"그래요? 어땠는데요?"

그녀가 물었다. 찰스는 알맞은 말을 생각했다. 그녀는 남편의 볼에 키스했다.

"제가 돌아오면 이야기해요."

그녀는 미소 지으며 말했고, 찰스의 이마에 손을 올려놓았다.

"괜찮아요?"

그녀는 더욱 가까이서 남편을 보았다.

"바바 칼레리, 괜찮은 거예요?"

'그녀가 화를 내진 않을까? 하루아침에 세상이 무너져 내린 것처럼 느낄까? 날 지지해 줄까? 그녀가 내 옆에 서 있길 원하는 걸 알지만, 이건 아내에게 요구하기엔 너무 큰일이야. 어떻게 반응할까?' 그는 그녀를 바라보며 사랑하는 사람 앞에서 이제 막 일어나려는 일이 자신들을 바꿔버리지 않길 바라며 불확실함을 느꼈다.

그녀가 다시 한번 미소 지었다.

"찰스. 당신은……."

그녀는 그의 얼굴과 눈을 자세히 들여다보았다.

"당신에게서… 이런 표정은 본 적 없어요."

그녀는 웃음을 멈추었다. 그녀의 호기심이 깊은 두려움으로 바뀌었다. 그의 눈에 무언가가 있었다. 뭔가 다르고 특별하며 강력한 무언가가 있었다.

"제가 돌아오면 이야기해요."

그녀는 자신들에게 어떤 일이 벌어지는지 생각하며 그의

아버지 없는 이에게 아버지를

눈을 바라보고 속삭이듯 말했고 돌아서서 집 밖으로 나갔다. 멀리 가족이 저녁을 먹기 위해 모였다. 찰스는 식탁 끝에 앉아 식사기도를 했다. 식사가 시작되자 아이들은 학교, 여자아이들, 남자아이들, 축구에 대한 이야기를 주고받았다. 그때까지는 그저 평범한 멀리 가족의 저녁이었다.

"발표할 게 있다."

찰스가 말한 순간 정적이 방을 가득 채웠다. 가족 모두 동상이 된 것처럼 시선을 찰스에게 고정했다. 그들은 무의식적으로 찰스가 하려는 말이 자신들의 인생을 영원히 바꾸게 될 것이라는 걸 알았기 때문이다. 찰스는 목소리를 가다듬었다. 그들은 얼굴을 찰스에게 고정한 채 무슨 말이 나올지에 대해 힌트를 찾으려 했다. 무언가가 그의 눈에 있었다. 나중에 생각해볼 때 그들은 그들이 집에 돌아왔을 때 이미 뭔가를 느끼고 있었다. 무언가가 찰스의 눈에 있다는 것을 느끼고 있었다.

그리고 그가 일찍 집에 온 것을 미루어 봤을 때 이미 그것은 그들에게 신호를 보내고 있었을지도 모른다. 저녁 밥상에 앉아 그의 눈을 보며 그들은 그들에게 그의 생각과 가슴에 있는 것이 무엇이든지 이미 찰스에게 그랬던 것처럼 그들의 인생에 거대한 영향을 끼치리라는 것을 알고 있었다. 에스더도 그를 자세히 보았다. 오늘의 그는 뭔가 달랐다. 파인애플 농장에서 일할 때 처음 보았던 젊은 남자는 지금은 완전히 다른 모습이 되어있었다.

"우리 가족은 너무나 많은 축복을 받았다."

찰스가 가족 한 사람 한 사람을 보며 말했다.

"그러나 축복받는 게 우리의 주된 목표는 아니다. 나는 열심히 일해서 너희에게 더 큰 집과 더 큰 차, 긴 휴가를 누리게 해줄 수 있다. 하지만 그런 것들이 우리가 사는 진정한 이유일까? 우리는 하나님을 섬기는 가족이다. 그리고 하나님이 우리를 다른 길로 이끄실 때 우리는 그분을 따르던가, 아니면 우리가 누리고 있는 곳으로 돌아갈 선택을 해야만 한다."

그들은 무엇이 다가오는지 전부 느끼고 있었다. 새로운 사업을 시작한다거나 새로운 집으로 이사한다는 것 따위에 대한 발표가 아니었다. 굉장히 심각한 것이었다. 아주 큰 인생의 변환이었다.

"너희가 알다시피, 나는 몇 년 동안 거리의 아이들에게 의무를 느껴왔다."

이 말이 첫 번째 단서였다. 그들은 이게 좋은 것인지 나쁜 것인지 고민했다. 거리의 아이들. 거리의 아이들. 이 말이 앞으로 그들에게 다가올 무언가에 대한 신호처럼 그들의 생각에 메아리쳤다.

"어렸을 때 버려졌던 내가 지금 나이 들어 그 아이들을 보았을 때 내 안의 무언가가 일어났고, 난 그걸 무시할 수 없었다. 나는 몇 년간 구했고, 기도했다. 그리고 오늘 전까지는 확실한 응답이 없었다. 사람은 사명을 무시할 수 없다. 시도해볼 수는 있겠지만 절대로 그건 떠나지 않을 거다. 그리고 사명을 따르지 않는다면 하나님께서 되길 바라시는 존재에 못 미치는 사람이 될 거다. 그리하여 나는 결정을 내렸다. 이 결정은 우리 가족에게 큰 영향을 미칠 거다."

'영향'은 중요한 단어였다. 그들 모두가 생각했던 질문은 '얼만큼이나?'였다. 그들은 침묵 속에 기다렸다. 찰스는 숨을 들이켜고, 그들만이 아닌 셀 수 없이 많은 사람에게 영향을 끼치게 될 말들을 전달하기까지 시간을 가졌다.

"나는 모든 사업을 처분하고, 나의 인생을 거리의 아이들을 돕는 데 바치기로 했다."

19

고요함도 귀를 멎게 할 수 있다. 찰스의 자녀들은 왜 그런지 알 수 있을 거다. 찰스의 발표 후, 누구도 무엇을 느끼고 있는지 한마디도 하지 않았다. 환호도, 절망에 어깨가 축 처지는 일도 없었다. 지금 아버지의 행동 방침이 구체적으로 밝혀졌고, 그들은 이 결정이 그의 인생뿐 아니라, 자신들의 인생마저 어떻게 바꿔버릴지를 생각했다. '거리의 아이들을 도와준다고? 어떻게? 우리도 다 관여를 하게 되는 건가? 왜 그들을 도와주기 위해 사업을 팔아야만 하는 거지?' 그들은 아버지가 내뱉은 밀에 싯는 강한 신념을 느끼지 못했기에 그의 결정에 대해 질문하려 했다.

그들이 더 지체할수록 찰스는 더 불안해졌다. 이 소식의 첫 충격이 잠시 왔다 사라져 버렸고, 그들은 매 순간이 지날수록 더해가는 어색함을 느끼고 있었다. 이내 장녀 제인으로부터 구원의 빛이 흘러나왔다.

"우리가 기도해 드릴게요, 아버지."

제인이 아버지가 그들에게 심어준 불신의 상태를 깨고 말했다. 그녀의 말이 식탁에 생기를 되찾아 주었다.

"꽤 큰 변화겠네요."

에스더가 속삭였다. 그녀의 말투는 그녀가 이 일을 하는 걸 좋아하는지, 찰스가 궁금하게끔 했다.

"그래, 맞아."

그가 아내의 눈을 똑바로 마주하지 못한 채 말했다. 그리고 이내 다시 조용한 상태로 돌아왔다. 모든 사람이 그 결정의 무게를 흡수할 시간을 가졌다. 몇몇은 지연된 반응을 보이기도 했지만, 이 결정이 자신들의 인생을 어떻게 바꿀 것인가 라는 의문을 품게 했다.

"어떻게 아버지가 우리에게 이럴 수 있어?"

제인이 앞으로 벌어질 일에 대해 걱정과 화를 동시에 느끼는 걸 충분히 전하며 그레이스에게 말했다. 그녀는 등 뒤의 문을 닫고 여동생이 침대에 누워있는 동안 방을 이리 저리 왔다 갔다 했다.

"이게 무슨 의미인지 아는 거야? 알고 있냐고? 도대체 아버지는 뭐가 문제야?"

그레이스는 아무 말도 하지 않았다. 그럴 필요가 없었다. 그녀는 언니와 똑같은 생각을 하고 있었다.

"그리고 왜 우리한테 먼저 물어보지 않은 거야? 왜 사업 '전부를?' 왜 조금 시간을 내서 하지 않는 거야? 반의반도 아니고 전부라고?"

그레이스는 지금 일어나는 일들을 머리로 정리하려 노력했다. 아버지의 발표는 문제가 아니었다. 아버지가 한 말 때문에 위협받게 된 불확실한 자신의 미래가 문제였다.

"그리고 학교는? 생각해 봐. 돈이 어디서 나오겠냐는 말이야. 우리가 사업을 전부 처분하면 무슨 일이 일어날까? 뭘 해 먹고 살아야 하냐고?"

제인이 잠시 하는 말을 멈추며 물어보았다.

"도대체 어디서 이런 생각이 난 거야? 정말 하나님께서 그렇게 말씀하신 걸까? 하나님께서 정말 이런 위기에 우리를 처하게 하시겠냐고?"

그녀의 목소리 톤은 호기심에서 실망 그리고 절망으로 변해갔다. 이제는 무를 수 없었다. 아버지의 마음이 변할 리 없었다. 모두가 잘 알고 있었다. 그들은 잘못된 기차에 올라탔고, 기차가 결코 예상치 않던 방향으로 혹은 원치 않던 방향으로 향하고 있는 것처럼 느꼈다.

"그리고 우리 친구들은?"

제인이 물었다.

"우린 더 이상 좋은 차와 옷 그리고 좋은 것들을 갖지 못할 텐데. 네 생각엔 그들이 그래도 우리에게 말을 걸 거 같아?"

제인은 앉아 자신의 손에 얼굴을 묻었다. 그렇게 하는 게 자신을 세상으로부터 아주 잠시라도 단절시키고, 고작 몇 시간 전까지 자신이 가졌던 인생으로 돌려 보내줄 수 있는 것처럼. 그녀는 이제 막 만들어진 현실이 없어지길 바라며 고개를 휘저었고, 자신이 겪었던 고통이 꿈이라는 걸 깨달으며 안심하길 바랐다. 그녀는 자신을 똑바로 보는 그레이스를 바라보았다. 그녀가 아무 말도 하지 않는 건 그녀 안에서 뭔가를 처리 중이라는 뜻이었다.

"그레이스?"

제인이 물었다.

"그레이스, 무슨 생각을 하는 거야?"

"난 무서워."

그녀가 말했다.

"나도 그래."

"전부요?"

에스더가 밤하늘 아래 찰스를 보기 위해 뒷마당으로 나오며 물었다. 아이들은 잠들었다. 그녀는 자신이 말할 수 있는 순간을 조심히 기다려 왔다. 가족 간에 불화를 일으킬 필요는 없었으니까.

"이건 옳은 일이야, 에스더."

찰스가 말했다. 그는 손을 뻗어 그녀에게 자신의 옆에 서라는 손짓을 했다. 하지만 그녀는 자신이 예상하지도 그리고 응원하지도 않는 결정이라는 것을 전하려는 듯 주저했다.

"당신은 돈 없이 살 수 있어요? 당신의 집에서도요? 당신 가족에게서도?"

'당신의 가족?' 찰스는 고개를 돌려 아내의 걱정 어린 얼굴을 보았다.

"이건 나를 가족에게서 갈라놓겠다는 게 아니야, 에스더. 나는 결코 그렇게… 결코 그렇게 할 수 없어. 당신에게서도, 아이들에게서도 떨어질 수 없어. 절대 그렇게 하지 않을 거야."

그는 자신의 결정에 대해서 확신했다. 그것이 찰스 같은 남자의 문제였다. 한 번 마음 먹은 것에 대해서 흔들림이 없었다. 결코 돌아올 수 없는 것이었다. 그리고 지금 그의 결정은 어느 때보다 확고했다.

"그리고 당신은 어떻게 우릴 부양할 것인지 생각해 보셨어요? 우리가 어떻게 돈 없이 살아갈 것인지 생각해 보셨냐고요? 우리한테 이렇게 통보하기 전에 이 결정에 대해 충분히 시간을 들여 계획해봤냐고요?"

찰스는 그것들에 대해 답을 갖고 있지 않았다. '주님을 믿는다'는 것은 지금 상황에서 할 말이 아닌 듯했다. 그에게는 계획이 없었지만, 지금까지 어떤 상황에도 그의 모든 사업이 잘된 것은 그에게 그런 것이 필요 없다는 걸 잘 가르쳐 주었다. 지금도 그렇고 나중에도 그럴 것이다. 그는 첫걸음을 떼기 위해 자신의 앞에 놓인 미래를 볼 필요가 없었다. 그리스도 안에 있

아버지 없는 이에게 아버지를

는 자신감이 그런 것을 극복시켜주었다. 그러나 지금 그들 앞에는 미래에 대한 시련이 놓여 있었다. 그리고 찰스는 지금 이 길을 걸어간다면 그들 앞에 놓인 것들이 지금까지 자신들이 되어왔던 것보다 훨씬 거대하게 될 것이라는 걸 믿었다. 하지만 당연하게도 찰스가 보았던 열정은 아직 그의 아내에게까지 전해지지는 않았다.

"하지만 당신은 내 곁에 있을 거야. 그렇지?"

찰스가 걱정 어린 목소리로 물었다.

"바바 칼레리, 뭘 하는 거예요? 당신의 모든 사업? 당신이 지금까지 해온 모든 것들? 당신이 어디서 시작했는지 잊어버린 거예요? 당신이 누구였는지도? 다시 그곳으로 돌아가고 싶어요?"

"그게 내가 이 일을 해야 하는 이유야. 우릴 위해서가 아니라 그들을 위해서."

"그들이 우리보다 더 중요한 거예요?"

그건 질문이 아니었다. 그녀는 선을 그어둔 채 남편과 정면으로 맞서고 있는 것이었다. 그리고 그녀는 그가 알지도 못하는 거리의 아이들이 그가 알고 있는 자신들보다 중요한 것인지에 대한 확실한 대답을 원했다.

"물론 아니야."

"그렇지만 당신은 그들에게 우리에게보다 더 많은 걸 해주려 하고 있군요."

"그런 게 아니야."

"그럼 도대체 어떤 건데요, 바바 칼레리? 어떤 건데요?"

그녀에게는 모든 질문에 대한 답을 들을 자격이 있었다. 그녀에게는 알 권리가 있었다. 그녀는 남편이 이끌고 갈 그 길에 대해서 확신해야 할 권리가 있었다. 이것들은 조금 설명하기 어려운 것이었다. 오직 그가 그녀의 마음에 도달해, 지금 단계에서는 이해할 수 없을지라도 가장 높은 단계에 닿았을 때 느끼는 그 확신을 전해줄 수만 있다면.

"나랑 함께인 거지, 에스더?"

그가 물었다. 그녀는 밤하늘의 별을 올려다보았다. 불과 며칠 전에 그들은 같은 장소에 서서 우주에 뚫려 있는 미스터리한 구멍들을 보고 있었고, 그녀는 남편과 함께라는 걸 확신하고 있었다. 하지만 지금, 그 감정은 적대감은 아니지만 때로는 그만큼이나 나쁜 의심으로 변해 있었다.

"에스더."

그가 다시 물었다.

"나와 함께인 거지?"

찰스는 침대 위로 올라가며 오늘 낮에 들었던 주님의 음성을 떠올렸다. 에스더는 잠이 든 채였고, 그가 누울 때 그는 그녀와 가까이 있었지만, 어느 때보다 긴 거리를 느꼈다.

'하나님 저는 특별한 사람이 아닙니다. 저는 다른 사람들과 똑같은 사람일 뿐입니다. 당신께서는 이것이 제 인생에서 가장 힘든 결정임을 아십니다. 하지만 저는 걱정하지 않습니다. 왜 그럴까요, 하나님? 왜 제 인생의 모든 것이 변하려는 이 시점에 저는 겁에 질리거나 초조해하지 않을까요?'

'내일 우리는 계획을 세울 거란다. 너와 나, 우리는 거리의 아이들을 어떻게 도울지 계획할 거란다. 네가 버려진 이들을 구출하게 될 거란다.'

'하지만 하나님 저는 저희 가족을 위해서도 기도하고 싶습니다. 그들은 저의 책임입니다. 당신께서는 그것을 아십니다. 그리고 당신께서는 그들의 마음도 아십니다. 당신께서 저를 부르셨습니다. 당신께서 우리를 부르셨습니다. 당신께서는 신실하십니다. 내일이 어떻게 될지 궁금합니다.'

다음 날 아침은 여느 때와 다름없이 시작됐다. 가장 먼저 일어난 사람은 찰스였다. 에스더는 가족을 위해 아침을 준비했고, 아이들도 뒤따라 일어났다. 나이가 많은 아이들은 학교 갈 준비를 했고 모든 게 다름없어 보였다. 그러나 느낌이 달랐다.

모든 이가 느낌이 다른 걸 알았다. 그들에게 어렴풋 의문이 들었다. 얼마만큼? 이 결정이 얼마만큼 자신들에게 영향을 끼칠 것인가? 아침식사는 조용했다. 찰스는 제인, 그레이스, 미리암, 돈도, 칼레리 그리고 무에니가 집을 떠날 때 인사했다. 에스더는 아이작과 딕슨이 가까운 방에 들어가 놀 때 식사를 정리했다.

"오늘이 첫날이야."

찰스가 미소 지으며 말했다.

"그렇네요."

에스더가 고개도 돌리지 않은 채 말했다.

"난 위층에 올라갈게. 계획해야 해. 알잖아. 어떻게 사업을 접을까 말이야."

에스더는 그 말을 들었다는 신호로 고개를 끄덕였다. 동의 한다는 뜻은 아니었지만 말이다.

"오후에는 밖에 나갈 거야 거리로 말이야. 처음으로."

찰스는 흥분을 감출 수 없는 목소리로 말했다. 그녀는 다시 한 번 고개를 끄덕였다.

"점심에 당신을 볼 수 있을까?"

찰스는 기다렸지만, 대답은 없었다.

정오쯤, 찰스는 사업을 그만둘 전략을 성공적으로 짰다. 이 모든 것을 이루어내는 데 몇 년이 걸렸는데, 포기하는 데는 단 몇 시간이 걸린다는 게 참 이상했다. 찰스는 이내 아이들에게 다가갈 전략을 짜기 시작했다. 거리와 학교야말로 그들을 섬기기에 최고의 장소였다. 하나님이 없는 아이들은 거리에 있을 것이고, 학교에 있는 아이들은 대게 충분한 음식과 잘 곳이 있기에 그곳에서의 주된 목표는 복음을 전파하는 것이었다. 그는 더 자세한 것들을 그려냈고 그가 계획을 끝냈을 때 펜을 놓고 책상에서 일어났다. 이제 거리로 나갈 시간이었다.

11월 19일 오후, 찰스는 엘도렛의 빈민가를 따라 운전하며, 도움이 필요한 아이들을 찾아다녔다. 그 일은 전혀 어렵지 않았다. 그들은 어디에나 있었다. 더러운 옷과 얼굴, 눈에 서린 절망감. 그는 트럭을 멈추었다. 5명의 아이가 길 한쪽에 서서 그를 의심의 눈초리로 대했다. 건너편에 있는 3명의 소녀도 똑같은 표정으로 그를 쳐다보았다. 찰스는 차에서 내려 미소를 지었다. 그는 손바닥을 편 채 자신의 손을 위로 뻗었고, 그의 전매특허인 인사를 보여주었다.

"우-에."

그가 말했다. 그 말은 스와힐리어도 영어도 아니었다. 그저 아이들에게 자신을 나타내기 위해 만든 인사였다. 아이들은 아무 반응이 없었다. 찰스는 빵과 우유와 음료수들을 둔 트럭 뒤편에 손을 뻗어 그것들을 꺼내었다. 그것은 아이들도 이해할 수 있었다.

"이것들 좀 먹어 보겠니? 이리 오렴, 같이 먹자."

그들의 식욕이 그들의 불안을 덮어버렸다. 그들의 몇 걸음은 매우 조심스러웠다. 하지만 음식에 맞춰진 그들의 눈길은 결코 사라지지 않았다. '이 사람은 왜 이런 일을 하는 거야? 우리에게 원하는 게 뭐야?'

"내 이름은 멀리란다."

찰스가 말했다.

"여기, 이것들은 다 너희 거란다."

그는 빵을 작은 조각으로 쪼갰다. 그들의 더러운 손이 뻗어 와, 빵을 받아갔다. 그들은 굶주린 자신의 입으로 그것들을 쑤셔 넣었고, 첫 한 줌을 다 삼키기도 전에 다시 손을 뻗었다. 빵이 다 사라지기 전까지 손과 손이 빵 더미에 뻗어왔다. 그들은 찰스를 올려다보며 혹시 더 남은 것이 있는지 물어봤다. 그들의 눈이 달라졌다. 이전에는 없던 무언가가 그들의 눈에 담기기 시작했다. 아마도, 희망의 시작일 것이다.

"물론!"

찰스는 미소 지으며 말했다.

"더 많은 빵이 있단다."

그가 가져온 다른 빵도 순식간에 사라져버렸다. 그는 아이들이 먹는 동안 크게 웃었다. 아이들도 그랬다. 그들의 입이 넘칠 만큼 가득 찼고, 그들은 굶주린 몸에 마구 음식을 구겨 넣으며 키득키득 대며 즐거워했다. 찰스는 트럭 뒤로 손을 뻗었다. 그는 우유를 컵에 따라 아이들에게 한 잔씩 나누어주었다.

"너희들을 위한 것이란다."

찰스가 말했다. 그들은 우유를 다 마신 후 고개를 끄덕이며 짧게 '아산테(고맙다)'라는 말을 건넸다.

"혹시 어떤 이야기 들어 볼래?"

찰스가 물었다. 아이들은 서로를 쳐다보며 이 남자의 의중을 알아보려 했다.

"왜 우리한테 이야기를 해주려고 하죠?"

그중 한 명이 물었다.

"왜냐하면, 나는 너희들에게 예수님께서 너희를 사랑하신다는 걸 말해주고 싶어서야."

"예수님?"

"그래, 예수님."

"그분이 우리를 사랑하신다고요?"

"바로 그거야."

찰스가 미소 지으며 말했다.

"저희에게 우리를 사랑하신다는 그 예수님에 대해서 이야기해주신다고요?"

"그렇단다."

그의 목소리에는 그들이 이제 찰스의 이야기에 귀를 기울일 거라는 확신이 깃들어 있었다.

"그리고 더 많은 음식도 줄 거란다. 멀지 않은 곳이야. 지금 바로 갈 수 있단다. 아무 계획이 없다면 말이야. 오늘 올 수 없어도 이해한단다."

"우리에게는 아무 계획도 없어요."

찰스는 그 말을 듣지 못했다.

"만약 너희가 올 수 없다면 말이야…"

"갈 거예요."

그들이 말했다.

"지금 당장 갈 수 있어요."

"좋았어."

찰스가 말했다. 첫 만남은 성공적이었다.

"와주어서 고맙구나."

그들은 찰스와 영국 선교사들이 시작한 교회로 들어갔다. 그들은 마당에 앉아 음료수를 마시고, 빵을 먹으며 이야기를 나누었다. 찰스는 완전한 인생을 사셨고, 우리가 하나님과 연결될 수 있도록 돌아가신 예수님에 대해서 말했다. 아이들은 늦은 저녁까지 그의 말에 귀 기울였다.

"내가 너희들을 위해 무엇을 할 수 있을까?"

찰스가 그들에게 물었다. 그들에게 침묵이 흘렀다. 그들 주위에 빠른 바람이 느껴졌다.

"우리를 위해서요?"

한 소년이 대답했다.

"그래, 무엇이 필요하니? 나는 내일도 음식을 가져다 줄 수 있단다. 더 많은 이야기를 들려줄 수 있고 심지어 노래들도 가르쳐줄 수 있단다. 하지만 나는 너희들을 도와주고 싶어. 내가 무엇을 할 수 있을까?"

그들은 옷과 잠잘 곳이 필요하다고 대답했다.

"한 번 방안을 생각해볼게."

찰스가 말했다.

"시간이 좀 걸릴지도 모르지만, 해결책을 찾아 올 거란다."

아이들은 교회를 떠나며 더 많은 빵을 받아 갔고, 잊혔던 아이들인 자신들을 도와주려 갑자기 나타난 이 남자 찰스에게

아버지 없는 이에게 아버지를

감사를 표했다. 한 소년이 멈추더니 찰스에게 돌아왔다.

"그래."

찰스가 말했다.

"질문 하나 해도 될까요?"

"물론이지,"

"왜 이런 일을 하는 거죠?"

"음식을 나누어 준 것 말이니?"

"음식, 이야기들 그리고 다시 돌아오라고 초대한 것까지요. 왜요? 왜 우리에게 이런 일을 하는 거죠?"

"예수님께서 너희를 사랑하시니까."

"아저씨는요?"

"나도 너희를 사랑한단다."

"나를 알지도 못하잖아요."

"너를 사랑하기 위해 너를 알 필요는 없단다."

찰스가 말했다.

"예수님도 아저씨처럼 저를 사랑하시나요?"

"그분께서는 훨씬 더 많이 너를 사랑하신단다."

그 말은 밤새 그 소년에게 머물러있었다.

20

찰스는 옷과 밥을 제공하며 거리의 아이들과 친밀한 관계를 이어갔다. 아이들 대부분은 교회에서 예수라는 이름을 가진 한 남자에 대한 찰스의 이야기를 들으며 시간을 보냈고, 그들을 사랑한다는 천국의 하나님과 그것을 이 땅에서 보여주고 있는 찰스 멀리라는 사람의 관계를 볼 수 있었다.

그들은 교회 운동장에서 축구나 배구 등의 운동을 하기도 했고, 점심으로 빵과 우유, 음료수를 함께 먹곤 했다. 거리의 아이들이 겪는 문제 중 하나는 그들의 위장이 고체 음식을 잘 소화하지 못한다는 것이다. 그래서 찰스는 생존 상태survival mode를 유지하는 것을 그만두게 하고 규칙적인 식단을 따르게 했다. 찰스는 아이들에게 음식을 제공하는 것을 도와달라고 에스더에게 요청했다.

"난 당신이 아이들을 만나봤으면 좋겠어."

그가 말했다. 찰스가 사역을 시작한 지 2주가 지났고, 에스더에게 이 변화의 거대함을 받아들이는 데 필요한 시간을 주었다. 그녀는 두 인생 -하나는 성공한 사업가의 아내와 엄마로서의 인생이었고, 다른 하나는 전혀 알지 못하는 새로운 인생이었다- 사이에서 고민해왔다. 그녀는 고개를 끄덕였다.

"혹시 그 아이들을 위해 음식을 해줄 수 있을까?"

그녀가 다시 고개를 끄덕였다.

"고마워."

그가 말했다.

"아이들이 정말 좋아할 거야. 당신이 요리해준 음식을 아이들이 정말로 좋아할 거야."

에스더는 부엌으로 가 거리의 아이들을 위한 첫 요리를 시작했다. 그날 오후 찰스는 에스더를 아이들에게 소개했다. 아이들은 너무나 아파 보였고 피곤해 보였으며, 너무나 더러웠고 비참하게 버려진 상태였다. 그들에게는 무언가 먹을 것이 필요했다. 누군가가 그들의 옷을 깨끗하게 해줄 필요가 있었고, 그들에게는 잠을 잘 곳이 필요했다. 그 아이들에게는 어머니가 필요했다.

그녀는 조용히 아이들이 자신이 만든 음식을 먹는 것을 지켜보았다. 다음 끼니가 있다는 것을 아는 사람들의 조용하고 느긋한 식사와는 거리가 먼 절실한 식사였다. 아이들은 그녀에게 고맙다는 말을 한 후 찰스와 함께 밖으로 나갔다. 그녀는 찰스가 아이들과 게임을 하러 나가자, 그들이 떠난 자리를 치우기 시작했다. 그녀는 집에 돌아와 가족도 없이 거리에서 혼자가 된다는 게 어떤 기분인지 생각해 보았다.

두 달 후에는 매일 30명 정도의 아이가 교회 운동장으로 찾아왔다. 에스더는 항상 음식을 가져왔고, 음식을 주며 아이들을 알아갈 기회를 가졌다. 그녀는 창녀로 일하는 것에서 힘겹게 벗어나길 원하는 소녀들을 상담해주기 시작했다. 처음에는 그들이 그렇게 달아나고 싶어 하는 그 인생이 그저 끔찍하다고 생각할 뿐이었다. 하지만 그녀는 그들의 이야기를 들을수록, 자신 안에 그들을 돕고 싶은 마음이 있음을 깨달았다. 무언가를 변하게 하고 싶어 하는 마음이, 그들을 새 사람으로 만들길 원하는 마음이.

찰스는 교회 땅에 1에이커의 농장을 만들어, 아이들이 배추와 당근, 양파 그리고 토마토를 심는 법을 배워 스스로 먹여 살릴 수 있도록 했다. 아이들은 교회 땅에 있는 작은 빌딩 안에서 잠을 잘 수 있었는데, 밖에서 비를 맞으며 추위에 떨 때와는 다른 큰 변화였다. 찰스는 매일 아이들과 게임을 하고, 그들에게 노래를 가르치며 그리스도의 이야기를 들려주었다.

"집에는 데려올 수 없어요."

에스더가 찰스와 함께 운동장 옆에 나란히 서, 아이들이 축구하는 것을 지켜보며 말했다. 그들의 연령대는 7살부터 20

살까지였고, 모든 아이가 친구처럼 서로의 형제자매인 것처럼 즐겁게 뛰어놀았다.

"그럼 아이들을 다시 거리로 돌려보내야 하는 거야?"

찰스가 아이들 모두를 집에 데려와 그들을 마약과 갱단과 성매매 그리고 길거리에서 일어나는 폭력으로부터 지킬 수 있는 어떤 방법이 있길 바라며 말했다.

"너무나 많은 아이가… 너무나 많아……."

"나는 허락할 수 없어요. 이런 고아들을……."

그녀의 목소리가 잦아들었다. 그녀는 한 어린 소녀가 공을 잡기 위해 뛰어가는 것을 보았고 한 시간 뒤, 밤이 찾아오면 이 중 몇몇은 다른 일에 연루되게 될 것이란 걸 깨달았다.

"나는 이 소녀들이 거리로 돌아가는 것을 두고 볼 수 없어요."

그녀는 자신의 입을 감쌌다.

"우리가 무언가를 해야만 해요. 우리가 전부 데려갈 수는 없어요. 하지만 몇몇은 데려갈 수 있어요."

"오늘 밤에는 세 명을 데려가자."

찰스가 말했다.

"그 정도면 괜찮을 거야."

"그래요. 세 명을 데려가요."

그녀는 아이들을 바라보았다.

"하지만 어떤 세 명이요? 우리가 어떻게 누구는 오고 누구는 다시 거리로 돌아가는 걸 선택하죠?"

그들은 기도 후에 완조히라는 7살 소년과 수잔 완지쿠와 와스히키라는 2명의 소녀를 택했다.

그날 밤, 그들은 세 아이를 집으로 데려왔다. 거리의 아이들이 멀리 가족의 집에 들어온 첫날이었다. 그들은 문을 지나 완전히 새로운 세상으로 들어왔다. 찰스의 친 아이들이 아래층으로 내려와 그들을 만났다. 자신들의 새로운 형제와 자매들을 만났다.

"안녕."

칼레리가 어색한 분위기를 용기 있게 깨며 말했다. 새로 온 아이들은 아무 말도 하지 않았다. 그들은 찰스의 집과 같은 집을 본 적도 없고, 당연히 들어와 본 적도 없었다. 그리고 8명이나 되는 아이가 있는 가정 안에도 있어 본 적 없었다.

"이 아이들은 너희들의 새로운 친구란다."

찰스는 세 명의 새로운 손님에게 말했다.

"나의 아이들이란다."

그는 그의 친 가족에게 그들을 소개했고, 위층의 침실로 그들을 데리고 갔다. 위층 침실은 각자의 방이 있던 아이들이 형제들과 방을 공유하도록 새로 배치되었다. 잠이 들 무렵, 찰스는 새로운 가족이 된 세 명의 아이에게 이불을 덮어주었다.

"이제 저희는 여기서 아저씨와 함께 살게 되는 건가요?"

수잔이 물었다.

아버지 없는 이에게 아버지를

"그렇단다. 이곳이 너의 새로운 집이야."

"내일도 여기에 있어도 되나요?"

"그래 수잔. 내일도 이곳에 있을 거야."

"언제 떠나야 하는 건가요?"

"너는 이곳에서 떠나지 않아도 돼. 이곳이 네가 머물 곳이야."

"전 이곳이 좋아요."

그녀가 말했다.

"이곳이 훨씬 좋아요. 여기서는 안심할 수 있어요, 멀리 아저씨."

"그렇게 느낀다니 다행이구나. 그리고 더 이상 나를 멀리 아저씨라고 부를 필요 없단다. 나를 아빠라고 불러도 된단다."

이것은 새로운 일이었다. 수잔에게는 너무나 색다른 일이었다.

"그래요. 이제 아저씨가 제 새 아빠인 거예요?"

"그래, 수잔. 나는 너의 아빠가 된 것이 정말 정말 자랑스럽단다."

그는 수잔의 이마에 입 맞춘 후 불을 끄고 문을 닫았다.

"지금 뭐하는 거야?"

한 여자가 에스더에게 자신이 미쳤다고 생각하게 할 만큼 강한 어조로 말했다.

"돈을 다 나누어 준다고? 왜 네 남편을 멈추지 않는 거야?"

에스더는 밖에 나와 비지니스 친구와 함께 저녁 하늘 아래서 있었다. 그들은 같이 일했던 서로의 남편들을 통해 꽤 오래 알고 지낸 사이였다.

"우리는 그들을 도와주고 있어."

에스더가 말했지만 선한 일을 한다는 것의 강조라기보는 패배를 받아들이는 듯한 말투였다.

"이게 진짜 옳은 일이라고 생각해? 너와 네 남편이 일구어놓은 모든 것을 다 줘버리는 게?"

"아이들에게는 중요해."

"어떤 아이들? 너의 아이들 아니면 거리에 있는 아이들?"

에스더는 깊게 숨을 들이마시고 진정하려 했다. 그녀는 친구에게 자신 또한 이것이 실수임을 말할 준비가 되어있었다. 남편이 하는 이 일이 모두 미친 짓이라고. 도대체 그들은 지금 어떤 길에 서 있는 걸까?

그녀는 이런 자리를 다른 사업 친구와도 가져본 적 있다. 그들에게 자신들이 하는 일이 무엇인지 왜 이런 일을 하는지 설명하려 했지만, 친구 중 이해한 듯 보이는 사람은 없었다. 일주일 뒤 그들은 자신들의 사회적 인맥이 사라지는 것을 볼 수 있었다. 멀리 가족은 자신의 친구들에게 마치 그들이 전염병이라도 가지고 있는 것처럼 거부당하기 시작했다. 그리고 지금 에스더의 마지막 친구가 이곳에 방문한 것이다. 방문이라기보

아버지 없는 이에게 아버지를

다는 경고에 가까운 듯했다. '너의 길을 바꾸지 않으면 우린 끝이다' 라는 경고.

"거리의 아이들도 중요해."

에스더가 말했다.

"넌 그렇게 생각하고 있지 않아. 너도 그걸 잘 알고 있고. 네가 이 일을 시작한 지 2달 정도 됐지? 지금 너의 은행 잔고 상황을 알고 있잖아. 이 짓을 얼마나 더 할 수 있겠어? 1년? 최대 2년? 그 후에는 너희도 그들과 똑같이 돼버리겠지. 너는 나한테 도움을 요청하게 될 거야."

에스더는 메스꺼움을 느꼈다. 그녀는 친구가 말하는 모든 게 사실임을 알았다. 그들이 데리고 오는 아이들의 수에 따라 내년 말쯤에 파산할 수도 있었다. 그리고 나서는? 누가 그들을 돌봐주겠는가? 돈이 다 떨어지면, 가족은 어떻게 될 것이며 아이들이 다시 거리로 돌아가면 어떻게 되겠는가?

"찰스보고 이것을 관두라고 할 수 있는 사람은 너뿐이야."

그녀가 말했다.

"넌 그에게 그가 지금 잘 못 하는 거라고 보여줄 수 있는 사람이라고."

'말이야 쉽지.' 에스더가 생각했다. 그녀는 자신도 행복해하지 않는다는 것을 털어놓고 싶었다. 행복하지 않은 정도가 아니었다. 그녀는 행복하지 않은 것 이상을 느끼고 있었다. 걱정하고 있었고 참혹한 공포를 느꼈다. 그녀와 찰스는 이 일이 바닥으로 떨어지는 것이나 마찬가지임을 알고 있었다. 우리는 대체 왜 힘들게 빠져 나온 구렁텅이로 자진해서 돌아가야 하는 걸까?

"오늘 볼 수 있어 좋았어."

친구가 말했다.

"이제 가봐야겠다."

"곧 다시 만나자."

에스더가 공손한 작별인사를 하기 위해 말했다. 그러나 그 것은 작별인사라기보다는 질문에 가까웠다. 그녀의 마음 깊은 곳에서 이것이 서로를 보게 될 마지막이라는 것을 알았기 때문 이다. 친구가 주저했다. 보통의 대답은 '물론 곧 다시 만나자' 였 겠지만, 그녀의 침묵이 이미 많은 것을 말해주고 있었다. 그리 고 에스더는 깊은 실망감을 느꼈다. 그들의 우정이 재정 상태에 달린 것이란 걸 알았기 때문이다. 그 이상 그 이하도 아니었다.

"잘 있어."

그녀의 친구는 차를 타러 길가로 나가며, 결국 이 한마디를 할 수 있었다. 그녀는 차를 뺀 후 손도 흔들지 않고 떠나버렸다. 에스더는 차가 떠나는 소리를 들으며, 뒤돌아서 찰스를 지나 안 으로 들어가 세 명이나 늘어난 아이들의 어머니로 돌아갔다.

"우리 사업을 더 많이 팔아야겠어."

찰스가 말했다.

"그럼 파시든지요."

아버지 없는 이에게 아버지를

에스더가 냄비를 닦은 후 물로 헹궈 쌓여 가는 접시들 옆에 두며 말했다.

"우린 이제 마지막 남은 농장을 팔 거야."

"아니요."

그녀가 끊임없이 나오는 식기들을 씻으며 말했다.

"그걸 파는 사람은 당신이겠죠."

그녀는 후회했다. 그녀는 그렇게 말한 것을 후회했다. 그 말을 하지 않고 그저 설거지를 계속했기를 바랐다. 찰스는 알맞은 시간이라고 느껴질 때까지 잠시 기다렸다.

"그 농장은 당신이 알고 있는 오렌지와 바나나, 채소와 온천이 있는 농장이야."

"그래요, 잘 알고 있죠. 당신과 같이 그것들을 심은 사람이 저잖아요."

"팔아버리기 전에 당신이 알길 바랐어."

"도대체 언제쯤 끝인가요? 아니면 계속 나누어주기만 할 건가요? 언제까지…"

그녀의 목소리가 격양됐다. 늦은 시각이었고, 찰스는 아이들이 잠든 게 다행이라 생각했다. 그의 집은 두쿠 혹은 페이트(믿음)라고 불리는 아름다운 미소를 가진 5살짜리 소녀를 포함해 몇몇 아이를 더 받아들인 후 최대 정원에 도달한 상태였다.

"이게 우리가 해야 할 일이야."

그가 말했다. 에스더는 모든 것을 멈추었다. 그녀는 싱크대에 몸을 기댄 채 쓰러지려는 것만 같았다. 그녀는 싱크대를 꽉 붙잡고 있었고, 그게 그녀가 바닥으로 쓰러지는 것을 막는 유일한 버팀목이었다. 그녀의 안에서 무언가가 가득 차올랐고, 그녀는 울기 시작했다. 찰스는 아내의 고통을 보고 느낄 수 있었다. 그는 그녀에게 다가가 팔로 그녀를 감쌌다. 그녀는 남편에게 남는 것과 그를 떠나는 것 사이에서 팽팽한 긴장을 느꼈다.

"당신이 우리를 망치고 있어요."

그녀가 속삭였다. 그녀의 손이 떨리기 시작했다. 언제든 부서질 듯한 연약한 손으로 나이든 인생을 겨우겨우 붙들고 있는 것만 같았다.

"나는 당신에게 이 길을 따르라고 강요하지 않을 거야."

그가 그녀를 안심시키며 말했다.

"내가 말할 수 있는 한 가지는 우리가 옳은 길로 가고 있다는 거야."

"쉽지 않은 일이에요. 이 아이들… 쉽지 않아요."

"나도 동의해."

"이건 제가 예상하던 게 아니에요."

"이게 싫은 거야?"

그녀는 입술을 세게 깨물었다.

"이게 싫으냐고요? 저게 싫으냐고요?"

그녀는 피곤한 표정으로 그를 보았고, 그의 눈에서 자신의 의심을 그의 확신으로 이끌어 줄 자신감을 찾으려 했다.

아버지 없는 이에게 아버지를

"싫을 게 뭐가 있냐고요? 우리 아이들이 학교에서 놀림 받고 있어요. 비웃음거리가 됐다고요. 아이들의 미래가 위협받고 있어요. 친구들이 떠났고요. 돈도 사라졌어요." 그녀는 머리를 흔들었다.

"듣고 있어요?"

그녀가 너무 작게 이야기해서, 찰스는 무슨 말인지 알아듣기 위해 아내의 입술을 봐야만 했다.

"내 말 듣고 있는 거예요? 아니면 당신의 거리의 아이들에게 다가가야겠다는 거대하고 불가능한 비전에 미쳐버린 거예요?"

"듣는 중이야."

"우리에게는 이제 남은 자원이 없어요."

그녀는 입술을 깨물고, 눈을 감았다. 그녀는 자신의 아이들을 부양할 수 없을 거라 생각하며 끔찍한 불안의 무게를 느꼈다.

"난 이 일이 하나님께서 내게 원하시는 것임을 알고 있어. 그분께서 우리가 있길 원하시는 곳임을 알고 있어. 난 내가 확실히 알고 있음을 알아. 그분께서 우리를 돌봐주실 거야. 제발 믿어줘."

그녀는 다시 설거지를 하며, 부드러운 물의 감촉이 자신을 진정시켜주길 바랐다.

"노력하고 있어요. 맨 처음 그 순간부터요. 믿으려 노력하고 있어요. 그렇지만 내 집에 내 말을 듣지 않는 아이들이 있다고요. 그 애들은 물건을 부수고도 신경조차 쓰지 않아요. 그중 몇 명은 도둑질하는 걸 알고 있어요. 우리 집에서 말이에요. 그들이 우리에게서 도둑질하고 있어요. 더 이상 내가 할 수 있는 일이 없어요. 난 이제 끝에 다다랐어요."

"나도 그랬어. 나도 끝자락에 다다랐어. 그리고 난 그게 모든 일의 시작임을 깨달았어."

"끝에서요?"

"그래. 우리가 더 이상 우리에게 힘이 없다는 걸 깨달을 때, 우리는 모든 게 하나님께 달려있음을 알게 되는 거야."

"제 말이 그 말이에요. 그분께서 오실까요? 우리 돈이 다 사라지면, 그분께서 우리를 버릴까요?"

"그렇지 않아."

"하나님께서 우리의 아이들을 버리실까요?"

"결코."

"어떻게 그렇게 확신하죠? 어떻게 당신이 이 길에 뭐가 있는지 볼 수 있고 어떻게 될 것인지 알 수 있죠?"

"난 알 수 없어. 알 필요도 없고."

"왜죠?"

"내겐 하나님의 약속이 함께 하니까. 난 그분이 내게 무엇을 하라고 말씀하셨는지 알고 있어."

그녀는 다시 설거지 거리로 몸을 돌렸고, 밤하늘을 올려다

아버지 없는 이에게 아버지를

보았다. 그녀는 남편을 처음 만난 날을 기억했고, 하나의 만남이 어떻게 그녀의 인생을 바꿔놓았는지 놀라운 일이라고 생각했다. 그녀는 찰스가 처음 사업을 시작하던 날을 기억했다. 그녀는 가난에서 벗어나던 느낌을 기억했다. 안정된 재정으로 안정감과 가족, 친구 그리고 미래를 가지게 된 그 느낌을 기억했다. 그리고 자신의 인생을 포기함으로써, 자신도 다른 이들에게 똑같은 희망을 줄 수 있지 않을까 생각했다.

"그들이 변할 거라고 생각해요?"

"아이들 말이야?"

"그렇게 생각해요?"

"내 생각엔 곧 알게 될 거야."

그녀는 고개를 끄덕였다. 그녀의 귀에는 아직도 운전하며 작별인사를 외치던 사업 친구의 목소리가 맴돌았다. 이내 그녀는 다른 방에서 거리의 아이 중 한 명이 우는 소리를 들었다. '그녀의' 아이 중 한 명이.

"가서 무슨 일인지 봐야겠어요."

그녀가 찰스를 지나 다른 방으로 가며 말했다.

"나와 함께 하기로 한 거야?"

찰스가 물었다. 친구들이여 안녕. 재산이여 안녕. 명예여 안녕.

"당신과 함께할 거예요."

그녀가 말했다. 거리의 아이들이 교회 마당을 가득 채웠다. 50여 명의 아이가 웃고 떠들며 놀이하면서 뛰어다니고 있었다. 몇몇은 축구를 했고 몇몇 여자아이는 서로의 머리를 땋아주고 있었다. 찰스는 더 어린아이들과 함께 앉아 농담을 나누고, 공을 이리저리로 던지며 놀아주었다. 그는 놀이하던 자리에서 일어났다.

"우-에!"

찰스가 소리쳤다. 어린아이들이 똑같이 외쳐 불렀다.

"우-에!"

다 같이 모이라고 찰스가 부르는 걸 축구 하는 아이들이 알게 하기 위해서는 두 번째 외침이 필요했다.

"우-에!"

그가 한 번 더 소리쳤다.

"우-에!"

아이들이 대답했다. 모두가 그의 주위로 모여들었다.

"우리 오늘 좋은 하루를 보냈지."

찰스가 말했다.

"우리는 놀이하고 노래도 부르고 이야기를 나누며 좋은 시간을 보냈단다."

아이들이 박수 쳤다.

"다른 노래를 불러 보고 싶은 사람?"

모두가 환호했다.

"다른 노래를 불러 보고 싶은 사람?"

아이들이 더욱 크게 환호했다.

"다른 노래를 불러 보고 싶은 사람?"

아이들은 맨발로 일어나 박수 치며 환호했다. 한 아이가 땅에 앉아 양동이를 뒤집고 막대기로 박자에 맞춰 드럼처럼 치기 시작했다. 아이들은 박자에 맞춰 몸을 앞뒤로 흔들었다. 그들은 박수를 쳤고 찰스도 동참하며 크게 웃었다. 노래를 지휘하는 것은 찰스의 몫이었지만, 찰스는 갑자기 그 능력을 잃어버린 듯했다. 그가 아이들의 눈에서 무언가를 보았기 때문이다. 그는 아이들의 박수에서 뭔가를 느꼈다. 그는 이빨을 꽉 물고 눈물을 참으려 했다. 그가 앞줄에 있던 한 소녀에게 고개를 끄덕이자, 이내 그 아이가 앞으로 나와 노래를 지휘했다.

니메군두아 시리Nimegundua siri   난 비밀을 찾아내었네.

니메군두아 시리Nimegundua siri   난 비밀을 찾아내었네.

니메군두아 시리Nimegundua siri   난 비밀을 찾아내었네.

야 쿠카아 다니 야Ya kukaa ndani ya yesu   예수 그것은 예수 안에 있네.

그가 어떤 교회 성가대에서 들어본 것과도 다른 노래였다. 이 모든 아이는 교회를 다니지 않는 환경에서 자라왔지만, 이 아이들의 노래에는 열정과 솔직함이 담겨있었다. 이것은 찰스에게 왜 그들의 노래는 다른 것일까 궁금하게 만들었다. 그는 아이들이 교회에서 멀리 떨어진 사람들의 이목을 끌만큼 큰 목소리로 노래 부르는 것을 듣고 있었다.

찰스는 아이들로 이루어진 작은 군단을 바라보았다. 창녀, 중독자, 강도, 갱단의 멤버였던 그들은 여기서 하나님을 찬양하고 있었다. 그중 몇몇은 이미 자신이 가진 문제로부터 해방되고 있다는 신호를 보였다. 많은 아이가 오늘 밤 이곳을 떠나 다시 자신이 겪고 있는 문제로 돌아가겠지만, 그들을 변모시킬 시간이 있었다. 그들이 치유 받을 기회가 분명히 있었다. 적어도 지금 그들은 여기에, 하나님께서 그들이 있길 원하시는 곳에 있었다. 그리고 찰스 또한 하나님께서 그가 있길 바라시는 곳에 있었다.

템비아 템비아Tembea tembea	내가 만약 걷고 또 걸을지라도
준구카 준구카Zunguka zunguka	내가 만약 돌고 또 돌지라도
이나마 이나마Inama Inama	내가 숙이고 또 숙일지라도
예수 디에 브와나Yesu ndiye bwana	예수는 여전히 나의 주일지라.

찰스의 시선이 교회 주차장으로 모여드는 차로 인해 분산되었다. 차들이 하나하나 대문 앞 주차장으로 들어오기 시작했다. 정장을 입은 한 남자가 차에서 내려 교회 안으로 들어왔다. 찰스는 그들을 알아볼 수 있었다. 교회의 장로들과 다른 임원들이었다. 그는 이들이 여기서 무엇을 하고 있는지 궁금했다. 그는 위원회의 멤버였고, 만약 회의가 있었다면 찰스도 초대됐

을 터였다. 그는 회의가 급히 결정된 거라고 추측했다. 당연하게도 그중 한 명이 찰스를 만나러 걸어왔다.

"안녕하세요."

찰스가 손을 뻗으며 말했지만, 그 남자는 그저 고개만 끄덕일 뿐이었다. 그는 아이들이 노래 부르는 걸 막으려 했다.

"우리는 이제 회의를 할 겁니다."

그 남자가 말했다.

"어서 오시죠."

"거의 다 끝났어요."

"회의는 지금입니다."

"끝나는 대로 그리로 가겠습니다."

"장로님들도 오셨고, 목사님들도 오셨습니다."

"그렇다면 아이들이 돌아가고, 교회 작은 집에서 오늘 밤에 머무는 아이들이 들어가자마자 그리로 바로 가겠습니다."

그 남자는 그 말을 듣자 몸을 움츠렸다.

"찰스, 지금 바로 오세요. 이 회의는 당신에 관한 것이에요."

찰스는 박수치는 것을 멈췄다. 그는 이 일이 다가오고 있음을 이미 느끼고 있었다. 몇 달간 교회 사람들이 찰스를 피하며 그의 옆을 스쳐 지나갔고 예배가 끝난 후에 그와 말도 섞지 않고 있었다. 그는 처음엔 아무 생각도 없었지만, 몇 주가 지나며 사람들이 자신처럼 친절하지 않고, 마음이 열리지 않았다는 걸 알아차렸다. 몇몇은 그에게 다가와 거리의 아이들과 무엇을 하고 있는지 물어보기도 했다. 이미 예상된 바였다. 단지 그들은 이 아이들을 도와줄 필요성에 대한 확신이 필요한 것이었다.

"이제 거의 다 끝났어요."

찰스가 반복했다.

"우리는 당신이 지금 당장 오길 바랍니다."

그는 다시 한번 말한 후 교회 앞으로 걸어갔다. 그러나 찰스는 떠나지 않았다. 그는 아이들이 끝날 때까지 같이 노래를 불렀다.

"놀라운 합창이었어."

찰스가 말했다.

"오늘 너희가 노래하고 마당에서 일하며 서로에게 친절히 대해주며 놀았던 게 정말로 나의 마음을 울렸단다. 나는 너희를 정말로 정말로 사랑한단다. 너희는 나에게 정말로 특별한 아이들이야. 너희 모두가 말이야. 그리고 하나님께서도 너희를 사랑하신단다. 난 너희가 오늘 이곳을 떠나서 다시 내일 돌아오기까지 너희들과 함께할 수 없지만, 하나님께서는 너희를 사랑하신단다."

순간 아이들이 조용해졌다. 아이들은 차분해졌고 교회 마당이 조용해졌다. "찰스!"

그 남자가 교회 문에서부터 소리 질렀다. 찰스는 눈길도 주지 않았지만, 아이들은 방금 일어난 일로 주의가 흐트러졌다. 그들은 고개를 돌리며 무슨 일이 일어나고 있는지 생각했다.

아버지 없는 이에게 아버지를

"너희 모두가 하나님께서 너희를 사랑하시는 걸 알고 있지."

그가 말했다. 다시 조용해졌다. 아이들이 다시 그를 쳐다보았다.

"그리고 너희 중 몇몇은 아직 예수님이 누군지 모를지도 몰라. 너희는 예수님께서 너희를 위해 십자가에 매달려 돌아가신 것과 너희에게 새 생명을 주시 위해 죽음에서 부활하신 것 그리고 너희들이 저지른 모든 것을 용서해 주신 것을 알고 있단다. 그분께서는 너희들을 새사람으로 만들고 새로운 인생으로 이끌고 싶어 하신단다."

"너희 중 몇몇은 부모님이 없지만, 예수님께서 새 아버지가 되어주실 거란다. 너희 중 몇은 친구가 많이 없지만, 예수님께서 가장 친한 친구가 되어주실 거란다. 너희 중 몇몇은 너희가 저지른 것과 다른 사람들이 너희에게 한 나쁜 기억을 가지고 있지만, 예수님께서 너희 안에 거하시게 될 거란다. 그분께서 너희의 마음을 정결케 하실 거란다. 그리고 그분께서 너희의 인생에서 너희가 저지른 것과 다른 이들이 너희에게 한 것에 대한 용서를 가져다주실 거란다."

"예수님께서는 '내가 온 것은 양으로 생명을 얻게 하고 더 풍성히 얻게 하려는 것이라.'고 말씀하셨단다. 이것이 하나님께서 너희에게 주고 싶어 하시는 거란다. 너희 중 예수 그리스도께 삶을 바치고 그를 따르고 싶은 사람이 있니?"

반절이 되는 아이들이 손을 들었다. 찰스는 황홀했다. 그는 엘도렛의 열린 마당에서 몇몇은 오늘 처음 만난 거리의 아이들에게 말을 하고 있었고, 그들은 이미 예수 그리스도와의 여행을 시작하려 하고 있었다. 그는 그들의 기도를 이끌어 주었고, 내일 다시 이곳으로 오라고 격려 -그럴 필요도 없었겠지만- 했다. 찰스는 그들에게 무료로 음식을 나누어 주던 유일한 사람이었으니, 그는 아이들을 설득할 필요조차 없었을 것이다.

아이들이 떠난 후, 그는 교회 안으로 걸어가, 회의를 하는 방으로 들어갔다. 그가 문을 열고 들어간 순간, 사람들이 말을 멈추었다. 방이 일순간 고요해졌다. 교회 안에는 '누가 누구인지' 알 만한 사람들이 다 모여 있었다. 장로들, 목사들, 교수들, 교회 임원들, 사업가들까지 모여 있었다. 그들은 무슨 큰 거래라도 하는 양손을 모으고 큰 탁자에 둘러앉아 있었다. 그중 몇몇은 고개를 들어 찰스를 보았고, 이내 고개를 돌려 다른 이들이 그에게 정식으로 인사하기를 기다리고 있었다. 민망한 침묵 후, 장로 중 한 명이 일어나 강요당한 것 같은 미소를 찰스에게 보였다.

"앉으시게, 찰스."

그가 의자를 가리키며 말했다. 다시 한번 침묵이 왔다. 찰스는 왜 이런 일이 일어났는지 이해하려 했다. 그들은 서로를 잘 알고 있었고, 몇 년 동안 친구였다. 그렇지만 찰스는 마치 오늘 그들을 처음 만난 것처럼 그들의 얼굴은 익숙하지만, 전부 모르는 사람인 듯한 느낌을 받았다. 그는 이 모임이 자신이 친

목모임이라고 낙관했던 것과는 확연히 다른 모임임을 깨달으며 소름 끼치는 걸 느꼈다.

"안녕하세요."

차라리 열정적인 우-에 인사를 하길 원하며 찰스가 말했다. 그는 탁자 끝에 있는 삐걱거리는 의자에 앉았다.

"다들 무슨 일인가요?"

몇몇은 고개를 끄덕였지만 제대로 된 대답은 없었다. 그들은 찰스의 눈을 피했고, 이 회의를 주관하는 한 장로가 말을 시작했다.

"우리는 자네와 이야기하고 싶다네, 찰스."

"좋아요."

찰스가 말했다.

"나도 여러분과 이야기하고 싶어요. 오늘 저는 아이들과 엄청난 시간을 보냈답니다. 그들은 웃으며 뛰어놀고, 그리스도에 대해서 배웠습니다. 그리고 오늘 밤, 주를 찬양합시다 -정말로요.- 몇몇이 오늘 구원받았습니다. 거리의 아이들이 자신의 인생을 그리스도에게 바치기로 했다고요."

방 안이 순식간에 얼음장으로 변했다. 모여있던 사람들의 얼굴이 돌덩이처럼 변했다. 그들 중 한 명은 이를 꽉 물었다. 편치 않은 느낌이 방 안에 맴돌았다. 찰스 앞에 있는 사람들이 전부 최면에 걸리거나 새로 프로그래밍 된 것 같았다. 보통 항상 행복하던 사람들, 자신에게 가장 가까웠던 사람들이 걱정스러운 혹은 화난 표정을 짓고 있었다. 어떤 문제가 끓고 있었다. 무엇인가 문제가 있었다. 무언가 잘못된 게 있었다. 찰스가 장로의 눈에서 본 것은 그를 심란하게 만들었다. 그의 눈에는 뜨거운 불도 어떤 자비도 없었다. 찰스에게 그들은 텅 빈 상태의 껍데기인 것처럼 보였다.

"우리는 자네가 하는 일을 허가할 수 없네."

그 장로가 말했다.

"우리는 자네에게 그 아이들을 치워버리라고 말하고 있는 거라네."

21

아무도 움직이지 않았다. 모두가 침묵하고 있었다. 공기가 -그들의 어깨에 무거운 추가 올려진 것처럼- 무거웠다. 적어도 이 뉴스가 전해지긴 했다. 공식적이 된 것이다. 그동안 찰스 뒤에서 많은 비밀회의가 있었고, 그에게 언제 어떻게 이야기해야 할 지 많은 심야 토의가 있었다. 그 모든 것이 이젠 끝난 것이다. 그들은 결국, 그 이야기를 그에게 전달할 수 있었다. 그 더러운 존재들 -지긋지긋한 아이들, 반항하는 강도와 창녀, 도둑과 갱 멤버- 이 그들의 교회를 썩게 하고 있었다. 그들은 교회의 착한 아이들을 물들게 할 것이다. 그들은 교인들이 힘들게 벌어 낸 십일조에 빌붙을 것이다. 그들은 이 교회에 무임승차해 교회에 우뚝 선 사람들을 그들처럼 나락으로 끌어내릴 것이다. 그들이 어떤 권리로 우리 교회 땅에 있을 수 있겠는가? 찰스가 무슨 권리로 이런 사람들로 교회를 더럽힐 수 있겠는가?

"치워버리라고요?"

찰스는 잘못 들었기를 바라며 물었다. 그러나 잘못 들은 게 아니란 것은 그 자신이 더 잘 알고 있었다. 그는 이미 그들의 불참과 부족한 응원 그리고 교회로부터의 무지원을 깨닫고 있었고, 사람들은 몇 달 동안 그를 피하고 있었다. 그리고 이제 그는 그 이유를 알게 된 것이다.

"그들은 떠나야 하네."

장로가 말했다. 찰스는 눈썹을 찡그렸다. 이 사람들 모두는 함께였고, 그는 혼자였다. 그는 침울한 얼굴로 테이블 주위를 둘러보았다. 그들은 찰스에게 유죄선고를 내린 배심원들이었다.

"왜죠?"

긴장감이 더해졌다. 찰스는 그들 중 한 명이 자신에게 소리 지를 것이라 생각했다. 그들 중 몇몇은 입술을 꽉 다물었다. 그들은 대화하고 싶은 게 아니었다. '우리는 그 아이들을 원치 않네. 치워버리란 말이네. 회의는 이걸로 끝이네.'

"찰스, 우리는 이미 상의했다네."

장로가 말했다.

"무슨 상의요? 가난한 자들을 거리로 내쫓는 것 말인가요?"

"그런 것이 아니라네."

아버지 없는 이에게 아버지를

"그럼 도대체 뭔가요?"

"찰스."

"다들 자신을 돌아보세요. 장로님들, 목사님들, 사업하시는 분들, 왜 그들을 다시 거리로 던져버리고 싶어 하시는지 제게 말씀해주세요."

"그건 옳지 않은 일이라네."

그들 중 한 명이 말했다. 찰스는 누가 그 말을 했는지 알 수 없었지만, 그게 누구였든지 간에 그룹 전체의 의견을 말하고 있는 것과 마찬가지였다.

"저는 이 교회를 개척하던 시절부터 있었습니다."

찰스가 말했다.

"우리는 고작 세 가족에서 1,800명의 신도로까지 교회를 성장시켰어요. 그때는 제가 틀리지 않았겠죠, 맞죠? 그런데 어떻게 지금은 제가 틀렸다고 말할 수 있는 거죠?"

"찰스!"

그의 왼편에 있던 사업가가 모두에게 이 회의가 토론하려는 것이 아님을 확신시킬 만큼 강한 어조로 말했다. 그는 숨을 들이마시고 자신에게 남아있는 침착함을 되찾으려 애썼다.

"자네는 거리의 아이들을 교회 구역으로 끌어들이고 있네. 매춘부들 말일세. 듣고 있는가? 거리의 창녀 말일세. 우리의 아이들에게 무슨 일이 일어나겠나? 그걸 생각해 본 적 있는가? 아이들이 그들의 방식을 배우고, 그 아이들처럼 변할 거란 말이네.”

“그렇게 믿는다니 유감이네요.”

찰스가 말했다.

“그렇게 믿지 않는다니 유감이네.”

장로가 자신이 할 수 있는 한 최대한 침착한 어조로 말했다.

“찰스, 우리는 허락할 수 없네.”

“난 여러분들의 돈을 요구하는 게 아닙니다.”

찰스가 답했다. 그가 그 말을 한순간 그들은 탄약을 조금 잃어버린 듯 보였다.

“저는 그들을 도우려는 것뿐입니다. 고아들과 버려진 자들 말입니다. 저는 그들을 이해할 수 있어요. 저도 그들 중 한 명이었으니까요. 그리고 지금 예수님께서 저를 불러 그들을 도우라고 하셨습니다. 예수님, 그분께서 직접이요. 당신들이 정확히 누구길래 저보고 이 일을 그만두라 하는 겁니까?”

“우리의 결정에 반론하지 말게!”

장로는 얼굴에 성이 난 체 강하게 말했다. 그의 이마에 땀이 맺히기 시작했다. 이 회의는 신속하고 간단하게 끝나야 할 터였다. 들어왔다 나가는 회의. 토론하려는 게 아니었다. 그리고 가난한 자를 제거함으로 자신들이 예수님께 순종하지 않고 있다는 말을 듣게 되는 낭패가 있으리라고는 전혀 생각하지 않았다.

“우리 교회 구성원들은 다 우리와 같은 의견이라네. 최소

95%는 말이야.”

그들은 교착상태에 머물러 있었다. 양쪽 다 자신이 어떻게 옳은지 다른 쪽에게 설명해야 할지 확신할 수 없었다. 찰스는 지혜와 도움과 해결법을 구하며 조용하게 기도했다.

“제가 어렸을 때, 하나님께 질문한 적 있습니다. ‘제가 도대체 무엇을 했기에 이런 인생을 사는 거죠?’ 라고 말입니다. 저는 해답을 찾지 못했어요. 결코 찾을 수 없었죠. 그러나 하나님께서는 저를 높여 주셨습니다. 저 밑바닥에서부터 말입니다. 그리고 지금 저 아이들 -거울을 보는듯합니다- 을 봅니다. 거리를 걸으며 자신이 누구인지 어디서부터 왔는지, 어디로 가고 있는지, 자신들에게 무슨 일이 일어날지, 희망이 존재하긴 하는지 알지 못하는 아이들을 봅니다. 저는 알고 싶습니다. ‘그들이 도대체 무엇을 했기에 그런 인생을 살고 있을까요?’ 저는 그에 대한 답을 알지 못합니다. 하지만 제가 아는 것은 하나님께서 제게 그들을 도우라고 하셨다는 것입니다.”

그 누구도 뭐라고 대답해야 할지 알지 못했다. 회의를 주관하고 있는 장로는 대답해야 한다는 것에 가장 큰 부담을 느끼고 있었다.

“우리 모두 하나님께서 우리의 인생에 주신 사명을 따라가려 노력하고 있다네. 하지만 우리가 어떻게 하나님께서 진실로 어떤 일을 하라고 하셨는지 알 수 있나? 우리가 교회를 위험에 빠뜨리고 -특히 어린아이들을 말이야- 어떻게 하나님께 영광을 돌린다고 말할 수 있겠나?"

"우리가 '하나님 제가 여기에 있습니다.'라고 말하지 않는 한 우리는 쓰임 받을 수 없습니다."

진짜 문제는 어차피 어린아이들이 아니었다. 그것은 지위에 관한 것이었다. 찰스는 그들의 눈에서 그것을 볼 수 있었다. 아이들을 보호하려는 것이 아니라 자신들의 자존심을 지키려는 것이었다. 하나님을 경외하려는 것이 아니라 종교적 특권을 지키기 위한 것이었다. 외관과 직위와 이미지 따위의 것들 말이다. 그리고 만약 찰스가 가난하고, 약에 중독되고 아픈 자들을 도와주는 것에 관여한다면 -그리고 그들이 그것을 용납한다면- 어쩌면, 정말 어쩌면, 그들 또한 거리의 아이들을 도와주는 것에 관여해야 한다는 뜻일지도 모른다. 그런 일은 절대로 일어나지 않을 것이다.

"자네가 우리의 결정을 똑똑히 잘 들었을 거라 믿네."

장로가 말했다. 그리고 이번엔 모두가 찰스를 쳐다보았다. 모두의 눈이 같은 파문을 가진 눈빛으로 찰스를 쏘아보고 있었다. 추방이었다. 찰스는 침을 삼켰다. 거기서 무슨 말을 더 할 수 있겠는가? 그는 그곳에 앉았고, 어안이 벙벙한 상태였다. 그는 15분도 안 되는 시간 전에 자신의 인생을 그리스도에게 바친 아이들과 말하고 있었다. 그들은 행복했고, 그들에게는 희망이 있었다. 그들은 거리를 넘어선 미래의 첫 단서를 지녔다. 그리고 지금, 찰스는 화가 난 얼굴들을 대하고 있었는데, 그 얼굴들은 어느 정도는 하나님을 알고 있는 사람들의 것이었다.

찰스는 고개를 끄덕였다. 그는 지금 일어나는 현실을 지울 수 있는 것인 양 잠시 눈을 감았다. 그는 일어서서 몸을 돌렸고 문으로 걸어갔다. 그는 떠나기 직전 몸을 돌려 마지막으로 그 그룹을 보았다. 극소수의 사람만이 그를 올려다보았다. 찰스는 문을 열었다. 그는 그곳을 떠났다.

22

　　찰스는 사역을 시작한 지 겨우 2년 반 만에 모든 재산을 다 써버렸다. 에스더는 이날이 올 것을 이미 알고 있었다. 늘어나는 아이들의 수와 함께 아이들에게 쓰이는 비용도 늘었던 것이다. 마침내 그는 자기의 마지막 소유물인 나무를 팔아버렸고, 그건 자급자족의 끝을 의미했다. 우물도 말라 버렸다. 그에게는 처음부터 돈이 없었던 것처럼 보였다.

　　늦은 시각, 거실은 매우 조용했다. 찰스는 낡은 바지에 천을 덧대어 꿰매는 아내의 옆에 서 있었다. 2년 반 전이라면 그녀는 그 바지를 주저 없이 버리고, 다른 바지를 샀겠지만. 지금은 그럴 수 없었다. 지금은 모든 바지 하나하나가 소중했다.

　　"그게 다예요?"

　　그녀가 물었다.

아버지 없는 이에게 아버지를

"그게 정말 전부인 거예요?"

"그래 맞아."

찰스에게는 크게 말하는 것 혹은 인정하는 것이 마치 폭로하는 것처럼 느껴졌다. 이제 그에게는 자신을 구호할 어떤 재산도 없는 게 명백해 보였다.

"이제는 걱정이 좀 되나요?"

그녀가 물었다.

"아니."

"아니라고요?"

찰스는 그녀를 바라보고는 고개를 저었다.

"내가 왜 걱정을 하겠어?"

"우리에게는 더 이상 돈이 없으니까요, 바바 칼레리."

에스더가 말했다.

"하나님께서는 수천 개의 언덕에 있는 가축들의 주인이셔. 그분께서 돌봐주실 거야."

에스더는 바지를 내려놓았다. 불안감이 그녀를 붙잡았다. 그녀는 믿는다는 게 너무나 힘들었고, 폭풍우가 몰아치는 믿음의 바다를 어떻게 가야 할지 결정해야 하는 데 긴장감을 느꼈다.

"정말 확실한 거예요? 아니면 단지 당신이 생각하기에 그게 내가 듣고 싶은 말이기 때문인 거예요?"

"곧 알게 될 거야, 에스더. 우리는 수치를 당하기 위해 부르심을 받은 게 아니야. 겸손해지기 위해서인지도 몰라. 수치를 당하기 위해서는 아니야."

그녀는 자신들이 이 방향으로 가는 게 올바른 결정이었다는 모든 확신을 요청하는 눈빛으로 남편을 바라보았다. 그는 그녀 옆으로 가까이 다가가 팔로 그녀를 감싸 안았다.

"나는 결코 이 결정을 후회하지 않아."

그는 그녀를 바라보았다.

"이 일이 지루하진 않잖아, 그렇지?"

그 말이 그녀를 무력하게 만들었다. 그녀는 대답할 수 없었다. 찰스가 미소를 지었다.

"이곳은 벼랑 끝이야. 이것이 진짜 인생이라고. 우리에게 주어진 부담은 우리가 견디기엔 너무 거대해. 내가 우리가 올바른 곳에 있다는 걸 아는 이유야. 두려워하지 마. 하나님께서는 우리를 돌봐주셔야만 해. 우리에게 다른 희망은 없어."

찰스가 거리의 아이들을 받아들일 뿐만 아니라 병든 자들을 위해 기도하고 있다는 소문이 엘도렛 전체에 퍼져나갔다. 1992년, 찰스가 6시에 회의를 마치고 집으로 돌아왔을 때 에스더는 병원에서 온 사람들이 찰스가 그들을 위해 기도해주길 바라고 있다고 말해주었다.

그는 자신 외에 세 명의 사람을 데리고 우아신기슈 병원으로 출발했다. 늦은 시각이었고 그들은 정문에서 흘러나오는 빛 안으로 들어갔다. 찰스가 앞장섰고 그는 접수처에 있는 간호사에게 자신을 소개했다. 그녀는 그가 걸어오는 걸 보자 안심한 듯 보였다. 그의 존재만으로도 그녀를 진정시키는 효과가 있는 것만 같았다.

"와주셔서 감사합니다."

그녀의 상태는 좋아 보이지 않았다. 많은 걱정으로 지친 듯 보였다.

"우리에게는 너무 많은 환자가 있어요. 그들을 전부 도울 수는 없어요. 우리가 듣기로 당신이 사람들을 위해 기도해주고, 사람들이 치료받는다고 하더군요. 정말인가요? 실제로 사람들이 정말 질병에서 나은 적이 있나요?"

"어디서 환자들을 위해 기도하면 되죠?"

찰스가 물었다.

"세 개의 병동이 있어요. 병동마다 30명의 환자가 있죠. 환자들은 말라리아와 장티푸스에 걸려 있고요. 몇몇은 사고로 다쳤어요."

그녀가 기억을 되짚어감에 따라 그녀의 목소리는 희미해졌다. 환자들을 괴롭히는 수많은 질병이 더 있었다. 바로 그날 그녀는 다른 질병들에 대처해야 했지만, 그녀는 그 질병들이 무엇인지 떠올리지 못했다. 그녀는 긴 하루의 긴장감을 목 근육에 느끼고 있었다.

"오늘 아침 환자 한 명이 이미 죽었어요. 곧 더 많은 사람이 죽게 될 거예요. 우리는 그들에게 제대로 된 처방을 내렸는데도 그들에게 도움이 되지 않았어요. 그들이 나아지고 있지 않아요."

"그들에게 저를 안내해 주세요."

찰스가 말했다. 그녀는 일어나서 말라버린 눈을 잠시 쉬기 위해 몇 번 깜빡였지만, 눈이 얼마나 아픈지를 깨달을 뿐이었다. 그녀는 찰스 일행을 첫 번째 복도까지 안내했다. 그녀가 멈춰서 찰스에게로 돌아섰다.

"효과가 있을까요?"

"제 기도 말인가요?"

"네."

"도움은 될 거예요. 얼마만큼인지 알 수는 없지만요."

"하지만 어떻게 모를 수 있는 거죠?"

찰스는 짧은 미소를 보이고 다시 자신들을 둘러싸고 있는 상황의 중력으로 돌아갔다.

"전 알 필요가 없어요. 전 모르는 게 당연해요. 저는 그저 순종할 뿐입니다. 그것이 제가 여기 있는 이유입니다. 제가 여기에 온 이유입니다. 당신이 저를 부른 이유입니다. 저는 환자들을 위해 기도하여 그들을 낫게 해달라는 당신의 요청에 응답하여 이곳에 온 것입니다."

찰스는 첫 번째 병실의 문을 열었다. 그가 문손잡이를 잡은 순간 그의 주먹이 아파져 왔다. 마치 순간적인 관절염이 그를 사로잡은 것만 같았다. 그는 자신의 손가락 긴장을 풀며 방안으로 들어갔다. 4명의 아이가 침대에 누워있었다. 작은 방의 양쪽에 두 명씩 있었다. 아이들이 그를 쳐다보며, 저 사람이 누구인지 무엇을 하러 이곳에 왔는지 궁금해했다.

"우-에."

찰스가 속삭였다. 그의 조용한 목소리가 방에서 느껴지던 이상한 침묵을 깼다. 그의 목소리가 반가운 경감을 가져왔다. 아이들은 아무 말도 하지 않았지만, 그들의 눈은 찰스가 방 가운데로 걸어 나올 때까지도 결코 찰스를 떠나지 않았다.

"나는 너희를 위해 기도하러 왔단다."

그가 말했다.

"너희가 아픈 것을 알고 있단다."

그가 말을 한순간 갑자기 방금 전에 그의 손에서 느껴졌던 고통이 그의 모든 관절을 사로잡았다. 그의 발목, 무릎, 골반, 어깨, 팔꿈치까지 누군가가 그에게 주사기를 꽂아 넣어 쇠약하게 만드는 약을 주입하는 것처럼 아파지기 시작했다.

"그리고 의사 선생님들은 너희를 위해 할 수 있는 모든 것을 하시는 중이란다. 너희들을 위해 굉장히 열심히 일하고 계셔."

그의 고통이 더 심해졌다. 그는 그들의 육체적 고통과 절망, 걱정 그리고 공포를 느낄 수 있었다. 그리고 그는 그들의 불확실함에 대한 공포를 느낄 수 있었다.

"나는 예수님을 믿고 있단다."

그가 말했다.

"나는 그분께서 우리를 온전하게 해주시기 위해 돌아가셨음을 믿는단다. 그분께서는 우리를 더 나은 존재로 만들어 주신단다. 나는 너희가 너희의 병으로부터 구원받을 수 있도록 기도하러 온 거란다.”

아이 중 한 명이 다른 아이들을 쳐다보며, 그녀가 제대로 들은 것이 맞는지 확인해보려 했다. 치유? 장티푸스로부터? 그게 가능해? 사람을 죽이는 이 병으로부터 치유된다고?

찰스는 침대마다 다가가 그 아이들의 손에 자신의 손을 올리고, 그들을 치료해주시기를 바란다고 예수님께 간단히 기도 드렸다. 그가 기도를 마쳤을 때, 그는 그 곳을 떠났고 아이들의 상태는 변함없었다.

그는 자기 팀과 함께 병원의 모든 환자를 방문하는 일을 계속했다. 그는 환자마다 손을 올려 질병을 꾸짖고 하나님의 손길이 그들을 회복시키길 기도했다. 그가 떠날 때, 간호사가 찰스를 쫓아왔다.

“효과가 있었나요? 효과가 있었는지 어떻게 알 수 있나요? 전혀 나아지지 않았어요. 환자들이 회복되어야 하는 것 아닌가요?”

“전 제가 할 수 있는 일을 했습니다.”

찰스는 더 이상 무슨 말을 해야 할지 몰랐다. 그는 그 이상 무슨 일을 해야 할지도 몰랐다.

“이제 무슨 일이 일어나는 거죠?”

그녀가 물었다. 찰스는 그녀의 피곤한 얼굴에서 환자들에게 어떠한 희망이라도 전해주고 싶은 갈망을 발견했다.

"그들이 죽을까요? 살까요? 그분들께 뭐라고 말해야 하나요?"

"우리는 계속해서 기도할 겁니다. 기다려봅시다. 그리고 무슨 일이 일어나는지 봅시다."

병원에서 찰스가 와주길 바란다는 말을 들은 것은 다음날 오후였다. 그와 그의 팀은 평소 그 시각보다 고요한 병원 정문으로 갔다. 아무것도 움직이지 않았고, 아무 일도 일어나지 않았다. 찰스는 안으로 들어갔지만, 누구도 -의사도, 간호사도, 환자도- 볼 수 없었다. 그의 뒤에서 사람들의 발걸음 소리가 들렸다. 자신에게 뛰어오고 있는듯한 소리였다. 익숙한 목소리가 그를 외쳐 부르고 있었다.

"멀리 씨!"

그는 뒤돌아섰다.

"멀리 씨!"

피곤해 보였던 그 간호사였다. 오직 그녀만이 어떤 이유에선지 놀랄 만큼 넘치는 에너지를 찾은 듯했다. 그녀는 그의 앞에 멈춰 섰고, 숨을 고르려 했다.

"어떻게?"

그녀가 물었다.

"어떻게 하신 거죠?"

찰스가 고개를 저었다.

"모두 어디에 있는 거죠?"

"의사 선생님들이 확인했어요. 모든 사람을 확인해봤어요."

그녀의 눈이 커다래졌다. 그녀는 사람들이 유명한 배우나 가수를 봤을 때처럼 놀라운 눈빛으로 그를 바라보았다.

"무엇을 확인했다는 거죠?"

그녀의 눈에서 눈물이 흘러나왔다. 그녀는 이내 미소를 지었다.

"텅텅 비었어요. 이 병원이 텅텅 비었다고요."

"비었다라."

찰스가 놀라움을 느끼며 속삭였다.

"그들이 회복되었어요."

그녀가 말했다.

"환자들은 더 이상 이곳에 있지 않아요."

아버지 없는 이에게 아버지를

23

늘어나는 지출과 보살핌이 필요한 거리의 아이들에게 밥을 먹이고 옷을 입혀야 한다는 부담이 증가했음에도, 전도해야 한다는 열정은 찰스 안에서 계속 자라날 뿐이었다. 그는 몇 개의 교회를 개척했고, 엘도렛의 학교와 교회에서 강연하기도 했다. 물론 그의 메시지를 용인하는 곳뿐이었지만. 그는 케냐의 여러 지역을 돌아다니며, 몇 년 전 자신이 청년 집회에서 구원받았을 때 만난 그 목사와 같은 신념으로 예수 그리스도의 사랑과 힘을 설교했다.

"이번에 갈 학교가 어디라고요?"

에스더가 버스에 올라타며 물었다. 버스의 뒤에서 멀리 칠드런 패밀리Mully Children's Family, MCF의 어린이 합창단이 곧 예배 때 부르게 될 노래들을 연습하고 있었다. 해외에서 온 다른 한 팀도 그들과 함께하고 있었다. 지금까지 각 나라에서 MCF를 찾아왔던 다른 많은 팀처럼 그들도 빈민가에 있는 아이들을 가르치고 그들에게 다가가려 찾아왔다.

"루굴루Lugulu라는 곳이야."

찰스가 아내와 함께 앉으며 말했다. 버스가 시동을 걸자 아이들이 박수를 치기 시작했다. 그 팀도 아이들의 노래에 함께 참여했다. 햇살이 빛나는 완벽한 날이었다.

"당신 괜찮아요?"

에스더가 남편에게서 불편한 기색을 발견하며 물었다. 그가 고개를 끄덕였다.

"난 괜찮아. 고마워. 난 괜찮아."

그는 아내에게 미소를 지어주곤 그녀의 손을 잡았다. 하지만 불확실한 기분을 떨쳐낼 수는 없었다. 설교하는 것은 언제나 원수의 공격을 수반하는 일이었다. 그는 무언가가 어둠 속에서 공격하길 기다리고 있는 듯한 불확실한 기분을 느끼고 있었다.

그들은 곳곳에 구멍이 움푹 팬 고속도로를 따라 케냐 서부로 향했다. 그들은 작은 마을을 지날 때마다 속도를 줄여야만 했다. 많은 사람이 길가와 작은 파라솔 밑에서부터 파파야, 바나나, 파인애플 조각 혹은 유리병에 담긴 음료수를 가지고 달려 나왔다. 그들은 창문 쪽으로 몰려들어 승객들의 손에, 특히 백인들 손에, 자신의 상품을 쥐어주며 빈약한 자신들의 물품을 돈으로 바꿀 수 있는 기회를 바랐다.

아버지 없는 이에게 아버지를

그들이 마침내 루굴루 학교에 도착했을 때, 그들은 5명의 소녀가 그들을 맞이하기 위해 한 줄로 서 있는 것을 보았다. 다른 학생들은 방문자들의 얼굴을 보기 위해 그 소녀들의 뒤로 모여들었다. 큰 환호성이 터져 나왔다. 그들은 버스가 주차장으로 들어오며 정차할 때 크게 박수를 쳤다.

찰스는 아이들을 이끌고 버스에서 내렸다. 그는 한 선생님과 인사를 나누고는 소녀들에게로 다가갔다. 그는 첫 번째 소녀와 악수하고 그녀의 이름을 물었다. 그는 미소를 짓고는 나와 준 것에 대해 감사를 표했다. 그가 마지막 소녀에게 다가가 자신의 손을 내밀었을 때 소녀는 무엇을 해야 할지 모르는 듯 잠시 머뭇거리더니 손을 위로 들었다. 찰스는 웃었고 그의 손을 뻗어 그녀의 손을 잡으려 했다. 그가 그녀의 손을 막 잡으려는 순간, 그녀의 몸이 갑자기 멈추어버렸다. 그녀의 생명이 사라져버린 것만 같았다. 소녀는 시체처럼 그곳에 서 있더니 이내 죽은 사람처럼 땅으로 쓰러져버렸다. 다른 소녀들이 비명을 질렀다. 학생들이 사방으로 달아났다. 모두가 경악을 금치 못할 때, 찰스는 공기 중에서 사악함의 무게를 느낄 수 있었다. 그는 소녀를 보기 위해 허리를 굽혔다. 그녀가 숨을 쉬고 있었다. 그들은 응급처치를 위해 소녀를 방으로 데려가 침대에 눕혔다. MCF의 몇몇 아이는 찰스 주위에서 도울 것은 없을까 기다리고 있었다.

"무슨 일이죠?"

한 선생님이 물었다.

"이 아이는 건강해요. 그녀에게는 아무 문제가 없어요. 이 아이한테 무슨 일이 일어난 거죠?"

찰스는 소녀 옆에 섰다. 그는 그녀의 이마 위에 손을 올리고 기도했다.

"예수님, 이것은 마귀가 행한 것입니다. 이 학교에 1,200명의 소녀가 있습니다. 이 일은 당신의 말씀에 귀 기울이지 못하도록 일어난 일입니다. 당신께서 관여하시길 구합니다. 이 소녀가 일어나 구원받길 원합니다."

찰스의 팀은 약 20분간을 예수님께 이 아이가 자유로워지도록 간절히 구하며 기도했다.

"주님."

찰스가 계속했다.

"당신께서는 마귀가 이 학생들이 성령 받는 것을 방해하길 원하는 것을 아십니다."

그 순간, 소녀가 잠에서 깨어났다.

"주님께 찬양!"

멀리와 다른 사람들이 소리쳤다. 그녀는 방 주위를 둘러보며 왜 자신이 이곳에 있는지 이해하려 노력했다.

"무슨 일이 있었는지 알겠니?"

찰스가 물었다.

"아저씨가 이곳에 온 것까지는 기억이 나요. 그 다음은 아무것도 기억나지 않아요."

찰스는 소녀의 손을 잡았다.

"예수 그리스도의 이름으로 명하니, 일어나라!"

그녀가 벌떡 일어섰다. 모두가 노래하고 박수 치기 시작했고 기쁨의 함성이 퍼져나갔다. 그들은 완벽하게 치유된 소녀와 함께 그 방을 떠났다. 그들은 1,200명의 모든 소녀와 선생님들이 모인 큰 강당의 모임 장소로 향했다. 그들이 들어갈 때, 그들의 노래는 불과 30분 전에 광분하며 도망갔던 학생들에게 잔잔한 흥미를 불러일으켰다. 찰스의 팀이 간증으로 시작하여 예수님의 지혜로운 자와 우매한 자의 우화를 연극으로 보여주었다. 20명의 학생과 오랫동안 그들을 가르친 물와 선생님으로 이루어진 MCF합창단이 그곳의 학생들을 위해 노래를 불러주었다. 찰스는 앞으로 나아가 예수 그리스도의 구원과 인류를 향한 그의 사랑을 설교했다. 학생들이 자신의 식탁에서 그 이야기를 들을 때, 찰스는 요한계시록 3장 20절을 인용했다.

'볼지어다. 내가 문밖에 서서 두드리노니 누구든지 내 음성을 듣고 문을 열면 내가 그에게로 들어가 그와 더불어 먹고 그는 나와 더불어 먹으리라.' 그 강당은 매우 조용해, 그의 단어 하나하나가 양철 지붕에서부터 메아리쳤다. 그는 잠시 멈추더니,

"예수님께서는 여러분의 죄로 인해 십자가에서 돌아가셨습니다. 여러분이 인생에서 저질렀던 나쁜 일로부터 자유로워질 수 있는 방법은 아무것도 없습니다. 성경은 심지어 여러분이 죄 속에서 태어났다고 말하고 있습니다. 그리고 여러분 스

스로는 결코 자유로워질 수 없습니다. 여러분에게는 예수 구세주로 그리스도가 필요합니다. 그분께서는 여러분을 사랑하십니다. 당신이 어떤 가정에서 왔거나 어떤 배경을 가졌는지 상관없이 예수님께서는 당신을 사랑하십니다."

"여러분이 자신의 인생을 예수 그리스도께 드리고 싶다면, 나는 여러분에게 앞으로 나오라고 말하고 싶습니다. 그분의 음성이 들린다면, 주저하지 마십시오. 나오세요. 앞으로 나와 당신의 인생을 예수 그리스도 앞에 내려놓으세요."

300명이 넘는 아이가 앞으로 나왔다. 그들은 자신의 자리와 옛 인생을 뒤로 한 채 예수 그리스도를 자신의 인생에 받아들이기 위해 앞으로 나왔다. 집으로 돌아가는 버스 안은 조용했다. 대부분의 MCF 아이들과 팀은 방금 일어난 일에 대해서 경외심 -대단함을 느꼈지만 놀라진 않았다- 을 느끼고 있었다. 찰스는 앞 좌석에서 에스더와 함께 앉았고 구원과 오늘 구원받은 수백 명의 아이를 생각했다. 그에게 문득 든 생각은, 그가 계속해서 사업에 남아 있었더라면 오늘 이 기회는 영원히 없었을 것이라는 것이다. 그가 4년 전 11월의 그 날에 모든 것을 뒤로하고 예수님을 따르지 않았더라면 이 버스에 있는 사람 중 누구도 루굴루 학교에 가지 않았으리라. 300명, 찰스는 미소 지었다.

"하나님, 감사합니다."

그가 속삭였다.

"오늘 당신께서 정말로 여기에 임하셨습니다."

24

"이러다 늦을 거예요, 아빠."

미리암이 말했다.

"알아. 알아. 하지만 너희 얼굴을 다시 한번 봐야 했단다."

찰스가 미소 지으며 말했다. 그는 손을 뻗어 제인과 그레이스와 미리암을 포옹했다. 그 아이들은 찰스의 품 안에서 너무나 좋은 느낌을 받았다. 누구와도 바꿀 수 없는 소중한 그의 딸들이었다. 시각은 오후 8시였고, 그가 나이로비로부터 시카고로 떠나는 비행기는 한 시간 이내로 이륙할 예정이었다. 그가 지금 떠난다 하더라도, 시간을 맞출 수 있을지는 알 수 없었다. 그를 나이로비로 데려가는 마타투는 오후 4시에 고장이 났고, 3시간이 지나도 작동이 되지 않았다. '하나님.' 그가 기도했다. '만약 당신께서 제가 유스 포 크라이스트Youth for Christ에 참석하길 원하신다면, 이 자동차를 고쳐주시길 기도합니다.' 잠시 후 그들은 나이로비로 향하는 길 위에 있었다.

"잘 다녀오세요, 아빠."

그의 딸들이 말했다.

"안녕 나의 공주님들, 나는 너희를 사랑한단다. 돌아오자 마자 곧 보자꾸나."

그는 아이마다 입맞추고 에스더에게 돌아섰다.

"사랑해."

"저도 사랑해요."

그녀가 말했다.

"조심히 다녀와요."

그는 고개를 끄덕인 후 떠났다. 그는 게이트에 도착한 마지막 승객이었다. 승무원이 좌석배치도를 보았다.

"좌석이 다 찼습니다."

그의 티켓을 보며 그녀가 말했다. 이 여행의 또 다른 문제였다. 처음에 나이로비 영사관에서 찰스의 미국 비자를 거절했지만, 에스더가 그의 남편을 위해 기도했고 영사관에서 마음을 바꾼 것이었다. 그리고 지금 이곳에서 찰스는 비행기가 초과예약이 됐다는 소리를 듣고 있었다.

"하지만."

승무원이 말했다.

"일등석 좌석을 드릴 수 있습니다."

"그거 괜찮네요."

찰스가 미소 지었다. 그들은 서둘러 찰스를 안으로 데려가, 그가 앉을 자리로 안내했다. 그는 어떤 짐 가방도 가지고 오지 않았다. 그는 이미 오래전에 자기 옷 대부분을 아이들에게 나누어 주었기 때문이다. 그가 가지고 온 것이라곤 작은 가방과 성경책뿐이었다. 그가 자리에 앉았고, 비행기가 활주로를 따라 달리기 시작했다. 그는 시계를 흘깃 쳐다보았고, 비행 상태에 따라 약 14시간 후면 자신의 좋은 친구 글랜 파리쉬를 다시 보게 될 것을 생각했다. 비행기가 이륙했다. '모든 게 당신 손에 있습니다, 주님.' 그가 기도했다. '당신은 제가 장티푸스를 앓고 있는 것 -그러기에 당신의 치유의 손길이 저를 만져주시길 기도합니다- 을 아십니다. 무엇이든지 당신이 제가 이 여행에서 하기 바라는 일들이 다 당신 손에 달려있습니다.' 그 순간부터 이 여행에서 어떤 것도 계획한 대로 흘러가지 않았다.

그가 런던에 도착했을 때, 항공사가 그에게 시카고로 가는 또 다른 일등석 티켓을 주었다. 그의 친구가 공항에 마중 나와 약간의 돈을 건네주고 그를 집회에 데리고 갔다. 일주일에 걸친 집회가 끝난 후 그는 글랜과 젠 파리쉬를 만나기 위해 사우스캐롤라이나로 날아갔다. 그곳에서 그는 10명의 사람이 하는 성경 공부에서 간증해주었다. 그는 거리의 아이들에 대한 자신의 열정과 그리고 성경과 하나님의 능력에 대한 자신의 사랑을 말해주었다. 거실에 모인 사람들은 자신이 말하는 그대로 인생을 살아가는 한 남자의 말에 귀 기울였다. 그들은 그의 영혼에서

그의 임무를 느꼈고, 그의 인생에서 사명감을 느꼈다. 찰스에게
는 무언가 굉장히 특별한 것이 있었다. 지금까지 그들이 한 번
도 체험해보지 못한 그 무언가가 있었다. 도대체 이 남자의 무
엇이 이 남자가 가지고 있던 안정과 모든 재산을 포기하고 거리
의 아이들을 도와주게 만들었단 말인가? 이런 남자가 왜 자신
과 자신의 가족에게 큰 위기를 감수하게 만들었단 말인가?

그가 떠날 때, 그들은 찰스에게 봉투 3개를 건넸다. 그는
재정에 대해선 한마디도 하지 않았고 그의 끊임없는 경제적인
도움에 대해서 조금도 언급하지 않았지만, 그들은 그에게 그것
을 건네주었다. 그건 그의 용기를 북돋워 주었다. 그는 차에 올
라타 그들에게 작별인사로 손을 휘저었다. 그는 글랜이 콜롬비
아 바이블 칼리지로 운전할 때, 사람들이 사역에 감동할 때 헌
신한다는 것을 깨달았다. 그리고 그들이 헌신할 때는 아주 자
유로운 마음으로 한다는 것도 알게 되었다. 그가 첫 번째 봉투
를 열었다. 미화 600달러 현찰이었다. 그의 심장이 멈춰버리는
듯 했다. 그는 두 번째 봉투를 열었다. 미화 600달러 현찰이었
다. 그는 감사함에 눈을 감았다. 이 액수면 아이들에게 얼마나
많은 음식을 제공해줄 수 있을까? 그는 손에 세 번째 봉투를 꽉
거머쥐었다. 그는 이미 예상했던 것보다 많은 돈을 받았다. 그
는 1센트 하나까지 절실했던 상태였다. 그리고 더 많은 돈이 필
요했다. 그러나 그는 누구에게도 돈을 받을 거란 예상을 하지
못했는데 지금 이곳에서 받은 것이다.

아버지 없는 이에게 아버지를

그리고 더 많은 게 기다리고 있었다. 그는 다음 봉투를 뜯어 보았다. 그는 또 다른 돈다발 대신 작은 종이를 찾을 수 있었다. 수표였다. 그는 그것을 꺼내보았다. 미화 10,000달러였다. 그는 아무 말도 할 수 없었다. 어떻게 할 수 있겠는가? 10,000달러? 그의 눈이 눈물로 얼얼했다. 그는 봉투를 닫고 1,600km 밖에서 자신의 고아 아이들이 노래 부르는 것을 들었다. 아이들이 기억 속에서 노래 부를 때 그들의 목소리에서는 조금도 오해의 여지가 없을 만큼 확신이 느껴졌다. 그 미소 짓는 얼굴이 그의 상상의 눈에서 번뜩였다. 그는 자신을 감싼 아이들의 팔을 느꼈다. 그는 아이들의 눈에서 희망을 보았다. 끼니, 교과서, 약, 판금으로 만들 기숙사를 지을 자재들 그리고 그의 손에 있는 수표.

그는 콜롬비아 바이블 칼리지의 학생들 앞에서 하나님의 능력에 대해 강연했다. 그가 강연을 끝냈을 때, 학생들이 일어나 기립박수를 쳤다. 그는 교내 라디오 방송에도 출연했다. 그는 그리스도에 대하여 나누며 학생들에게 그들의 인생에서 하나님의 목소리에 귀 기울이길 권했다.

케냐에 방문한 적 있던 한 미국 여인이 그의 간증을 듣고는 그를 뉴저지로 초대했다. 그는 그곳에 갈 예정이 아니었다. 하지만 지금까지 대부분의 여행이 그래왔듯 이것 또한 계획에 없던 정류장이 되리라. 그는 다음 일정으로 캐나다의 위니펙에 가야 했지만, 그녀는 완강했다. 그녀의 눈에는 절망이 서려 있었다. 그의 어머니가 모든 걸 시도해보고 더 이상 희망이 없다는 걸 깨달았을 때의 그 눈빛과 같았다.

"알겠습니다."

찰스가 말했다.

"여기 일을 마친 후 댁으로 찾아가서 뵙겠습니다."

"저에겐 정말 큰 의미가 있는 일이에요."

찰스의 방문 약속은 그녀에게 오랫동안 갖지 못했던 희망을 전해주었기에 그녀는 한 번 더 약속을 확인하며 말했다. 그녀는 찰스가 그곳에 오는 비용을 대주었다. 찰스는 비행기를 탄 후 기차로 갈아탔고, 그녀는 찰스를 기차역에서 만날 수 있었다. 비가 내리는 날이었다.

"와주어서 고마워요."

차를 타며 그녀가 말했다.

"가족들은 어떤가요?"

찰스가 단순히 대화를 이어가려는 것이 아닌 진실로 그녀의 상황을 알고 싶은 마음으로 물었다.

"그게 제가 당신을 이곳으로 부른 이유에요."

그녀가 말했다.

"저는 당신이 기적을 일으키는 사람이라고 들었어요."

그들이 그녀의 집에 도착했을 때, 그녀는 그에게 차 한 잔을 대접했다. 그녀의 얼굴은 불안으로 가득 차 있었다. 찰스가 느끼기에 그녀는 바로 지금 이 순간을 기다리며 하루의 대부분을 보낸 것 같아 보였다.

"제 남편은 뉴욕에서 은행 지점장으로 일하고 있어요."

그녀가 이야기를 시작했다.

"남편이 곧 집에 돌아올 거예요. 그도 당신이 저희 집을 방문해준 걸 기쁘게 생각해요. 저도 그렇고요."

"초대해주셔서 감사합니다."

그녀에게는 두 아들이 있었다. 한 명은 대학에 다니고 있었고, 그 아이는 그녀와 남편 모두와 자주 대화를 나누었다.

"다른 아들은 앤드류라고 해요."

그녀는 잠시 멈추었고, 자신이 곧 말할 것에 부담감을 느꼈다.

"그 아이는 고등학교에 다니고 있어요. 적어도 저는 그렇게 생각해요."

그녀가 다시 한번 멈췄다. 찰스가 보기에 그녀는 눈물 흘리지 않으려고 애쓰는 것 같았다.

"그 아이는 뉴욕에 살고 있어요."

그녀는 숨을 뱉어내곤 진실을 밝히기에 적절한 시간이라는 것을 깨달았다.

"그 아이는 갱단에 가입되어있어요. 우리가 그 아이와 대화를 나누었던 게… 언제인지도 알 수가 없네요. 우리가 정말로 대화를 나눈 지 오랜 시간이 지났어요. 제가 그 아이의 목소리를 마지막으로 들었던 게…"

그녀는 눈을 감았고 찻잔을 테이블에 내려놓았다. 그것은 그녀의 마음에 있는 가장 중요하지 않은 것이었다.

"저도 무슨 일이 일어났는지는 모르겠어요. 6개월 전, 그 아이가 떠나서는 갱단에 가입했어요. 아이가 변했어요. 그걸 뭐라고 불러야 할지도 모르겠어요. 그 아이가 총과 폭력으로 사람들을 공포에 빠뜨리고 있어요. 우리는 그 아이를 위해 기도해왔어요. 오! 우리가 얼마나 기도했을까요? 그렇지만 아무 일도 일어나지 않았어요. 제게는 그 아이에 대한 희망이 더 이상 남아있지 않네요. 우리가 할 수 있는 모든 일을 해왔어요."

찰스는 그녀의 고통을 느낄 수 있었다. 그는 안 좋은 가정 상황에 대해서 아주 잘 알고 있는 사람이었다. 그는 집에서부터 도망 나온 아이들을 잘 알고 있었다. 그리고 그녀가 자신의 희망이 바닥나고 상황이 불가능하다고 느낄 때, 그는 극복되었던 수많은 최악의 상황을 알고 있었다. 예를 들면, 그의 인생 같은 것 말이다.

"당신이 사람들을 위해 기도해주는 것을 알고 있어요."

그녀가 말했다.

"사람들이 치유 받도록 기도하는 것을요. 당신이 당신의 인생을 거리의 아이들을 위해 바친 것을 알고 있어요. 그게 제가 당신을 이곳으로 부른 이유에요. 저는 당신께서 제 아들이 집으로 돌아오도록 기도해 주시길 원해요."

바로 그 순간, 찰스는 뉴저지로의 여정에 대해 후회를 느

아버지 없는 이에게 아버지를

끼려 했다. 그가 기도해서 기적이 일어나지 않는다면? 그녀가 자신을 여기까지 불러오려 얼마나 많은 고생을 했던가. 일이 잘 풀리지 않는다면? 그것이 그녀의 약하디약한 믿음에 무슨 영향을 줄 것인가?

이것은 크나큰 시험이었다. 시련이었다. 그는 그녀와 기도했고 이내 개인 방으로 들어가 무릎을 꿇고 앉았다. 그는 울기 시작했다. '하나님, 이 여인은 제가 기도하면 당신께서 큰일을 하실 것을 믿고 있습니다. 저는 지금 예수님의 이름으로 당신이 당신의 종을 수치스럽게 하지 않기를 기도합니다. 그녀가 당신의 말씀 안에 거할 수 있도록 역사하여 주세요.'

그날 밤늦게, 그들은 몇몇 친구들과 저녁을 같이 했다. 그들은 전화기가 올릴 때까지 고작 5분 정도밖에 식사하지 못했다. 그녀가 전화를 받았다.

"여보세요?"

전화기의 다른 쪽에서는 아무 말이 없었다.

"여보세요?"

그녀가 다시 말했다.

"어머니, 아들 앤드류에요."

그 목소리가 말했다.

"어머니와 대화한 지 꽤 오랜 시간이 흘렀네요."

그녀는 아들과 얘기할 때 울기 시작했다. 그들은 몇 분간 대화했고, 그녀는 그가 어떻게 지내는지, 잘 먹고 있는지, 돈은 충분한지 등을 물었다.

"이곳에 아프리카 친구 한 분을 불렀단다."

그녀가 말했다.

"이곳에 올 수 있니? 네가 이 분을 꼭 만났으면 한단다."

앤드류는 자신이 갈 수는 없지만, 그녀의 아프리카 친구가 이곳에 와서 자신을 보는 게 어떤지 제안했다. 그들은 차에 올라탔다. 오후 7시였고 밖은 어두워지기 시작했다. 그들은 앤드류가 전화로 알려준 방향을 따라갔고, 주거지역에서 멀리 떨어진 고립된 지역으로 갔다. 그들이 그 주소에 도착했을 때, 그곳에는 희미한 불빛이 새어 나오는 오래되고 버려진 집이 있었다. 밖은 완전히 어두웠고, 찰스는 악명 높은 지역에 온 것에 대해 불안함을 느꼈다.

"저 아이에요."

그녀는 오랫동안 잃어버렸던 아이를 만나는 데 경감을 느끼며 말했다.

"저 아이가 앤드류예요."

앤드류는 현관에 친구들과 서 있었다. 그는 손을 흔들지 않았다. 그는 그들의 존재를 알아차리지 못했고, 그것이 찰스에게 긴장감을 더했다. 어쩌면 앤드류는 그의 어머니가 전화기 너머로 했던 이야기들을 믿지 않을지도 모른다. 그는 찰스가 자신의 범죄행각을 찾기 위해 위장한 경찰이라 생각했을지도 모른다. 찰스는 무언가가 잘못되어 케냐에 있는 아내와 가족들이 모든 고아를 돌봐야 할지도 모른다는 생각에 두려워졌다.

"저 혼자서 저 아이를 만나고 오겠습니다."

찰스가 차에서 내리며 말했다. 그는 그가 하는 일이 자살 행위나 마찬가지라 생각했지만, 그의 믿음이 이것이 옳은 선택이라고 말해주고 있었다. 찰스는 이것은 앤드류에 관한 것이 아님을 알고 있었다. 이것은 그의 임무가 아니었다. 그는 그저 이곳에 그들을 돕기 위해 할 수 있는 일을 무엇이든 하려는 것 뿐이었다. 그들은 기도를 통해 앤드류를 찾아냈고, 찰스의 발이 땅에 닿는 순간 공포감은 하나님께서 진정 돌봐주시고 있다는 자신감으로 대체되었다.

"안녕, 어떻게 지내고 있니?"

찰스가 둘 모두에게 말했다. 앤드류의 어머니는 차에서 나오는 걸 멈출 수 없었다. 그녀는 문을 열고 아들에게 눈을 고정했다. '건강한가? 어떻게 지내고 있지? 문제를 일으킨 건 아닐까? 괜찮을까?'아이들은 찰스에게 작게 고개를 끄덕여줬지만 말을 하진 않았다.

"내 이름은 멀리란다. 찰스 멀리."

찰스와 그 어머니는 불빛에 서기 위해 가까이 다가갔다. 그녀는 아들을 선명한 시선으로 보게 되자, 짐이 사라지는 듯한 느낌을 받았다. 아들이 죽었을까, 구타를 당했을까, 넘어졌을까 불안으로 지새우던 그 모든 밤이 이제 끝나려 하고 있었다. 오늘 밤만은 그랬다.

"나도 거리의 아이였단다. 부모님께서는 나를 버리셨고, 나는 스스로 살아가는 법을 배웠단다. 나의 부모님은 나를 혐오했어."

앤드류는 친구가 이 대화를 겨우 눈감아주고 있는 동안, 찰스의 말에 귀 기울였다. 찰스가 경찰일지도 모른다는 공포가 사라졌다.

"나는 나를 정말로 많이 사랑해주고 있는 한 분이 있다는 걸 깨달았단다. 나는 내 인생을 그리스도에게 바쳤단다. 하나님께서 내 인생을 바꿔주시고 내 인생의 계획을 보여주셨단다."

앤드류의 친구는 이제 참을 만큼 참은 듯 보였다. 그는 떠날 준비가 되어있었다. 하나님, 그리스도, 인생의 계획은 있을 수 없는 일이다. 그냥 맞지 않는 말이다. 그러나 앤드류는 그것에 마음이 사로잡힌 듯 보였다. 평범해 보이는 남자에게서 나온 평범한 말이었지만 그는 찰스의 목소리에서 열정을 느꼈고, 이 아프리카 남자에게 자신에게는 없는 무언가가 있음을 깨달았다.

"내가 너를 위해 기도해줘도 될까?"

찰스가 '예'라는 대답을 기대하며 말했다.

"아니요."

그의 친구가 그를 거절하기 위한 순간을 기다렸던 것처럼 차갑고 건조한 어조로 답했다. 그는 앤드류에게 안으로 들어오라는 손짓을 했다.

아버지 없는 이에게 아버지를

"아저씨가 저를 위해 기도해주셨으면 좋겠어요."

앤드류가 말했다. 그의 친구는 충격을 받은 채 서 있었다. 찰스는 눈을 감았다. 앤드류와 그의 어머니도 눈을 감았지만, 앤드류의 친구는 그렇지 않았다. 그는 이 멍청함에 조금도 참여하고 싶지 않았다.

"하나님, 당신께서 이 순간을 만들어 주셨습니다. 당신께서 우리를 이곳에 모아주셨습니다. 이 두 소년을 축복해주세요."

그가 기도를 끝냈을 때, 앤드류는 불빛으로 걸어 나온 후 그의 어머니를 포옹했다. 그녀는 포옹과 함께 찾아온 유대감을 느끼며 울기 시작했다.

"내일 집으로 돌아갈게요, 엄마."

그가 말했다.

"그러려무나."

그의 어머니가 눈물 사이로 속삭였다.

"괜찮은 거죠?"

"괜찮고말고."

"그 모든 시간이 지났지만요?"

"그 모든 시간이 지났지만."

그는 찰스도 껴안았다. 그들은 작별인사를 했다. 그 친구가 먼저 안으로 들어갔다. 앤드류는 그의 어머니와 찰스가 차에 들어가 떠나기까지 기다렸다. 회복. 마귀로부터의 구원. 찰스는 수많은 기적을 증거해 왔다. 그러나 지금 그는 차 안에 앉아 집에 돌아오는 아들로 인한 부모의 기쁨을 느끼며 관계의 회복이 진실로 가장 큰 기적 중의 기적임을 깨달았다. 고작 하루 전 사우스 캐롤라이나에서의 어머니의 간절한 요청으로부터 뉴욕에서 복구된 가족 관계를 통해 찰스는 그분께서 성취하신 일을 생각하며 다시 한번 하나님을 경외했다. '감사합니다, 하나님.'

앤드류는 정말로 다음 날 집으로 돌아왔다. 그리고 그가 자신이 다시 거리로 오길 바라는 친구들의 유혹과 싸우며 학교로 돌아가, 결국에는 학생회장으로 선출되었다. 그는 나중에 자신이 향하고 있던 그 길에서 자신을 건져준 '아버지'를 만나기 위해 아프리카에 있는 멀리 칠드런 패밀리 MCF에서 한 달간 함께했다. 그는 공부를 계속했고, 고통받는 인생에 빠져 있는 아이들을 도와주는 사회복지사가 되었다.

다음날 찰스는 캐나다로 향하는 비행기에 올랐다. 그곳에서 독일로 날아갔고, 고마링헨시에 있는 스케이퍼 씨와 그의 부인 집에 머물렀다. 그들과 점심을 먹는 동안 그는 누군가 문을 두드리는 소리를 들었는데, 무언가가 굉장히 잘못됐다는 걸 말해주는 간절한 두드림이었다.

스케이퍼 부인이 문으로 향했고. 그녀는 문을 열자마자 자신이 문을 열지 않았었길 바랐다. 한 여인이 선 채로 이해 안 되는 말을 외치며 비명을 지르고 있었다. 그녀의 눈에선 광인의 기미가 보였다. 그녀는 집 안으로 밀치고 들어갔다. 그녀의 목소리가 벽에서 메아리쳐 울렸고, 고요했던 점심에 공포를 불러왔다. 스케이퍼 가족은 그녀를 알고 있었다. 그녀는 정신병을 앓고 있던 가족의 친구였다.

그들이 그녀를 진정시켰을 때, 그녀는 정신병동에 끌려갈 뻔했다고 말해주었다. 그녀의 상태가 더욱더 나빠지고 있었다. 그녀는 그들이 자신을 그곳에 잡아두고 있을까 하는 공포에 땅에서 겨우 일어설 수 있었다. 그녀는 굳게 잠긴 병동에서의 불확실한 미래를 느꼈고 그녀가 잡고 있던 현실을 놓쳐버렸다.

그녀의 손이 떨렸다. 그녀의 눈이 마치 자신을 데리러 어느 순간 찾아올지 모르는 흰 가운을 입은 남자를 찾는 것처럼 왼쪽 오른쪽으로 움직였다. 그들은 그녀를 찾을 수 없을 것이다. 여기서는 아니다. 지금은 아니다. 하지만 그들이 찾아낸다면? 그들이 더욱 강하게 그녀를 잡아갈까? 그들이 그녀를 독방에 처넣을까? 찰스와 스케이퍼 부부는 그녀의 머리 위에 손을 올렸다.

"하나님, 당신께서는 이 여인이 지독하게 앓고 있는 것을 보고 계십니다."

찰스가 기도했다.

"그녀를 만져주시길, 그녀를 변화시켜주시고 낫게 해주시길 예수님의 이름으로 구합니다."

그 순간 공포가 그녀로부터 사라졌다. 그 방의 공기가 공포와 불확실함에서 평화와 안심으로 변했다. 그녀의 눈에 있던 의심 많던 표정이 사라졌다. 그녀는 보통 사람처럼 숨쉬기 시작했다. 그들은 어떻게 이렇게 급속한 변화가 가능한지 궁금해하며, 그녀의 이상한 태도 변화를 느꼈다. 그들은 그녀를 정신병원으로 데리고 갔다. 의사들이 그녀를 알아보았다. 그녀는 수많은 검사 후에 몇 개의 처방 약을 복용한다는 조건 하에 하룻밤도 그곳에서 보낼 필요 없이 퇴원했다.

찰스는 독일의 수많은 학교와 교회를 돌아다니며 설교했다. 한 학교에서는 아이들이 강연을 끝낸 그에게 달려와 '멀리! 멀리!'라고 소리쳤다. 경찰관이 그것을 보았고 엘도렛에서 그가 거리의 아이들과 무슨 일을 하는지 그리고 왜 강도로 고발당한 사람들을 도와주고 있는지 물었던 것처럼 찰스를 멈춰 세웠다. 찰스는 자신이 그곳에 예수 그리스도에 대해 가르치러 온 것을 설명해주었다. 그러나 독일 경찰관은 그것에 관심이 없었다. 그들은 그를 체포했고 경찰서로 데리고 왔다. 그러나 많은 질문 후에 그를 처벌할 이유가 전혀 없음을 깨달았고 그를 이내 풀어주었다.

북미와 유럽 전역의 사람이 찰스의 여행을 환영해주었다. 많은 사람이 질문 없이 재정을 후원해주었다. 그는 나중에 그 돈을 음식을 사고, 자신의 집을 개조하는 데 썼다. 거리에서 자라난 아이들은 집안의 많은 것을 제대로 돌보지 않았기 때문이다.

그는 런던으로 돌아가는 비행기에 올라탔고 서쪽으로의 여정에서 만났던 모든 사람을 기억했다. 그 후 몇 년 뒤, 북미,

유럽, 호주 그리고 이스라엘 전역에서 사람들이 그가 인생을 바친 그 사역에 같이 파트너십을 맺기 위해 그의 절실히 필요했던 재정과 기도 후원팀에 동참했다.

25

찰스는 〈스탠다드 페이퍼standard paper〉에 실린 이야기를 읽었다. 한 리포터가 찰스가 거리의 아이들에게 하는 일에 대하여 인터뷰했다. 그는 그 기사를 읽으며 자신은 확고한 비전으로 자신의 사명을 바라보고 있지만, 어떤 사람들은 그러한 시각으로 갖는 걸 힘들어한다는 걸 깨달았다.

> "멀리 씨, 당신은 모든 부를 개들에게 던져주고 있어요.
> 도대체 왜 당신을 절대 도와주지 않을, 변화되지 않을 거리의
> 아이들을 도와주는 생각을 하셨나요?"

그는 그 신문을 책상 위에 내려놓았다. '개들이라고? 내가 나의 부를 개들에게 던져주고 있다고? 난 그렇게 생각하지 않

아.' 사람들이 거리의 아이들을 그런 식으로 부르는 것이 그를 굉장히 언짢게 만들었다. 사람의 생명에 내재된 가치는 어디로 갔단 말인가? 긍휼은 어디로 간 것인가? 어떤 것이 그 리포터에게 자신이 가졌던 이점을 갖지 못했을 뿐인 이 아이들을 경멸할 권리를 주었단 말인가? 그리고 아이들이 찰스를 절대 돕지 않을 거라는 그 부분이 그를 언짢게 만들었다. 그것이 인생의 목적이란 말인가? 오직 은혜를 갚을 사람만 도와주는 것이?

그리고 그 아이들이 절대 변하지 않는다는 것은 그 리포터가 아주 잘못 알고 있는 것이다. 찰스가 구출한 대부분의 -전부는 아니지만- 아이들은 바로 그의 눈앞에서 변화하고 있었다. 아이들은 찰스가 설립한 학교에 다니고 있었다. 그 학교는 케냐의 커리큘럼을 따르고 있었고, 아이들은 그리스도에 대해 배울 수 있었다. 그들은 매일 매일 예수님을 찬양하며 힘을 북돋워 주는 말씀을 찰스, 에스더 혹은 아이 중 한 명으로부터 듣는 묵상 시간을 가졌다. 그들은 사랑이 무엇인지 알고 있었다. 진짜 사랑, 포근하고 안락한 장소를 떠나 지금 그들이 만난 거리로 나가길 주저하지 않는 그런 사랑을 알고 있었다. '하나님께서' 그들을 변화시키고 있었다.

그를 조롱한 리포터와 교회 사람들은 그들이 지금 무슨 말을 하고 있는지 전혀 알지 못했다. 그런데도 찰스는 아이들을 향한 그의 사역과 그가 가지고 있는 전도의 은사로 인해, 끊임없이 여러 학교와 교회로부터 설교 초청을 받았다.

1993년, 그는 리프트 벨리에 있는 바링고(엘도렛에서 약 150km 떨어진 도시)에서 열리는 설교, 연극 그리고 찬양의 밤을 위해 각자 다른 교회에서 온 6명의 젊은 청년으로 이루어진 팀을 초대했다. 1,200명의 소년과 소녀로 이루어진 학교에서 찰스를 초대해 아이들의 믿음을 북돋워 주기 위한 주말 동안의 도전을 주었다.

그들은 오후 4시에 도착했고 찰스는 책임자에게 해변에서 기도 시간을 갖기 위해 학교에서 15km 정도 떨어진 보고리아 Bogoria 호수로 갈 수 있는지를 물어보았다. 그들은 물가에 도착했고 하나님께 그 아이들에게 강력한 무언가를 해주시길 기도했다. 그는 설교할 수 있도록 기름 부어주시길 그리고 이제 그들이 이 일을 하기 위해 주님께서 영적으로 준비시켜주시기를 기도했다. 그들은 아프리카에서만 발견되는 벌레들에게 둘러싸이는 순간에도 나무 아래에서 찬양했다. 분홍 플라밍고가 물 근처를 지나갔다. 찰스는 그들이 노래 부르는 동안 그의 인생에 자리한 성령의 힘을 느꼈다.

그들은 그들 뒤에 고속도로에서부터 수많은 차가 감속하는 것을 들을 수 있었다. 찰스는 뒤돌아섰고 차량의 행렬이 다가오는 것을 보았다. 한 남자가 차에서 내렸다. 찰스는 그를 알아보았다. 그는 케냐의 대통령 대니얼 모이였다. 그는 호숫가로 내려와 플라밍고 떼 근처에 서 있었다. 그는 모래사장을 지나며 걸어와 그들이 노래하는 것을 들었고 그들에게 더욱 가까이

다가갔다. 그들이 노래를 멈추었다.

"안녕하세요."

모이 대통령이 말했다. 찰스는 그에게 인사했고 모이 대통령은 찰스를 기억했다. 그는 많은 시간이 지난 후였지만, 목사들과의 회의장에서 그리고 엘도렛의 교회에서 만났던 이 남자를 기억하고 있었다. 찰스는 그에게 왜 그들이 이곳에 있는지를 설명했다.

"나는 자네 같은 사람이 이런 곳에 와서 젊은이들과 기도하고 학생들을 위해 헌신한다는 것이 참으로 기쁘다네. 이런 것이야말로 우리 조국에 필요한 일이야."

그들은 좀 더 긴 시간 동안 이야기를 나누었고 모이 대통령이 떠나려 할 때 말을 건넸다.

"자네를 작은 선물로 축복해주고 싶다네. 나와 함께 차로 가겠나?"

찰스는 자동차 행렬로 그를 따라갔다. 운전사가 모이 대통령을 위해 문을 열고 뒷좌석에 앉더니 잠시 후에 밖으로 나왔다. 그의 손에는 한 봉투가 들려있었고 그는 그것을 찰스에게 건네주었다.

"난 자네가 이것을 받길 원하네."

대통령이 말했다. 찰스는 봉투의 무게를 느낄 수 있었다. 그 무게는 찰스에게 얼마가 들었는지를 궁금하게 만들었다.

"20,000실링이 들어있다네."

모이 대통령이 말했다.

"많은 액수는 아니지만, 자네에게 주어야만 할 것 같군."

"많은 액수입니다."

찰스가 답했다.

"이 돈이면 모든 고아를 한 달이 넘도록 먹일 수 있습니다."

모이 대통령이 웃었다.

"그렇다면 좋은 곳에 쓰이게 될 터이니 기쁘군."

모이 대통령은 자신의 차로 돌아가 그곳을 떠났다. 찰스는 그의 팀에 돌아갔고 방금 무슨 일이 일어났는지 말해주었다. 아프리카 사람이 처음으로 찰스의 사역에 기부한 시간이었다.

오후 6시 30분, 그들은 벌레 떼와 플라밍고 무리를 떠나 학교로 돌아갔다. 그들은 힘이 넘쳐흐르는 느낌을 받았다. 예수님의 존재로 그들의 안에서 자신감이 불타올랐다. 그들의 기도와 찬양의 시간이 그들을 이 집회를 위해 영적으로 준비시켜주었다. 이것이 정말로 중요했다. 그들이 이제 마주하게 될 것으로 영적으로 준비되는 것이 꼭 필요했기 때문이다.

한 소년과 한 소녀 그리고 여선생님 한 명이 그들을 기다리고 있었다. 이들은 마침내 자신들의 문제를 해결해줄 거라 희망하는 한 남자를 찾으며 사람들이 가득 찬 강당 밖에 서 있었다. 찰스와 그의 팀이 학교 안으로 들어왔다.

"멀리 씨!"

그에게 다급히 다가오며 선생님이 소리쳤다.

"멀리 씨!"

찰스는 돌아서서 그 선생님이 양손에 소년과 소녀를 잡고 다가오는 것을 보았다. 그녀는 찰스의 앞에서 멈추었다.

"제발 그들을 도와주세요."

그녀가 숨을 헐떡이며 말했다. 그녀의 얼굴이 불안으로 가득 차 있었다. 그녀는 마치 그가 자신들을 도와주길 원치 않는 이유를 말하는 것을 막으려는 듯 급한 속도로 말했다.

"무슨 일이죠?"

"이 아이들이요. 아이들에게는 당신의 도움이 필요해요. 하나님의 도움이요. 저는 당신이 한 일들에 대해 들었어요. 우리 모두 다요. 우리는 하나님께서 당신을 통해 사람들을 도와주시는 것을 알고 있어요. 그런 사람들을…"

그녀가 마치 그 문제에 대해서 말하는 것이 문제를 악화시키는 듯 말하는 것을 멈추었다. 그녀는 자신의 눈을 찰스의 눈에 고정하고 아이들을 혼란스럽게 하지 않기 위해 조용한 목소리로 말을 했다.

"우리 생각은요…"

그녀는 단어들을 뱉어내지 못하고 있었다. 마치 어떤 생물체가 그녀를 스토킹하며 자신을 언급하면 그녀를 공격하려는 것처럼, 그녀는 왼쪽 오른쪽을 두리번거렸고 침을 삼켰다. 그들에게는 도움이 절실하게 필요했다. 게다가 그것이 그 소년과 소녀에게만 영향을 끼치는 것이 아니라 그녀 또한 영향을 받고 있었다. 그것이 모두에게 영향을 끼치고 있었다. 그녀는 숨을 들이켰다.

"제 생각엔 그들이 귀신들린 것 같아요."

그녀가 말했다. 그녀는 더 이상 아무 말도 하지 않도록 자신을 몰아세우는 것처럼 이를 꽉 다물었다. 찰스는 아무 말도 하지 않았다. 그는 그저 고개를 끄덕였고 그 아이들의 높이에 맞추기 위해 무릎을 꿇고 앉았다. 그들이 찰스에게 가까이 다가왔다. 눈을 제외한 모든 것이 정상인 듯 보였다. 그들의 눈은 생기 없었고 침울했다. 빛도, 에너지도, 흥분도 없었다.

"어떠니?"

찰스가 부드러운 목소리로 물었다.

"기분이 어떠니?"

찰스가 그 둘 중 한 명이라도 대화에 참여하길 바라며 물었다.

"무서워요."

소녀가 속삭였다. 그녀가 말한 순간, 복도가 어두워진 듯했다. 모든 것이 고요해졌다. 이 학교에서 그들만이 유일한 사람들인 것 같았다.

"무엇이 무서운 거니?"

찰스가 물었다. 그녀는 처음 보는 사람에게 자신의 문제를 털어놓는 게 괜찮은 것인지 생각하며 옆에 있는 소년을 바라보았다. 그 소년은 아무 대답도 하지 않았기에, 그녀는 말을 이었다.

아버지 없는 이에게 아버지를

"형상들이 보여요."

그녀가 말했다. 그녀는 10살도 안 되어 보였다. 작은 체구에 부드럽고 긴장된 목소리였다.

"어떤 형상 말이니?"

찰스가 물었다. 그녀는 눈을 감고 입술을 다물었다. 선생님이 무릎을 꿇고 팔을 그 아이에게 둘렀다.

"또 일어나고 있어요. 제발요. 제발요. 무슨 일이라도 해주세요."

"지금도 그것들이 보이니?"

찰스가 물었다. 그녀가 고개를 끄덕이더니, 이내 그녀의 어린 마음에 무언가를 펌프질하는 것을 치워버리려는 듯 머리를 앞뒤로 흔들기 시작했다. 찰스는 그녀의 머리 위에 손을 올리고, 그 형상의 공포를 알아차리며 그녀의 몸이 움찔거리는 것을 느꼈다.

"아버지, 예수님의 이름으로 기도합니다, 당신께서는 이 아이가 겪는 일을 보고 계십니다. 하나님의 아들 예수 그리스도의 이름으로 명하니, 이 소녀를 공격하고 있는 영아 물러가라."

그녀가 경련을 멈추었다. 그녀는 눈을 감은 채 있었고 다음 공격을 기다리는 듯 얼굴이 경직되어 있었다. 그러나 그것은 다시 돌아오지 않았다. 그녀가 그녀를 홀리는 머릿속 이미지들로부터 해방되는 것을 처음으로 느끼며 기다렸다. 그녀는 눈을 뜨고 찰스를 보았다.

"기분이 어떠니?"

그가 물었다. 소녀가 눈을 깜빡였다. 그것들이 사라졌다. 정말로 사라졌다. 그녀는 저주 아래 있는 것이 어떤 기분이었는지 조차 기억하지 못했다. 그녀의 눈에 희미한 희망의 불빛이 타올랐다. 공포가 사라진 순간, 형상들이 사라진 순간이었다.

"그들이 사라졌어요. 그들이 정말로 사라졌어요."

그녀는 찰스를 올려다보았다.

"그들이 다시 돌아올까요?"

"아니, 돌아오지 않을 거야. 성경을 가지고 있니?"

"네."

"읽고 있니?"

"네."

"잘하고 있단다."

"어떻게 그들이 돌아오지 않을 것을 알죠?"

"예수님께서 그들을 쫓아내셨고 네가 그분을 따르기로 했기 때문이란다."

그녀는 고개를 끄덕였다. 찰스는 소년에게로 몸을 돌렸다.

"안녕."

찰스가 말했다. 그 아이의 눈이 앞뒤로 움직이기를 반복했다. 그 안에 보이지 않는 힘이 찰스를 보는 것을 피하려는 듯했다.

"내 이름은 찰스 멀리란다. 그리고 나는 너를 많이 사랑한단다."

아버지 없는 이에게 아버지를

그 소년의 이가 딱딱 부딪히기 시작했다. 오한을 느꼈다. 그는 짧고 느린 숨을 뱉었고 좋지 않은 어떤 일이 일어날 것이라는 걸 느끼기 시작했다.

"괜찮니?"

찰스가 물었다. 그 소년은 자신의 뒤를 보았다. 그곳엔 아무것도 없었다. 그는 다시 뒤를 흘끔 쳐다보았지만, 역시 아무것도 없었다.

"전 볼 수 있어요."

소년이 말했다. 찰스는 소년의 뒤를 보았고 텅 빈 복도를 보았다.

"어떤 것을 보고 있니?"

찰스가 물었다.

"저는 볼 수 있어요. 그것을 보고 있어요."

"그곳엔 아무것도 없단다. 너의 뒤에는 아무것도 없어."

"그곳에 있어요. 그건 어느 곳에나 있어요. 저는 어디를 가든 그것을 봐요."

"무엇을 보는 거니?"

그 소년이 침을 삼켰다. 그의 숨소리가 더욱더 커졌다. 그의 눈이 찰스를 훑어보자 가만히 있지 못했다.

"그것들을 2년이 넘게 봐왔어요. 그냥 저에게 와요. 전 그것을 멈출 수가 없어요."

"무엇이 오는 거니? 내게 말해봐. 무엇이 오는 거니?"

그 소년의 맥박이 치솟았다. 전류가 흐른 것만 같았다. 그것은 사람의 것이 아니었다. 소년의 눈에 공포가 비쳤다.

"그건 아무 데서나 나타나요. 그건 저를 죽이려고 해요. 그건 그림자에서 나타나요. 제가 잠이 들 때. 제가 학교 복도를 걸을 때. 제가 운동장에 있을 때. 특히 밤에 더 나타나요. 그것은 알고 있어요. 그것이 저를 죽이러 와요."

소년은 그 짐승의 모습을 떠올리려 눈을 감았다. 그러나 그 세계로 떠나는 것은 일을 더욱 어렵게만 만들뿐이었다. 소년은 눈을 떴다.

"그것이 저를 죽일 거예요."

"아니 그렇지 않아."

"그럴 거예요. 결국엔 그럴 거예요. 저는 그것으로부터 영원히 도망칠 수 없어요."

"나는 네가 보는 그것보다 강한 힘을 알고 있단다."

"병원조차 저를 도울 수 없어요."

"나는 널 도와줄 수 있는 누군가를 알고 있단다."

"그건 너무나 강력해요. 그것은 저를 잘 알고 있어요. 제 생각을 알고 있어요. 이제 시간문제일 뿐이에요."

"예수 그리스도께서 너를 자유롭게 하실 수 있단다."

그 소년이 갑자기 땅으로 고꾸라졌다. 어떤 보이지 않는 사람이 그를 강하게 내리쳐 넘어뜨린 것 같았다. 그의 몸이 고통에 비틀어지고 뒤틀리며 몸부림쳤다.

아버지 없는 이에게 아버지를

선생님이 비명을 질렀다. 그는 그 장면을 수십 번 보아왔음에도 매번 이 일이 일어날 때마다 공포를 느꼈다. 그녀는 뒤로 물러서 그 소년을 공격하고 있는 어떠한 영과 접촉하지 않으려 했다.

소년은 찰스가 이해하지 못하는 역겹고 목이 쉰듯한 언어로 소리치며 비명을 질렀다. 그는 소년에게 손을 뻗어 그 아이의 머리 위에 얹었다.

"아버지."

그가 말했다.

"당신은 능력이 있으십니다. 당신께서는 이 아이의 안에 있는 것보다 훨씬 더 강하십니다. 당신의 피가 사탄을 무너뜨리셨습니다. 당신의 피가 악을 박살 내셨습니다. 예수 그리스도의 이름으로 명하니, 마귀야, 물러가라."

소년이 소름 끼치는 비명을 뱉어냈다. 그것은 듣는 사람의 귀를 아프게 할 정도였다. 그러더니 이내 모든 것이 조용해졌다. 폭풍 뒤의 고요였다.

소년이 울기 시작했다. 찰스는 땅에서 그를 들어 올렸고 그의 발을 땅에 다시 세워주었다. 선생님은 2년이 넘게 불가능해 보였던 문제가 어떻게 한순간에 사라졌을까 이해하려 애쓰며 놀라움에 그를 바라보았다.

소년은 침착한 눈빛으로 찰스를 보았다. 더 이상 흔들리지 않았다. 공포도 없었다. 그저 해방감을 느끼며 밝은 갈색 눈으로 찰스를 올려다볼 뿐이었다.

"사라졌어요."

소년이 속삭였다.

"그리고 돌아오지 않을 거란다."

찰스가 답했다. 그는 소녀의 손으로 손을 뻗었다. 소녀는 자신의 손을 찰스에게 건네주었고 그에게 가까이 다가갔다.

"너희 둘 다 오늘 기적을 경험했단다."

"어떻게 하신 거죠?"

그녀가 물었다.

"나는 아무것도 하지 않았단다."

그가 말했다.

"이 일을 행하신 분은 예수 그리스도란다. 너를 위해 십자가에 못 박혀 돌아가시고, 그 형상들을 박살 내신 예수님의 힘이란다. 그분께서 너희 둘을 만드셨고, 너희 안에 그의 생명이 거하시길 바라신단다."

"예수님이 하셨다고요?"

"그렇단다."

"그분께서 우릴 사랑하셔서요?"

소년이 물었다.

"바로 그거란다."

"그분께서는 왜 우리를 사랑하시나요?"

소녀가 물었다.

아버지 없는 이에게 아버지를

"그것이 하나님께서 하시는 일이니까."

찰스는 연극과 찬양이 끝난 후에 일어나 거대한 강당에서 하나님의 힘과 사랑에 대해 강연했다. 그는 자신의 인생을 예수 그리스도 앞에 내려놓길 바라는 아이들을 앞으로 초대했고 하나님께서 그들의 죄를 용서해주고 이들을 그의 자녀로 만들어주시길 기도했다. 그 소년과 소녀를 포함해 185명의 아이가 자신의 인생을 그날 밤 그리스도 앞에 내려놓았다.

26

　　1994년 무렵, 엘도렛의 집에는 너무 많은 사람이 살고 있었다. 멀리 가족은 약 200명의 아이를 돌보고 있었는데, 아이들을 돌보는 게 불가능할 정도로 부담됐다. 그들은 철제 기숙사와 이미 오래전에 초과된 인원 탓에 임시 교실을 만들었다. 그들에게는 더욱 많은 재정과 더욱더 넓은 공간이 필요했다. 찰스와 에스더는 그들의 모든 사업을 두 개만 남기고 다 팔아버렸다. 그들에게 남은 것이라곤 엘도렛의 집과 달라니에 사둔 노후를 위한 땅뿐이었다.

　　그 땅은 길고 구불구불한 티카 강Thika에 있었다. 그곳은 아무도 살지 않아. 개발되지 않았고 훼손되지 않은 곳이었다. 그러나 찰스 멀리의 상상력이 더해진 눈에는 믿을 수 없을 만큼의 잠재력이 보였다. 그는 그 땅에 대한 모든 것을 이미 다 구상했다. 그는 그곳에 강이 돌을 던지면 닿을 만큼의 거리에 가족을 위한 거대한 집을 짓고 싶었다. 그들은 그곳에 과일나무 -망고, 레몬, 바나나들- 를 심으려 했다. 그들의 은퇴 보금자리이자 그들의 미래였다. 그것이야말로 그들 자신의 것이라고 할 수 있는 마지막 것이었다.

"그건 우리가 가진 전부예요."

에스더가 찰스와 함께 청소하며 말했다. 그들은 아이들을 위한 축제를 계획하고 있었고, 대부분의 아이가 잠들었기 때문에, 그들은 내일을 위해 준비할 시간을 가질 수 있었다.

"알고 있어."

찰스가 말했다.

"난 그곳이 좋아."

"그곳은 결코 다시 우리 것이 되지 않을 거예요. 이 집이 결코 우리 것이 될 수 없는 것처럼요."

"그게 당신을 괴롭게 하고 있어?"

"달라니 땅이요? 아니면 이 집이요?"

"둘 다."

에스더는 행주를 집어 탁자 중 하나를 닦았다.

"난 이 아이들을 사랑해요, 찰스."

"나도 당신이 그렇다는 걸 알고 있어. 당신이 하는 모든 일에서 느낄 수 있어, 에스더."

"처음엔 당신이 미친 줄만 알았어요."

그들이 웃었다. 그의 웃음이 그녀의 웃음보다 더 컸고, 그 소리가 기숙사와 학교로 이루어진 집 뒤의 온 땅을 가득 채웠다.

"그 아이들이요. 우리 집에서 물건을 훔치고 부수고, 어떤 아이들은 도망가 사창가와 조직으로 다시 돌아가기도 했죠. 당신은 그럴 때면 밖으로 나가 다시 그들을 찾아 헤매고, 다시 우리 집으로 데리고 왔어요. 때때로는 이 아이들의 문제가 무엇일까 생각했어요."

찰스가 다시 한번 웃었다. 그는 많은 아이를 끔찍한 삶에서 구조했다. 하지만 몇몇 아이들은 희망의 길을 떠나는 이상한 결정을 내리고, 다시 파멸의 길로 돌아가기도 있다.

"그리고 지금 그 아이들은 단순히 우리 인생의 일부분이 된 게 아니에요. 그 아이들은 우리의 인생 그 '자체'에요. 그리스도보다 그들이 앞선다는 말을 하려는 것은 아니에요."

"무슨 말인지 알아."

찰스가 말했다.

"이것이 저를 궁금하게 만들어요, 찰스. 우리가 나중에 무엇이 될까 궁금하게 만들어요. 이 일은 우리만이 해내기엔 너무나 큰일이에요. 그리고 저는 우리가 어떠한 미래를 우리의 친 아이들에게 만들어주고 있을까 궁금해요. 저는 이 일이 결국 너무나 거대해져 버렸을 때 우리가 어디로 가게 될지 궁금해요. 우리가 이 땅을 팔아버리면 우리에게는 아무 재산도 남지 않아요. 의지할 것이 남지 않아요. 우리는 한때 사업과 땅과 친구들이 있었죠. 하지만 우리에게 아무것도 남지 않게 될 거예요."

그녀가 다시 말을 이었다.

"물론 하나님 외에는 없는 걸 알아요. 하지만 제가 무슨 말하는지 알죠?" "알고 있어."

"그래도 당신은 그것을 팔길 원하나요?"

"당신은 그렇지 않아?"

"당신에게 묻고 있는 거예요."

"나는 우리가 이 학교를 확장할 장소조차 없는데 땅을 어떻게 가지고 있을지 모르겠어."

"그럼 이미 결정 났네요."

"그게 당신의 결정이야?"

찰스는 이 결정에 그녀가 함께했다는 걸 확실히 하기 위해 그녀를 쳐다보았다. 그녀는 행주를 다시 물이 담긴 양동이에 집어넣었다.

"맞아요, 찰스."

그녀는 결정이 났다는 안심과 앞으로는 의지할 곳도 없다는 데서 오는 불안함을 느끼는 표정으로 말했다.

그들은 결단을 하고, 1994년 8월 20일, 달라니에 MCF를 설립했다. 나이로비와 달라니에서 자비 없는 황금빛 태양 아래 약 400명이 이 땅의 헌신을 향한 기도를 하기 위해 모였다.

찰스가 마지막 기도를 한 후, 사람들은 서로 만나고 만찬을 나누기 위해 머물렀다. 8명의 친자녀 -제인, 그레이스, 미리암, 돈도, 칼레리, 무에니, 아이작 그리고 딕슨- 이 음식을 맡았다. 그들은 흐트러지지 않는 주의로 사람들을 대접했다. 다른 생각에 잠겨있던 한 사람, 제인을 제외하고는. 그녀는 다음날 결혼하기 때문이었다.

MCF 합창단의 200명 전부가 무대를 가득 채우며 나이로비에서 제인의 결혼식을 위해 노래했다. 결혼식을 올린 교회는 그 노래와 사랑에 빠져버렸다. 새로이 시작하는 거리의 아이들이 제인의 새로운 시작을 위해 노래하고 있었다.

찰스는 농장을 시작해서, 그 땅에 정착하기 위해 두 명의 일꾼을 달라니로 보냈다. 1995년 그들은 엘도렛 지부에서 17명의 소년이 올 것을 준비하기 위해 황무지를 개간해나갔다. 그 아이들은 문제아들이었고, 찰스는 그들에게 가장 좋은 방법은 생명을 다른 관점에서 볼 수 있는 그 땅으로 가는 것이라 생각했다. 2명의 선생님과 함께 그 그룹은 MCF달라니 지부를 개척했다. 그들은 교육적, 영적, 육체적 그리고 직업적 요소가 혼합된 학교 수업과 농업 그리고 목공일을 가르쳐주는 프로그램을 만들었다. 소년들은 자신의 인생을 돌이켜 새로운 환경에서 번창해갔다.

찰스는 200명이 넘는 아이들의 아버지가 되는 것과 목회를 하는 것 그리고 수백 명이 구원받는 전도운동을 하는 것도 모자라, 엘도렛에 있는 미셔너리 칼리지에 입학하기로 결정했다. 그는 엘도렛의 아이들에게 다가가는 일과 그 이상의 것에 대한 자신의 확신과 열정에 버금가는 깊고 솔직한 미소를 가진 키토니 목사Kitonyi 밑에서 공부를 시작했다. 키토니 목사 또한 엘도렛을 포함한 세상의 버려진 아이들에 대한 뜨거운 마음을 가지고 있는 사람이었다.

찰스는 주 중에는 학교에 다녔고, 주말에는 달라니에 있는 소년들을 방문했다. 그는 별빛 아래에서 그리고 이따금 티카 강가 커다란 나무들 밑에서 그 아이들과 이야기하며 그들을 더욱 더 알아갔다. 그곳에서 소년들은 마음의 문을 열고 마약중독자인 어머니가 '창가(아카시아나무 추출물로 만든 마약)'를 제조하고 판매하며 생계를 이어갔지만 충분한 돈을 벌 수 없어 결국에 자신들은 거리로 내몰린 이야기를 털어놓았다.

그들은 찰스에게 자신들이 어떻게 변화됐는지 말해주었다. 그중 몇몇은 그저 이곳저곳 돌아다니며 구걸하고 가게 지붕 밑에서 잠을 자던 무해한 아이들이었지만, 다른 아이들은 더 거친 이야기들을 가지고 있었다. 갱단 이야기, 폭력적인 이야기 그리고 문제투성이의 과거들. 그것은 찰스를 놀라게 하지 않았다. 그가 구조한 많은 소녀는 강간당한 아이들이었다. 소년들에게도 거리는 거친 곳이었지만, 소녀들에게는 끔찍할 만큼 지독한 곳이었기 때문이다.

찰스는 시간을 내어 그 소년들의 이야기에 귀 기울이고 그들에게 꼭 필요한 사랑을 전하며 그들이 되어왔던 모든 것, 그들이 저질렀던 모든 일, 그들이 당했던 모든 일에도 불구하고 그들은 하나님에게 소중한 존재라는 것을 알게 해주는 지구 상의 유일한 사람이었다.

1995년 12월 31일, 찰스는 2학년부터 7학년까지 약 220여 명의 학생과 그에 필요한 선생님과 직원들을 달라니로 이동시키는 일을 감행했다. 몇몇 아이는 거부했고, 그들은 엘도렛에 남았다. 그러나 대부분의 아이는 약 460km 떨어진 아무도 들어본 적 없는 지역에 있는 새로운 집으로 이동했다.

그들은 피형강판으로 지어진 기숙사에서 살았다. 대부분의 아이는 한 침대에서 둘이 자게 되었다. 몇몇은 운이 좋아 나무 조각 위에서 자지 않고 매트리스를 배정받기도 했다. 그들은 티카 강으로부터 물을 끌어와 소년들이 몇 개월 동안 그 물을 마셔왔지만, 새로 온 아이들은 이에 적응되어 있지 않았다. 그 강은 물로 전염되는 질병을 가져와 모든 아이가 적응하기까지 매주 20명에서 30명이 병에 걸렸다. 그들은 식수 문제가 해결되었다고 생각했다.

하지만 그것은 곧 잘못된 것으로 판명 났다. 아이들은 학교 일에 농장 일 혹은 가사 일을 동반했다. 그들은 그 땅을 아름다운 환경으로 바꾸어버렸고, 아이들은 성경 공부 그룹에 참여했다. 아이들 대부분은 매일 있는 묵상 시간에 학교 전체를 위해 노래를 공연하는 합창단에 열정적으로 참여했다. 그리고 그들은 언제나 점심시간 후에 무자비한 열로부터 몸을 식히기 위해 강에서 수영하는 시간을 가졌다. 또 아이들은 고도의 변화에 적응해야만 했다. 엘도렛은 고도 2200m에 달하는 반면, 달라니는 고작 고도 975m에 불과했다. 낮은 고도는 더 높은 온도를 뜻하는 것이었고, 기온은 섭씨 40도에 육박했다.

하지만 아이들이 새로운 삶의 방식과 사랑에 빠지는 동안 그 지역 주민들은 예전에 창부였던 이들과 깡패였던 이들이 자신들의 틈에 스며드는 것을 더욱 불만스럽게 생각하기 시작했다. 진짜 현장은 달라니의 도심으로부터 약 10km 떨어진 교외에 있었기에 아이들은 다른 집들과 엘도렛에서처럼 가까이 있지 않았다. 그러나 가끔은 존재만으로도 평화를 깨기에 충분했고, 마을 사람들은 그들이 나가길 원했다.

캄바족의 구역에 자리한 달라니는 다른 부족 사람들을 받아들이는 것에 우호적인 사람들로 이루어져 있지 않았다. 케냐의 42개의 부족은 각각 자기들만의 지리적 지역과 부락, 문제들을 안고 있었다. 캄바족 남자인 찰스가 왜 그것을 이해하지 못하겠는가? 왜 그는 굳이 키쿠유족, 루오족, 루햐족, 캄바족과 마사이족이 뒤섞인 아이들을 데려와 사람들 사이에 불안을 일으키는 것인가? 거기엔 어떠한 이유도 없었다. 그 아이들은 엘도렛에서 위협적인 존재였고 달라니에서도 그랬다.

달라니의 장로들은 마을 중심에서 족장과의 회의에 찰스를 소환했다. 찰스는 그곳에 있던 남자들의 무리 반대편에 있는 작은 테이블에 앉았다. 입구 근처에 있던 한 남자가 문을 닫았다. 그 작은 방 안은 선선했다. 밖은 화창하게 해가 비추고 있었지만, 그곳에는 적은 수의 창문밖에 없어 더 늦은 시각인 것 같은 느낌이 들었다.

"왜 자네는 우리에게 그 아이들 -범죄자들- 을 데려온 건가?"

찰스는 자신의 아버지를 매질로 거의 죽음까지 몰아갔던 그때 그 시절부터 지금까지 판결직에 있는 그 남자를 알아보았다. 그가 자신의 아버지가 땅에 쓰러져 누워있던 걸 보았던 그때 말이다. 그는 첫 매질이 아버지의 등으로 내리쳐지는 소리를 들었다. 찰스는 다우디가 고통에 움찔거리며 지었던 끔찍한 표정과 아들이 자신이 저질렀던 모든 일에도 불구하고 받아 마땅할 그 벌에서부터 구출해주길 바라며 지었던 절망적인 표정을 보았다.

"우리는 자네 같은 누군가가 발전을 가지고 오길 바랐다네. 우리의 땅을 발전시키길 말이야. 자네는 캄바족이야. 그리고 성공한 사람이지. 자네는 우리의 아들이야. 자네를 바라보게. 자네는 부를 성취했어. 자네가 이 지역을 도울 수 있다네. 그렇지만 자네는 지금 그 대신 무엇을 하는 건가? 자네는 불량배들을 데리고 왔어. 도대체 왜 이런 일을 하는 건가? 왜 혼자 오지 않았던 거야?"

찰스는 머릿속에서 아버지를 떨쳐 버리려는 듯 잠시 눈을 감았다.

"족장님께서 반은 맞추셨습니다. 보시다시피 그 아이들은 불량배였습니다. 하지만 더 이상은 아닙니다. 그들은 변화했어요."

"어떻게 확신하지?"

다른 부족 의원이 물었다.

"이 마을은 자네를 증오하고 있어. 모두 자네와 자네의 아이들을 쫓아내길 바라네. 그리고 그들이 그렇게 하기로 결정하면, 그것을 멈출 수는 없네!"

"그들은 그러지 않을 거예요."

"그들은 그렇게 할 거라네, 찰스."

"그 누구도 우리를 아무 곳으로도 보낼 수 없어요."

"찰스, 자네는 분노한 사람들이 어떤가를 이해해야 하네. 그들에게 이유 따위는 없어. 자네는 다른 부족들을 우리의 땅으로 데리고 왔어. 그것이 사람들을 광분하게 만들고 있어. 그뿐만이 아니야, 자네는 달라니에 큰 공포감을 퍼뜨리고 있어. 자네가 창부들과 갱단 구성원들을 이곳에 데리고 왔기 때문이야."

"제가 단언하건대 그 아이들은 문제를 일으키지 않을 겁니다."

"자네가 이 마을의 안전을 보장할 수 있겠나?"

"마을의 안전을 보장합니다."

찰스는 본능적인 반응으로 대답했다. 그러나 그 후에 찰스는 자신의 대답에 대해 생각해보았고, 그가 생각하길 그는 그저 아무것도 잘못되지 않기를 '바라는' 것이 최선일 뿐이었다.

게다가 그는 그 말을 해야만 했다. 그렇지 않았다면 온 마을이 광폭하게 -그들은 아주 쉽게 그렇게 변하니까- 변했을 테니까. 예를 들면, 다우디의 형벌 때처럼 말이다.

"자네가 그렇게 할 수 있다고?"

이제 더 이상 돌이킬 수 없었다. 찰스는 하나님께서 아이들의 인생을 바꿔주실 것과 그들이 마을에 문제가 되지 않게 하실 것을 믿었다.

"그렇게 할 수 있습니다."

"잘 알았네."

그 의원이 말했다.

"행운을 비네, 찰스. 자네와 자네의 온 그룹에게 말이야. 자네가 필요할 거야. 그 많은 아이를 적은 재원으로 기르는 것은 미친 짓이니까 말이야."

27

　　달라니의 사람들이 아이들을 받아들이기로 혹은 최소한 쫓아내지 않기로 결정했음에도 지역 교육기관들은 아직 그 의견에 동의하지 않는 듯했다. 부족제도는 교육기관들이 대부분이 비 캄바족으로 이루어진 아이들을 위한 학교 시험 면허를 찰스에게 허가해주는 것을 막고 있었다. 달라니는 마챠코 지역의 야타 구에 속해 있었다. 그 지역에는 940개의 학교가 있었고 그들 모두가 캄바족이었다. 달라니의 11개 학교를 담당하고 있던 관리들은 찰스의 신청서를 허가하지 않으려 했다, 그들은 엘도렛에서 온 이 아이들을 추가함으로써 달라니의 평균 점수가 떨어지는 것을 우려했기 때문이다.

　　"우리는 거리의 아이들은 아무것도 성취 못 함을 압니다."

　　그들이 찰스에게 말했다.

　　"우리는 당신에게 학교를 설립할 어떠한 권리도 허가해주지 않을 것입니다."

그러자 찰스는 달라니 관리들의 결정을 뒤집기 위해 마챠코 지역으로 향했다. 그러나 마챠코 지역 또한 찰스를 거부했다. 그러자 찰스는 버려진 아이들이 교육받을 권리가 있는지 최종적으로 결정할 교육부 장관과의 면담을 요청했다. MCF의 선생님들과 학생들은 하나님이 개입하여, 장관이 자비심을 가지고 그들의 교육의 가치를 볼 수 있기를 기도했다.

2달 후, 찰스는 회의에 참석할 수 있는 허가를 받아냈다. 그게 시간을 절약할 수 있게 해주었다. 그 회의의 날짜가 그해에 면허를 내줄 수 있는 기한으로부터 겨우 3일 전이었기 때문이다. 케냐는 교육을 계속하길 원하는 모든 아이가 8학년 이후에 국가고시를 통과해야만 고등학교에 진학할 수 있었고 대학교에 진학하기 위해서는 12학년 상위 그룹에 들어야만 했다. MCF는 8학년으로 분류될 아이들이 있었고, 이미 그 아이들에게 고등학교에 진학하기 위한 국가고시|KCPE, Kenya Certificate of Primary Education를 준비시켜 놓았다.

찰스는 나이로비로 향했고 그곳에서 교육부 장관을 만났다. 그는 캄바족 출신이 아니어서, 그가 부족제도의 외부에서 생각할 여지가 있지 않을까 하는 희망을 심어주었다.

"뭐라고?"

장관이 소리쳤다. 그들이 사무실에서 만났을 때 그는 점잖은 사람으로 나타났지만, 찰스가 그 상황에 대해 설명하자, 냉정을 잃어버렸다.

"그들이 자네를 거부했다고?"

"맞습니다."

"왜?"

그것이 찰스를 다소 어려운 상황에 처하게 했다. 그가 장관에게 지방과 지역 기관에서 자신을 거절한 진짜 이유를 말한다면 그는 그들에게 문제를 일으키는 꼴이 된다. 또 한편으로는 그들이 어떤 이들인지 밝히는 것 또한 좋은 일일 것이다.

"직접 물어보시는 게 나을 듯합니다."

찰스가 말했다. 그러자 장관이 정말 그대로 하기로 결정한 것이다. 그는 전화기를 들었고 마챠코 지역에 전화를 걸었다. 그는 그들의 어리석음을 꾸짖었고 이내 그들의 결정을 기각하고 MCF에게 시험칠 수 있는 권한을 줄 편지를 썼다. 찰스는 사무실 밖으로 나오며 하나님께 감사의 기도를 올렸고, 아이들에게 8학년 시험 볼 수 있는 기회를 줄 수 있다는 데 자부심을 느꼈다. 결코, 혼자서는 할 수 없는 그런 일이었다.

1996년 11월, 멀리 칠드런 패밀리는 그들의 첫 국가 고시를 봤다. 온 가족이 모여 학생들에게 전념하는 특별한 기도를 했다. 그들은 하나님께 그들의 손에 승리를 쥐여 주시길 기도했다. 그 후에 아이들은 자신들의 패기를 지방과 지역 기관들에게 증명하려 일주일간의 시험을 시작했다.

교육부가 몇 달 뒤 모든 케냐의 시험 결과를 각 지역에게 주어, 그들의 학교에 나눠주도록 했다. MCF 소속의 오티에노는 결과를 받아서 돌아왔다. 찰스와 제이콥은 함께 결과를 열어보았다. 그리고 그들이 본 것은 가히 충격적이었다.

MCF가 달라니의 모든 11개 학교에서 최고점을 기록했던 것이다. 그뿐 아니라 MCF는 야타구의 124개의 학교 중에서 최고였고, 이내 그들은 마챠코 지역의 940개의 학교에서도 그들이 최고임을 알게 되었다. MCF가 어떤 지역에서건 그 지역의 평균 점수를 올려준 것이었다.

MCF는 케냐 전역의 수천 개 학교 중 상위 100위라는 쾌거를 이루어냈다. 마챠코 지역의 교육기관들은 그것을 믿을 수가 없었다. 자신들이 무시하던, 자신들이 생각했을 때 아무 가치도 없던 아이들이 승리를 가져다 준 것이었다.

그날 밤 MCF는 축하 예배를 드렸다. 아프리카의 하늘 아래 아이들은 저 위에 주요 도로까지 자신들의 소리가 들릴 것을 확신하며, 박수 치고 노래 불렀다. 시험을 쳤던 아이들은 자신들의 운명에는 없었던 무언가에 성공했다는 것에 굉장한 명예감을 느꼈다. 그들은 최고였고, 그들은 성공했다. 하나님께서 그들에게 승리를 허락해 주셨다.

MCF는 계속해서 훌륭한 교육을 유지했고 심지어 그들이 나가길 원했던 달라니의 지역주민들이 그들에게 자신들의 아이들이 그 학교에 출석하게 해달라고 애걸하게 할 지경에 이르게 했다. 찰스는 그들에게 MCF는 오직 고아들만 도울 것을 말했고, 부모가 없는 60명의 달라니 아이들을 받아들였다. 그들은 함께 가장 낮은 자의 낮은 자가 되기로 결정했고, 하나님의 인도로 그들은 교육과 운동 모두에서 하나님의 역작 tour de force로 변화되었다.

MCF는 육상, 축구 그리고 가라데 프로그램으로 유명세를 탔다. 주변의 학교들은 왜 MCF가 지역과 구내 학교 대회에서 모든 트로피를 휩쓰는지 궁금했다. 그들은 심지어 야타구에서 주최한 과학 대회에서 새로운 기술을 개발한것으로 상을 타기도 했다. 그들은 획기적이고 저렴하게 모든 필수 단백질, 탄수화물, 지방 그리고 비타민을 섞은 새로운 가축 사료 급여량을 개발한 것으로 수상했다.

1997년 그들은 야타구 축구 챔피언쉽의 결승리그 출전을 위해 로드 트립을 떠났다. 그들은 124개의 학교 중 결승까지 진출했고 우승했다. 심판이 마지막 휘슬을 불었을 때, 모든 우승 팀이 그러하듯 서로에게 축하하려 달려나가며 소리쳤다. 같이 여행에 참여했던 선생님들도 운동장으로 같이 뛰쳐나갔다. 그들이 그곳에 있었다. 각기 다른 곳에서 온 아이들, 끔찍한 성장 배경을 가진 아이들, 다른 부족에서 온 아이들 모두가 구조받았고, 그 모든 것을 밟고 올라가 승리의 전우애를 맛보았다.

60여 명의 MCF 소년은 트랙터가 끄는 거대한 트레일러로 돌아갔고 달라니로의 긴 여정을 시작했다. 아이들은 서로에게 존경심을 표하기 위해 우승 트로피를 돌렸고 그들이 돌아가는 길 동안 찬양하며 예배를 드렸다. 갑자기 트랙터가 멈추었다. 그들은 앞에 무엇이 있는지 보았다. 거대한 바위가 도로 위에 놓여 있었다.

갑자기 200명이 넘는 주변의 두 학교 학생들이 트레일러를 포위하고 돌을 던지며 그들을 저주했다. 그들은 목청껏 소리 지르고 욕설을 뱉으며 트로피를 빼앗고 의식을 잃을 때까지 때려죽일 것이라 했다. 그러나 MCF의 소년들은 거리에서 자라난 데다 가라데를 배운 이들이었기 때문에 그런 일에는 눈 하나 깜짝하지 않았다. 그들은 공격에 맞서 싸우려 트레일러 밖으로 달려갔다. 다음에 일어난 일은 액션 영화의 한 장면이었다. MCF 아이들은 돌려차기와 정권 치기가 뒤섞인 공격을 통해 스스로를 방어했다. 조용했던 도로에 맹렬한 고함과 비명이 터져 나왔다. 싸움이 너무 격렬해진 까닭에 MCF 선생님들은 살해당하지 않길 바라며 도망쳤다.

MCF의 한 소년은 3명과 맞서 싸웠는데, 그들 모두가 손에 돌멩이를 들고 그의 머리를 강타할 준비가 되어 있었다. 그는 자신의 뒤꿈치를 상대의 흉골로 향한 강한 옆차기를 첫 번째 상대에게 강타했다. 그것이 제대로 그에게 명중했고, 그를 땅으로 고꾸라지게 만들었다. 다음 희생자는 MCF소년의 관자놀이를 치려는 시도로 주먹을 넓게 휘두르는 실수를 범했다. 그러나 MCF소년은 손을 올려 쓸어내리는 동작으로 주먹을 막았고, 상대방의 손목을 잡은 후 자신에게 가까이 끌어왔다. 그 소년은 자신의 손을 자신의 귀까지 들어 올린 후 상대방의 얼굴로 강하게 내리쳤다. 모두가 그 소년이 쓰러지며 비명을 지를 때, 무언가 부서지는 듯 한 소리를 들었다.

세 번째 소년은 상대가 자신과는 급이 다르다는 것을 명백하게 느꼈지만, 분노에 싸여 이성적이지 못했고, 이 불쌍하고 쓸모없는 거리의 아이들에게 당하는 일 따윈 없을 것이라 생각했다. 둘은 시선을 서로에게로 고정했고 누가 먼저 공격할지 기다렸다. MCF소년이 자세를 바꿔 오른발이 뒤로 가고 왼발이 앞으로 가도록 했다. 상대방이 소년에게 달려들었다. 소년은 침착하고 냉정하게 마치 짜놓은 듯한 동작으로 골반을 돌려 다른 방향을 마주 보았고, 어깨너머로 상대를 바라보며 그의 오른발을 뻗어 그의 발뒤꿈치로 상대방의 골반을 걸어찼다. 완벽한 공격이었다. 역겨울 만큼의 타격음이 났다. 상대가 땅으로 고꾸라졌고 주위의 모든 아이가 싸움을 그만두게 할 만큼 비명을 질렀다. MCF소년은 다른 MCF친구들을 도와주기 위해 몇 명의 상대와 더 맞붙었다. 몇 분도 안 되어 수십 명의 상대가 코와 입에서 피를 흘리며 땅에서 뒹굴고 있었다. 몇몇은 뼈가 부러졌고 몇몇은 의식과 무의식 사이 위태한 상태를 오가고 있었다.

경찰이 도착하였고 남은 아이들을 돌려보냈다. 그들은 자신의 친구들처럼 일주 혹은 몇 달이 걸려야 회복할 만큼의 운명을 겪지 않으려 행복하게 그곳을 떠났다. 경찰은 공격을 한 몇몇 아이를 체포했고, MCF아이들이 집으로 돌아가는 길을 다시 갈 수 있도록 도로를 정리하는 것을 도와주었다.

아이들은 트레일러에 다시 올라타, 지는 석양 쪽으로 노래를 부르며 다시 길을 가기 시작했다. 단 한 명도 다치지 않고 말이다.

아버지 없는 이에게 아버지를

28

싸움 소식을 전해 들었을 때, 찰스는 엘도렛에 있었다. 그는 수화기 너머 오티에노가 전해주는 말을 듣고 슬펐다. 그는 전화기를 내려놓고 소년들과 이야기하기 위해 엘도렛을 떠나 달라니로 향했다.

그는 6시간 동안 운전하며 무슨 말을 해야 할지 생각했다. 아이들을 책망할 수 있을까? 가라데 교육의 목적은 아이들이 육체적으로 건강하게 살 수 있도록 하는 것이었다. 하지만 이런 실질적인 목적도 있었던 것 아니겠는가? 아이들이 트레일러에 남아 폭행당했어야 했던 것일까 아니면 자신을 보호하는 것이 옳았던 것일까?

그는 평화적인 합의와 자기방어의 필요성 혹은 권리 사이의 긴장감에 대해 소년들과 이야기하고 싶었다. 그들은 공격한 사람들을 다치게 했고 갈비뼈를 비롯한 다른 뼈들을 부러뜨렸다. 그러나 이것은 MCF의 소년들에게는 아무 일도 아니었다. 어떻게 비교할 수 있겠는가? 그들은 거리에서 사람을 죽여 본 일이 있는 사람들이었다.

찰스는 한 교실에 들어가 아이들을 만났다. 그들은 오래된 나무 책상 앞에 앉았다. 그는 앞에 서서 그의 축구 챔피언십 팀을 바라보았다. 그 아이들을 보는 것은 기쁜 일이었다. 그들의 얼굴은 성취감과 존엄성으로 가득 차 있었다. 그들은 거리의 아이들이 아니었다. 찰스의 아이들이었다. 그의 아들들이었다.

"나를 만나러 와줘 고맙구나."

그들은 아무 대답도 하지 않았다. 그들은 기다렸다. 이 학교에 새로 온 몇몇 아이는 자신들을 허락하지 않던 다른 사람들에게서 거리에서 받아왔던 '거친 체벌'을 기대하고 있었다. 하지만 그 대신 그들은 다른 무언가를 받으려 하고 있었다.

"나는 너희가 축구 토너먼트에서 우승한 게 너무나 자랑스럽단다. 124개의 모든 학교 중에서 너희가 우승했어. 너희는 최고였다는 걸 증명했지. 나는 너희를 정말정말 많이 사랑한단다. 너희를 내 아들이라 부르는 게 자랑스럽단다. 너희들은 고아가 아니야. 더 이상은 아냐. 너희는 나의 아이들이란다. 그리고 그렇기에 너희는 사랑받고 있단다. 너희는 성공했고, 설령 그렇지 못했더라도, 너희를 똑같이 사랑했을 거란다. 너희를 향한 나의 사랑은 너희가 무엇을 성취 했고, 못 했는지에 따른 게 아니라, 너희가 너희란 것 그 하나 때문이란다."

아버지 없는 이에게 아버지를

찰스는 그의 목소리를 가다듬었다. 아이들은 더 많은 목적 의식을 갖고 그를 바라보았다. 그들 모두는 자신이 왜 이곳에 있는지 알았다.

"나는 오늘 다른 학교 학생들이 관련된 사건이 있었다는 걸 안단다. 그리고 너희들과 가라데에 대해 말해보고 싶구나. 이곳 MCF에서는 싸움이 좋지 않다고 여기는 것을 너희도 알고 있다고 생각한단다. 그리고 우리는 싸움에 바로 반응을 보이지 않는단다. 우리는 사람들을 사랑해야 해. 그리고 최고의 일은 너희에게 잘못한 사람들을 용서하는 일이야."

찰스가 멈추었다. 그는 머릿속에 할 말을 정리했다.

"인생에서 우리는 언제든지 우리의 손과 발로 또는 말과 행동으로 사람들을 공격함으로써 반응할 수 있단다. 그러나 그 것은 복음이 지향하는 길이 아니란다. 우리는 그리스도께서 우리를 사랑하셨듯이 다른 이들을 사랑해야 한단다. 그리스도의 말씀이 우리는 결코 우리를 방어해서는 안 된다는 뜻일까? 그 말이 우리가 이용당하고, 우리가 믿는 것으로 인해 죽임당해야 한다는 뜻일까? 심지어 예수님께서도 당신이 믿었던 자로 인해 죽임당하셨단다."

"너희들은 언제나 선택할 수 있어. 너희 중 많은 수가 거리에서 상처받고 온 것을 알고 있단다. 그리고 나는 너희가 싸움은 마지막 수단이라는 것을 알았으면 한단다. 보통 화해할 길을 찾는 것보다, 바로 싸워버리는 게 훨씬 쉬울 때가 많단다. 너희를 공격한 아이들은 분명히 잘못을 저질렀어. 우리 모두 그들이 너희의 성공을 질투했다는 걸 알고 있단다."

"그래서 저희가 잘했다는 건가요? 잘못했다는 건가요?"

다른 소년의 골반을 부러뜨린 한 소년이 물었다. 좋은 질문이었다. 그것이야말로 모든 이가 궁금해하던 '바로 그' 질문이었다. 찰스를 포함해서 말이다.

"그 아이들은 너희를 공격하면 안 됐어. 하지만 그들은 그렇게 했지. 그리고 그 짧은 시간에 평화로운 반응을 할 기회가 없었을 거야. 우리는 우리의 이웃을 사랑해야 하고, 문제를 풀기 위해 곧바로 폭력에 의존해서는 안 돼지. 우리는 용서해야 한단다. 화를 내는 것을 더디게 해야 한단다."

그가 잠시 멈추었다.

"최고의 반응, 가장 어려운 반응은 우리의 이웃을 사랑할 방법을 찾는 거란다. 특히 그것이 어려울 때일수록 더더욱."

찰스는 그가 이곳에 나누러 온 이야기를 다 했다는 의미로 고개를 끄덕였다.

"다시 한번 더."

그가 미소를 지으며 말했다.

"나는 너희가 모두 자랑스럽단다. 너희는 최고의 축구 선수들이야!"

소년들이 기쁨의 소리를 지르며 주먹으로 책상을 내리쳤다.

"이제 밥 먹으러 가자꾸나."

찰스가 말했다. 그는 문을 열고 아이들이 방을 떠날 때, 그의 올스타 팀 선수들과 악수했다.

1997년경, 그들은 그들의 고등학교를 시작할 필요성이 있었다. 그들의 학생들을 9학년부터 12학년까지 다른 기관으로 보내는 데 너무 큰 비용이 들었기 때문이다. 확장에 대한 결정에 많은 질문이 야기됐다. 당신은 어떻게 고등학교를 시작할 것인가? 학생들을 어디에다가 두지? 이미 당겨 쓰는 재정을 어떻게 확대하지? 어디서 선생들을 찾지?

찰스는 시간을 들여 늦은 밤 강가 한적한 곳을 찾아, 이 결정에 대해 기도하기 시작했다. 돈도 선생님도 자원도 없었다. 그러나 하나님께는 문제가 아니었다. 찰스는 이곳이 하나님께서 자신이 있길 바라시는 곳임을 확신했기에 앞으로 나갈 준비가 된 것 이상이었다.

"나의 왕이신 나의 주여. 우리는 고등학교가 필요합니다. 당신께선 그 필요를 아십니다. 우리에게는 선생님이 필요합니다. 돈이 필요합니다. 그리고 건물이 필요합니다. 철로 만든 임시 빌딩은 너무 덥습니다. 당신께서는 그 교실 안에서 아이들을 보심을 압니다. 그 더위 속에서 아이들이 배우는 것은 너무나 힘든 일입니다."

찰스는 일어나 강가를 따라 걸으며, 아이들이 수영하기 위해 만든 부두에 물살이 지나가는 소리를 들었다.

"아버지, 당신께서는 무릇 내가 너희 발바닥으로 밟는 곳을, 다 너희에게 주었노라고 하셨습니다."

그가 그 구절을 읽은 순간, 그는 자신감을 얻었다. 그는 울기 시작했고, 그것은 오랜 세월 증명되어 온 것처럼 하나님과 깊은 기도를 하고 있다는 신호였다. 그가 기도하기를 끝냈을 때, 그는 하나님께서 답하실 것을 알았고, 어떤 방법으로든 하나님께서 채워 주실 것을 알았다.

찰스의 학교가 8학년 시험을 너무나 잘 치렀기에, 그게 선생님들을 끌어왔고, 그중 몇몇은 고등학교에서 가르칠 자격이 있는 사람도 있었다. 그는 그중 두 명을 택해 고등학교 교육과정을 개발하는 일을 맡겼다. 아주 짧은 시간 후에, 고등학교 프로그램을 시작하는 것에 참여하는 것에 관심을 보이는 3명의 선생님이 더 왔다.

그들은 소년들이 배워왔던 목공일, 금속가공과 용접 트레이닝을 사용했고 그들의 노력을 잘 조정하여 새로운 학교를 짓는 계획에 힘을 모았다. 그들은 창문과 문 그리고 정문 작업을 시작했고 벽을 위한 돌, 바닥을 위한 콘크리트, 지붕 구조를 위한 나무 그리고 조약돌 등의 필요한 재료들을 사야 할 스케줄을 만들었다. 유일하게 빠진 재료는 돈뿐이었다.

언제나 그래왔듯, 찰스는 편지로 사람들에게 돈을 요청하지 않았다. 그 대신 그는 하나님의 말씀에 집중했고, 그분이 자신에게 지정한 일을 하기로 했다. 일이 잘 풀릴 것이다. 왜인지 모르지만, 그렇게 될 것이라 생각했다. 어떠한 자금이 모이기도 전에, 그는 모든 아이를 불러 모았다. 300명이 넘는 아이가 자신들이 '아빠'라고 부르는 한 남자의 말을 듣기 위해 언제라도 부서질 듯한 벤치에 모였다.

"나는 너희들에게 하나님이 곧 우리에게 주실 것이라는 걸 말해주려 이곳에 섰단다! 너희 주변을 돌아보렴."

찰스가 말했다.

"너희 중 누구라도 혹시 여기에 고등학교가 보이니?"

아이 몇이 고개를 저었다.

"미안하구나."

찰스가 웃으며 말했다.

"목소리가 들리지 않았어. 너희 중 누구라도 혹시 여기에 고등학교가 보이니?"

몇 명의 아이가 소리 질렀다.

"아니요!"

"하지만 무슨 일이 일어날지 아니? 이곳에 말이야. 이곳에 학교가 생길 거야. 하나님께서 우리에게 너희를 위한 학교를 주실 거란다. 그분께서 이미 선생님들을 데려오고 계신단다. 그분께서 이미 직원들을 모으고 계신단다. 그리고 그분께서 곧 학교를 제공해주실 거란다!"

아이들이 소리쳤다. 하나님을 찬양하는 아이 300명의 소리는 가장 좋아하는 스포츠팀을 응원하는 30,000명의 소리처럼 들렸다.

"그분께서 너희를 거리에서 구해주셨어. 너희를 여기 MCF로 불러주셨지. 그분께서 너희에게 침대와 음식과 옷 그리고 학교를 주셨단다. 그리고 너희가 8학년을 마쳤을 때, 하나님께서는 너희에게 고등학교를 주실 거란다!"

아이들은 박수 치며 소리쳤다. 그 후 그들은 하나님께서 이제 하실 일을 축하하며 함께 찬양했다. 설교가 끝났을 때 아이들은 자신의 가사 일이나 숙제를 하기 위해 돌아갔다. MCF에 한 달 봉사하러 온 단기 선교사 중 한 명이 뒤에 앉아 찰스가 선생님들과 대화를 마치길 기다렸다. 그가 홀로 남았을 때 그녀는 찰스에게 다가갔다.

"멀리 씨?"

그녀가 물었다.

"네 안녕하세요, 어떠신가요?"

그녀의 이름을 부르며 그가 물었다. 그녀는 찰스가 자신의 이름을 기억하고 있다는 것이 놀라웠다. 300명이 넘는 아이와 30명의 선생님 그리고 수십 명의 직원. 그런데도 그는 그녀의 이름을 포함해 모든 이의 이름을 알고 있었다.

"멀리 씨, 당신은 어떻게 하나님께서 역사하실 것을 알고 있죠? 어떻게 이 학교를 위한 재정이 들어올 것을 알죠?"

찰스가 미소 지었다.

"좋은 질문이에요."

그들은 벤치에 앉았다. 한 아이가 근처 수도에서 손을 닦은 후, 야간 성가대 연습을 위해 모임 장소로 급히 뛰어갔다. 모임 장소 뒤편에 있는 부엌에선 몇몇 직원이 다음날 아침 식사를 준비하고 있었다.

"저도 당신에겐 하나님께서 돈을 주시는 게 필요하다는 걸 알고 있어요."

그녀가 말했다.

"그리고 저도 그 일이 잘 풀렸으면 좋겠어요. 모든 사람이 그러듯이요. 그렇지만 저기서 당신이 말하는 것을 들었을 때, 전 그저 당신이 하나님께서 당신을 위해 해주실 거란 걸 알고 있다는 걸 보았어요. 제 인생에는 그런 것이 없어요. 저 또한 하나님을 사랑해요. 하지만 저는 하나님께서 제가 구하는 것을 해주시리라는 확신이 없어요."

찰스는 그녀의 말을 들으며 고개를 끄덕였다. 그의 미소가 사라졌다. 그의 표정이 그녀의 고민을 인지하고 있다는 표정으로 변했다.

"물론 저도 하나님께서 하실 일을 항상 확실하게 말할 수는 없어요. 하지만 제가 기도할 때, 따르는 세 가지가 있습니다. 첫째, 저는 제 자신의 일을 하는 것이 아닙니다. 저는 사역을 하는 것입니다. 이것은 100% 주님을 위한 일입니다. 그렇다면 그분께서 왜 이 일이 잘되길 원치 않으시겠어요? 둘째, 하나님께서 이 아이들을 돌보도록 저에게 맡기셨습니다. 그리고 보시다시피, 이곳엔 정말 정말 많은 아이가 있습니다. 달라니의 아이들뿐 아니라 엘도렛의 아이들도요. 하나님께선 이 일을 한 사람이 맡기에는 힘들다는 걸 알고 계십니다. 저 혼자 이것을 해내는 것은 불가능해요. 그러니까 이 아이들을 정말로 책임지고 계시는 분은 그분입니다. 저는 그분의 대리인일 뿐이죠. 그리고 셋째, 어떤 결과가 나오든 그것은 저를 위한 것이 아니라 MCF를 위한 것입니다. 아이들은 버려졌고 희망이 없었죠. 그러나 이 기적과 공급하심 모두 아이들이 보고 믿을 수 있도록 일어난 일입니다. 그리고 저는 하나님께서 그것을 기뻐하심을 압니다. 제가 기도할 때 하나님께서 제 영 안에서 일하실 것을 압니다. 그리고 제가 그것을 알 때, 더 이상 되돌릴 수 없습니다."

그녀는 방금 그가 말한 것을 이해하려 노력하며 그리스도와 가까이 있는 이와 함께 하는 것에 무게를 느끼며 잠시 침묵했다.

"제게도 당신과 같은 믿음이 있으면 좋겠어요."

그녀가 말했다.

"저는 제 인생에서 해결되지 않는 부분을 위해 하나님을 믿고 있어요. 가끔 제가 잘못된 것을 기도하고 있는 건지 생각해요."

"우리가 우리의 인생이나 가족을 위해 개인적으로 기도하는 것은 괜찮아요. 우리는 우리와 다른 이들의 이득을 위해 기도해야 해요. 하나님께서는 그런 기도에 응답하시고, 그런 기도를 귀하게 여기신답니다. 하나님께서는 도움이 필요한 이들에게 축복해주시고 채워주십니다. 그러니 너무 실망하지 마세요. 하나님께서는 그분의 뜻대로 일하십니다. 그러니 우리는 하나님께서 우리에게 응답해주시기를 강요할 수 없어요."

"그저 제가 당신이 그곳에 서 있는 것을 볼 때 제겐 없는 무엇인가를 봐요. 멀리 씨, 저는 당신을 존경해요. 저는 당신 같은 사람을 만난 적이 없어요."

"그리고 저도 당신 같은 분을 만난 적 없어요."

그가 그녀의 마음을 파고드는 말투로 말했다. 그녀가 어떻게 찰스 같은 남자가 그녀의 안을 볼 수 있는지 이해하지 못하며 웃었다.

"이곳에 있는 것은 놀라운 일이에요."

그녀가 말했다.

"이 장소. 이 장소는 사람들에게 표현하기 불가능한 장소가 될 거예요. 저는 집에 가서 사람들에게 뭐라 말해야 할지 모르겠어요."

"그들에게 우리가 그들을 사랑한다고 말해주세요."

찰스가 말했다.

"그럴게요. 고마워요."

그녀가 일어나며 말했다.

"좋은 밤 보내세요."

그가 말했다.

"그리고 안녕히 주무세요."

"멀리 씨도요."

그녀는 그를 포옹했고 다음 수업을 준비하러 갔다. 찰스가 그녀의 이름을 부르자 그녀가 돌아섰다.

"네?"

"한 가지 더요."

"그게 뭐죠?"

그는 진실한 눈으로 그녀를 바라보았다. 안에 있는 것이 정확히 드러나는 그런 눈빛으로.

"당신의 믿음은 당신이 생각하는 것보다 강해요."

"고마워요."

그녀는 날벌레들 밑을 지나 자신의 방으로 들어갔다.

고등학교는 그와 같은 해에 시작했다. 1999년경, 모든 재정이 준비됐고 새로운 중학교 그리고 고등학교 건물이 세워졌다.

29

아이들이 맨 처음 이곳에 도착했을 때처럼 회복이 빠르지 못한 게 문제의 시작이었다. 모든 아이가 물을 마신 후 아프기 시작했다. 마치 MCF 달라니 지부의 비공식적인 시작인 것만 같았다. 아이 대부분이 며칠을 앓았고, 몇몇은 일주일 내내 아프기도 했다. 종종, 흔하지 않은 일이지만, 약이 필요한 경우도 있었다.

그리고 이내 상황은 더욱 심각해졌다. 장티푸스와 말라리아는 흔한 일이 되었다. 매일 5명에서 30명의 아이가 응급약을 받으러 병원으로 실려 가곤 했다. 거의 모든 아이가 병에 걸렸다. 처음에는 병에 걸린 아이들이 적응하여 면역을 개발했지만, 후에 질병이 너무나 만연해 직원들까지 떠나버렸다.

두 명의 소년이 장티푸스로 인해 심하게 앓기 시작했다. 한 명은 가까운 마투우 타운으로 실려 갔고, 다른 한 명은 에이즈에 걸려 있었고, 그의 약해진 면역체계로 인해 엘도렛에 있는 병원으로 가야만 했다. 선생님 중 한 명이 찰스가 여자 기숙사를 위한 건축 견적을 준비하고 있을 때, 그를 찾아왔다.

"멀리 씨?"

그 선생님이 물었다. 찰스는 고개를 들었다.

"네?"

"제가 들어가도 되겠습니까?"

"물론이죠. 들어와요. 여기에 앉아요."

선생님이 불빛 안으로 들어왔고, 그의 표정에 불안감이 드러났다. 그것이 찰스의 공포심을 최고로 끌어올려 놓았다.

"좋지 않은 소식이 있습니다."

그가 말했다. 찰스는 그의 펜을 내려놓았다.

"무슨 일이죠?"

"마투우에 있던 그 소년이 죽었습니다."

찰스는 얼굴에서 피가 쏟아지는 느낌이 들었다.

"의사들도 그를 살릴 수 없었습니다."

선생님이 계속했다.

"그 물이. 그게 그 아이에게 여러 질병을 주었습니다. 그 아이가 받아들이기엔 무리였습니다."

찰스는 책상 위로 팔꿈치를 들어 올렸고, 손을 얼굴 앞에서 접었다. 죽음. 소년의 죽음.

"말해주어 고마워요."

아버지 없는 이에게 아버지를

"다른 아이는 어떤가요? 엘도렛에 있는 아이 말이에요."

"그 아이에게 내일 갈 예정입니다."

"그 아이는 괜찮았으면 좋겠군요."

"저도요."

찰스가 말했다.

"저도요."

찰스는 잠이 들 수 없었다. 그는 기도로 밤을 지새우며 하나님께서 아이들을 치료해주시는 자비를 구했다.

'하나님, 당신께서는 지금 저희의 곤란을 보고 계십니다. 당신은 죽은 그 아이를 아십니다. 당신은 죽어가는 엘도렛의 그 소년도 아십니다. 그리고 당신은 앓고 있는 모든 아이를 아십니다. 하나님, 만약 당신께서 우리에게 깨끗한 물을 제공해주시지 않았을 거라면 저희를 이곳으로 불러내시지도 않았을 것입니다. 당신께서 우리에게 그저 오염된 물을 주기 위해 엘도렛에서 달라니까지 이 먼 길을 인도하셨겠습니까? 아닙니다, 하나님. 하나님, 당신께서 그러지 않으심을 압니다. 그러기에 예수님의 이름으로 우리에게 치료를 허락해 주실 것을 구합니다.'

다음 아침, 그는 엘도렛의 병원으로 운전했다. 의사들이 찰스에게 소년에게는 시간이 얼마 남지 않았다고 했다. 아이의 몸이 이미 약해졌기에 제대로 된 치료에도 불구하고 더 이상 의사들도 별도리가 없는 시점이었다.

그들은 찰스를 그 소년의 방으로 안내했다. 소년의 약해진 몸이 침대에 뉘어있었다. 얇은 이불이 그 아이의 몸을 덮고 있었다. 찰스를 보자 그 아이의 눈이 부모님을 본 아이의 눈처럼 환해졌다.

"안녕."

찰스가 소년 옆에 있는 의자에 앉으며 말했다.

"아빠. 아빠를 다시 볼 수 있어서 기뻐요."

"나도 그렇단다. 너를 볼 수 있어 기쁘단다."

"몸이 좋지 않아요, 아빠. 저는 아파요. 온몸이 아파요."

소년은 아픈 몸 상태에도 찰스에게 환한 미소를 보여 주었다.

"네가 아픈 걸 알고 있단다. 네가 아파서 아빠 마음이 아프구나."

"의사 선생님들이 저에게 약을 주셨어요. 그렇지만… 그분들은 그게 저를 도와줄 거라 생각하시지 않는 거 같아요."

"알고 있단다."

눈이 눈물로 가득 차며 그가 말했다.

"저를 위해 기도해주시겠어요, 아빠? 기도해 주실 수 있나요?"

"그럼, 당연히 너를 위해 기도해줄 수 있지."

"저는 두려워하지 않아도 되는 거죠? 그렇죠?"

"그렇단다. 너는 두려워하지 않아도 된단다."

눈물이 찰스의 뺨을 타고 흘러 바닥으로 떨어졌다. 그는 손을 뻗어 자신의 왼손을 소녀의 이마에 올려두었다. 다른 손

아버지 없는 이에게 아버지를

으로는 이불을 걷고 소년의 손을 잡았다.

"저는 예수 그리스도를 믿고 있어요, 아빠. 아빠께서 그분에 관해 말해주셨잖아요."

"맞아. 그랬었지."

"저를 거리에서 찾으셨을 때 기억나세요?"

"그럼. 아주 잘 기억하고 있단다."

"부모님께서 돌아가시고, 저는 빈민가에 있었죠. 아빠가 저를 아빠 집으로 데리고 가주셨어요. 제가 아빠를 처음 봤을 때를 기억해요. 그리고 저는 자신에게 물었어요. 이 남자가 나를 데려가는 걸까? 나를 자신과 함께 집으로 데려가는 걸까? 그리고 아빠는 그렇게 하셨죠."

소년이 다시 미소 지었다.

"저에게 다가오셔서 예수님이 저를 사랑한다 하셨죠. 그리고 아빠가 저를 사랑하심도 알고 있어요. 아빠가 제게 침대를 주셨고, 음식도 주셨어요. 그리고 저를 학교에 보내주셨어요."

"너는 학교에서 정말로 정말로 잘해왔단다."

"제가 돌아갈 수 있을까요?"

찰스는 그렇다고 대답하고 싶었다. 그는 그 소년에게 모든 것이 잘 될 거라고 확신을 주고 싶었다. 물론, 모든 것이 잘 될 것이다. 어떻게든 될 것이다.

"나는 네가 자랑스럽단다."

찰스가 말했다.

"너의 친구 중 몇몇은 빈민가로 돌아갔지만 너는 그러지 않았어. 그 아이들은 그곳에서 벗어났음에도 다시 돌아갔단다. 그러나 너는 빈민가와 그곳에 있던 모든 문제로부터 떨어져 있었어. 그리고 합창단에서 노래도 매우 잘했단다."

"저는 그 합창단이 좋아요, 아빠."

"그럼, 나도 잘 알고 있단다."

소년은 자신의 눈을 떠야 할지 감아야 할지 결정하려는 듯 눈을 몇 번 깜빡였다.

"너는 행복한 아이란다"

찰스가 말했다.

"주님 안에서 저는 강해져요. 그게 제가 행복한 이유에요."

"기도할까?"

찰스가 물었다. 소년이 고개를 끄덕였다. 소년이 기도를 시작하며, 그들은 눈을 감았다.

"예수님, 저는 당신께서 저를 사랑하심을 알아요. 저도 예수님을 사랑해요. 저는 지금 아파요. 저를 낫게 해주시길 기도합니다."

소년의 목소리가 희미해졌다. 찰스는 눈을 떴다. 소년도 눈을 떴고, 미소 짓더니 다시 눈을 감았다. 찰스는 눈을 감고 더 많은 눈물을 흘렸다.

"하늘의 아버지, 저는 당신께서 제 사랑하는 아이를 나아지게 해주실 것과 당신의 뜻이 이루어지기를 기도합니다."

아버지 없는 이에게 아버지를

보통 찰스에게 기도는 쉽게 나올 터였다. 그에게는 기도하는 것이 바로 옆에 있는 사람과 대화를 나누는 것 같은 기분이 들었다. 그러나 지금 여기 병동에서 그는 기도를 이어갈 수 없었다.

그는 소년의 손이 얼음장처럼 차가워진 것을 느꼈다. 이내 그의 이마도 차가워졌다. 찰스는 눈을 뜨고 어린 소년을 보았다. 그의 아들이었다. 소년의 얼굴이 너무나 창백해졌다. 너무나도 평화로웠다. 소년의 가슴이 움직이지 않았다. 그 방은 완벽한 침묵으로 덮였다. 찰스의 얼굴에 흐르는 눈물을 제외하고는 어떠한 움직임도 없었다.

30

모든 MCF 엘도렛 지부의 가족들
이 소년의 장례식에 참여했다. 아이들은 뒤섞인 감정을 느꼈다.
몇몇 아이에게는 처음 경험하는 친구의 죽음이었고, 다른 아이
들에게는 거리에서 죽어간 수십 명의 사람처럼 잊힐 또 다른
죽음이었을 뿐이었다. 찰스가 장례식을 진행했고, 그는 하나님
에게 분노를 느끼는 대신 어떻게 이 식수 문제를 해결해야 할
지에 집중했다. 물을 정수하는 데 너무 많은 돈이 들었다. 게다
가 대부분의 정화 시스템은 전기를 필요로 했고 MCF의 달라니
지부에서는 전기를 사용하지 못했디. 진기 없이는 깨끗한 물을
마실 수 없었다. 그리고 깨끗한 물 없이는 희망이 없었다.

찰스는 엘도렛에서 달라니까지 구덩이가 가득한 길을 따라
운전하며 하나님께 기도드렸다. 그는 적도를 지나갈 때 기도했다.

"하나님, 당신께서 물을 주시지 않을 거라면 저희를 다른

곳으로 옮겨가게 해주십시오."

이사의 가능성에 대한 생각은 찰스를 두 가지 이유로 괴롭게 했다. 첫째, 그들은 달라니에 건물을 짓는 데 너무 많은 에너지를 소비했다. 지금 이곳을 떠난다는 것은 그들이 다른 장소에 다시 건물을 지어야 한다는 것이고 결국엔 그들의 노력을 낭비하고 처음부터 다시 시작한다는 걸 뜻했다. 둘째, 달라니는 아이들에게 완벽한 위치였다. 그곳은 100km쯤 도시에서 떨어져 있었는데 그것이 달라니 시에 있는 갱들과 성매매 그리고 마약으로부터 아이들을 멀리하게 하고 있었다.

그러나 찰스는 이사 또한 하나의 가능성으로 열어두며 마음을 편히 가졌고 하나님께서 재정적인 도움으로 식수를 해결해 주실 것을 믿는 기도에 집중했다. 몇 년 전에, 사람들은 그에게 우물을 파는 것이 어떠냐는 제안을 한 적 있다. 그러나 이 지역에는 대대로 물을 찾으려는 노력이 전부 실패로 돌아간 전례가 있다. 달라니를 둘러싸고 있는 산들은 말라 있었다. 암석으로 이루어진 탓에 사람들은 고작 7피트(약 0.91m)밖에 파지 못했고, 물을 결코 찾을 수 없었다. 다른 방법은 물을 트럭으로 실어오는 것이었다. 그러나 350명이 넘는 아이들의 수요는 너무나 컸고, 물을 공급하는 비용이 너무 비쌌다.

찰스는 하나님께 계속해서 기도했다. 그는 3일 밤 내내 잠을 잘 수 없었다. 셋째 밤, 그는 하나님의 길을 찾으며 울기 시작했다. 그는 그의 작은 단칸방 집에서, 하나님으로부터 해답을 찾으려 자신을 매진했다. 문제는 계속해서 심각해지고 있었다. 더 많은 아이가 병에 걸리고 있었고 의료비용은 계속해서 늘어만 갔다.

찰스의 울음은 흐느낌으로 변했다. 그의 기도는 조용한 요청에서 시끄러운 외침으로 변했다. 하나님께 해답을 구하고 요구하고 희망했다. 그는 하나님 앞에 나가 무릎을 꿇었고 그의 목소리를 더욱더 높여갔으며 그는 하나님 자신이 길거리에서부터 구조해주신 그 아이들에게 간섭하시도록 그의 손을 들었다.

새벽 1시, 에스더가 깨어났다. 그녀는 찰스가 하나님께 울부짖으며 소리 지르는 것을 들었다. 그녀는 무서웠다. 그녀는 꿈을 꾸는 것과 다시 현실로 깨어나는 그사이의 희미한 순간에, 그는 처음에는 그가 누군가와 논쟁을 벌이고 있는 것으로 생각했다. 그녀가 그가 기도하는 것을 들었을 때 그녀의 추측이 아주 빗나간 것은 아니라고 생각했다."

"왜 어린 아기처럼 울고 있죠?"

그녀가 잠에서 깨어난 데 화가 나 물었다.

"하나님께선 당신이 소리치지 않으면 들으실 수 없나 보죠?"

그러나 찰스는 대답하지 않았다. 그는 그들이 무엇을 해야 할지에 대한 하나님의 대답을 간절히 구하며 더 크게 울부짖었다. 그의 목소리가 너무 커서 듣고 있던 에스더의 귀를 아프게 할 정도였다. 더 이상 그것은 기도처럼 들리지도 않았다. 그러더니 이내 모든 것이 고요해졌다. 방 안의 분위기에 극적인 변

화가 있었다. 찰스는 순간적인 평안과 해답을 발견하였다는 거
부할 수 없는 확신을 느꼈다.

"뭐라고요?"

에스더가 속삭였다. 또 한 번, 찰스는 어떤 대답도 하지 않
았다. 그는 무릎을 꿇고 고개를 뒤로 젖혀 위를 바라본 채 있었
다. 달빛이 그의 눈물에 젖은 셔츠를 비춰주었다. 셔츠가 너무
축축해 땀을 아주 많이 흘린 것 같았다.

"찰스."

그녀가 다시 말했다.

"뭐라고요?"

그는 눈을 떴다. 그 눈에 익숙한 불길이 돌아왔다.

"나가서 하나님께서 우리에게 물을 주신 곳으로 가보자."

"뭐라고요?"

찰스는 일어나 아내의 손을 잡고 문으로 이끌었다.

"물이야, 에스더. 하나님께서 우리에게 물을 주셨어."

찰스는 문을 열었다. 그는 보이지 않는 지도를 따라가는
듯했고, 아내가 그의 뒤를 따랐다. 그들은 허물어진 벽과 비가
새는 지붕이 있는 그들의 작은 집에서 서쪽으로 200m 정도 걸
어갔다. 에스더는 그가 도대체 어떻게 어디로 가야 할지를 아
는가를 생각하며 그를 따라갔다. 그가 멈추었다. 그녀는 그에게
거의 부딪힐뻔했다. 찰스는 옆으로 3m를 움직였다.

"여기야."

그가 말했다. 그들은 강가에서부터 먼 거리에 있고, 모든 기숙사로부터 멀리 떨어진 곳에 서 있었다.

"여기가 뭐라고요?"

에스더가 물었다.

"여기가 하나님께서 우리에게 물을 주신 장소야."

"여기가요?"

찰스는 그녀를 바라보기 위해 돌아섰다.

"바로 여기야."

"여기요?"

"그래."

"바로 여기가요?"

그가 미소 지었다.

"에스더, 당신은 이제 기적을 보게 될 거야. 우리 눈으로 그걸 볼 필요는 없어. 나는 나의 영으로부터 보았어. 이곳이 바로 그곳이야."

에스더는 바짝 말라버린 땅을 바라보았다. 사람들은 그 지역을 몇 년 동안이나 조사했다. 그곳엔 물이 없었다. 불가능하다. 그게 사람들이 했던 말이었다.

"좋아요."

에스더가 답했다.

"우리한테 물이 있네요."

찰스는 한 줌의 흙을 쥐었다. 에스더도 똑같이 했다.

아버지 없는 이에게 아버지를

"아버지, 우리는 당신이 우리의 공급처임을 보여주셨기에 이곳에 섰습니다. 당신께서 우리에게 바로 이곳에서 물을 제공해주셨습니다. 모든 사람이 이곳에 물이 없다고 합니다. 그러나 당신께서는 이곳에 있다고 하십니다. 그러기에 나의 소중한 아내와 저는 당신의 일을 위해 우물을 파 아이들이 깨끗한 물을 가질 수 있도록 하겠습니다."

그들은 눈을 떴다. 에스더가 웃었다.

"그래서 제가 우물 위에 서 있다고요?"

"정확해. 당신은 MCF의 미래 식수공급처 위에 서 있는 거야."

그들은 집으로 다시 걸어갔고 찰스는 오랜만에 꿀잠을 잤다. 다음날, 찰스는 모든 아이를 불러 모았다. 그들은 찰스와 에스더가 전날 밤 서 있던 곳으로 모여들었다. 그들은 노래를 불렀고, 찰스는 그들이 왜 이곳에 있는지 말해주었다.

"나는 오랫동안 잠이 들 수 없었단다. 너희들 모두 이 달라니에서 끔찍한 문제가 있다는 것을 잘 알 거야. 우리에게는 깨끗한 식수가 없단다. 그리고 우리는 하나님께 기적을 보여 달라고 기도해왔지. 너희는 그것을 믿니? 너희는 하나님께서 그분의 아이들을 위해 기적을 보여주실 것을 믿니?"

아이들은 하나님께서 기적을 보여주실 것을 믿는다는 의미로 소리쳤다. 그것은 그저 진부한 이야기가 아니었다. 아이 대부분이 직접 기적을 보아왔다. 귀신을 내쫓는 것과 치료 그리고 구원을 보아왔다.

"하나님께서 내게 이 장소를 보여주셨어. MCF의 모든 장소 중에서 바로 이곳을 말이야. 하나님께서 바로 이곳을 파라고 하셨단다. 그리고 오늘 우리는 일꾼들이 이곳을 파기 시작할 때, 하나님께서 그들을 축복해주시길 기도할 거란다. 지금 우리 MCF에는 비싼 도구들이 많지 않단다. 하지만 모세의 이야기를 기억하니? 여기 누가 모세의 이야기를 기억하고 있니?"

아이 대부분이 손을 들었다.

"모세가 하나님 앞에 섰을 때, 그는 파라오가 그의 말을 듣지 않을 거라 걱정했단다. 그래서 하나님께서 말씀하시길, '네 손에 있는 것이 무엇이냐' 그러자, 모세는 하나님께 지팡이가 있다고 말했단다. 그리고 하나님께서 그것을 뱀으로 변하게 하셨단다. 하나님께서 모세에게 말씀하신 것은 모세가 이미 소유하고 있던 것을 이용하여 이집트에 있던 사람들을 구원한다는 것이었단다. 모세에게는 믿음이 있었어. 그에게는 지팡이와 그의 형 아론이 있었지. 우리에게는 믿음과 작은 도구들과 열정적인 일꾼들이 있단다. 하나님께서 우리를 위해 공급해 주실 거란다."

그들은 두 시간 동안 기도했다. 아이들은 돌아가며 크게 기도했다. 아이 중 몇몇은 새벽 5시에 일어나는 것에 익숙해져 하루가 시작하기 전에 한 시간을 교실에서 기도하기도 했다. 그들이 너무나 크게 기도했던 까닭에 그들의 땅을 지나 한 블록 정도 떨어진 곳에서도, 그들이 하나님께 소리치는 것을 들을 수 있었다. 하나님께 일꾼들의 성공을 미리 감사하는 그들의 기도가 올라갔다.

그날 아침 그들은 땅을 파기 시작했다. 그들은 약 3m 정도 되는 구멍을 2m 정도 팠고 무자비한 태양 아래서 사흘간을 흙을 파헤치며 일했다. 넷째 날, 그들은 이층집 깊이의 구멍을 팠고 결국에는 암석까지 도달했다. 일꾼들은 지쳐버렸고, 바닥의 암석을 제외하곤 아무것도 찾을 수 없었기에 그들은 포기하고 싶어졌다. 그러다 구멍 바닥의 옆에서 그들은 부드럽고 누런 진흙을 발견했다. 그들은 삽으로 그것을 내리쳤다.

이내 그들은 지하에서부터 우르릉 소리를 들었다. 물이 그곳에서 뿜어져 나왔고 마치 자동차가 부딪친 소화전 같았다. 일꾼들이 사다리를 타고 급하게 위로 올라갔다. 근처에 있던 아이들도 소리치며 달려갔다.

"마지Maji! 마지! 마지!"

찰스는 자신의 사무실 밖에 있었고 아이들이 자신에게 물을 찾았다며 소리 지르며 다가오는 것을 들었다. 찰스는 에스더를 불렀고 함께 그 장소로 갔다. 그들은 구멍 밑을 바라보았고 부글부글 뿜어져 나오는 물을 보았다. 불가능이 현실이 되었다.

찰스는 펌프를 사기 위해 나이로비로 향했고 펌프를 그 장소에 설치했다. 그들은 아이들을 불러 모았고 그곳의 이름을 야곱의 우물Jacob's Well이라 지었다. 찰스는 성경 속의 인물들도 야곱의 우물에서 물을 떠 마셨듯 MCF의 모든 이도 아무 비용 없이 깨끗한 물을 마시게 될 것이라 설명했다. 그날 밤늦은 시각, 아이들이 모두 잠이 든 후에, 찰스와 에스더는 새로운 우물로 갔다.

"이것이 우리가 모두 하나님께서 기도에 응답하실 수 있음을 믿도록 도와주었어요." 에스더가 말했다.

"아이들이 용기를 얻었어. 지금부터 아이들은 매일 아침 학교 가는 길에 이 우물을 지나갈 때마다 하나님께서 기적을 일으키신 것을 알게 될 거야."

"좋은 물이에요."

에스더가 말했다.

"하나님께서 우리에게 깨끗한 물을 주셨어요."

"그리고 그분께서는 더 많은 일을 하실 거야."

해외의 한 선교사가 자신이 MCF에 관해 들었으며, 찰스를 방문하고 싶다는 편지를 보내왔다. 찰스는 나이로비에서 그를 만나 달라니 지부로 데려왔다.

"전기도 없는 건가요?"

선교사가 물었다.

"네, 아직도 전기를 기다리고 있어요."

"제가 할 수 있는 일을 한 번 알아보겠습니다."

한 달 뒤, 그는 자신이 MCF에 감동 받은 것과 그들을 위해 주요 전력망으로 전기선을 설치해주고 싶다는 편지를 썼다. 찰스는 그의 궁휼함에 감사하며 실질적인 방법으로 움직일 의향이 있다는 답장을 보냈다. 찰스는 예산을 준비했고 두 번째 우물의 필요성을 나타내었다.

1년 이내, MCF의 두 개발 동업자들이 전기에 필요한 요건들과 두 번째 우물의 보어홀을 파기 위한 모든 재정을 제공해 주었다. 불빛이 처음 들어 왔을 때, 아이들은 추수감사절 예배와 함께 저녁 늦게까지 축하파티를 했다. 하나님께서 물을 제공해주셨고 하나님께서 빛을 제공해주셨다.

"이것들은 하나님의 사랑과 그분의 백성들에게 하신 약속의 발현입니다."

찰스가 말했다.

"우리는 케냐 밖의 많은 친구에게 감사합니다. 우리는 세상의 모든 곳 -북미에, 유럽에, 호주에, 이스라엘에 그리고 그밖에 많은 곳- 에 친구들이 있습니다. 그리고 그들이 멀리 있을지라도 그들은 멀리 칠드런 패밀리의 한 부분입니다. 작년에 우리에겐 깨끗한 물이 없었습니다. 우리에겐 빛이 없어, 우리는 저녁 프로그램을 가질 수 없었습니다. 그러나 하나님께서 우리의 기도를 들으셨습니다. 그분께서 공급해주셨습니다. 오늘 우리에게는 깨끗한 물과 환한 불빛이 있습니다. 하나님께서는 그의 백성의 기도를 들어주십니다."

31

MCF는 끊임없는 시련을 겪어왔다. 그중에는 더 좋은 기숙사와 잠을 잘 수 있는 공간, 더 많은 교과서와 음식 같은 굉장히 명백한 -방문자들이 한눈에 볼 수 있는- 것들이 있었지만, 그 외에도 보이지 않는 문제들이 있었다. 그 문제들은 방문자들이 거의 보지 못했던 것들인데, 대부분은 그들이 보지 못했던 것이 나은 일이었다. 하지만 MCF가족들, 특히 찰스의 친자녀들은 보이지 않는 세계에 준비가 되어있지 않았다. 그리고 그것이 자신을 드러냈을 때 MCF의 영적으로 깨어있는 자들이 그 끔찍한 상황에 대처하곤 했다.

그 소년의 이름은 키코이였고, 그는 무슬림 배경을 가지고 있었다. 그의 부모님은 에티오피아에서 이혼했고, 그는 관광도시 뭄바사에서 엘도렛으로 이사 온 어머니와 함께 살았다. 키코이의 어머니는 매춘부가 되어 키코이와 그의 형제들을 길

거리에서 살도록 강요했다. 그들은 그들의 생존을 위해 그들이 할 수 있는 모든 수단과 방법을 사용하며 싸워왔다.

그는 8살 때, 한 소년을 죽이고 말았다. 어떤 것에 대한 큰 언쟁 -아마도 음식에 대한 것이었을 것이다- 이 있었고 그게 무엇이든 간에 키코이는 그 소년을 증오했다. 그는 한 가게에서 작은 나이프를 훔쳤고, 비가 쏟아지는 그날 밤에 그 소년의 뒤를 따라 그를 찌르고 말았다. 그 아이의 몸이 충격을 흡수하며 뒤로 고꾸라지며 등이 땅에 닿았다. 키코이는 왜 자신이 잘 알지도 못하는 사람의 손에 죽어야 하는지 생각했을 소년을 바라보았다. 그는 소년의 눈에서 생명이 사그라져 드는 걸 그저 지켜만 보았다.

1994년 찰스는 빈민가에서 키코이를 발견해 MCF 달라니 지부로 데리고 왔다. 키코이는 학교 프로그램에 참여하며 몇 명의 학생을 알게 되었다. 그는 얼마 지나지 않아 사라라는 소녀에게 건강하지 못한 관심을 두게 되었다. 그는 사라가 수업에 혼자 가는 중에 그녀를 밀쳤고, 그녀의 이름을 부르며 괴롭혔다. 사라는 왜 이 아이가 이런 짓을 하는지 알 수 없었고, 그저 무시하려고 하며 자신에게 무슨 일이 일어나고 있는지 친구들에게도 말하지 않기로 했다.

그러나 하루하루 키코이의 괴롭힘이 계속되었고, 사라는 더욱 고통스러웠다. 그녀는 밤에 잠자리에 누웠을 때, 끔찍한 환상을 보았다. 정체를 알 수 없는 한 남자가 자신을 쫓아왔는

데, 그 남자는 그녀의 목을 조르기도 했고 칼을 들고 그녀를 죽이려 하기도 했다. 그런 악몽은 그녀를 절대 떠나지 않고 매일 밤잠이 들 때 그녀에게 겁을 주며 찾아오곤 했다.

사라는 혼자 수업에 갈 때마다 뒤를 돌아보게 되었다. 그녀는 키코이와 눈을 마주치는 것을 피했고, 그가 다가오는 것을 볼 때마다 뒤돌아서 다른 곳으로 갔지만 그건 문제를 더욱 안 좋게 만들뿐이었다. 그는 그녀를 쫓아가서 자신과 잠을 자도록 협박하고 강요했다. 그녀는 거부했고 죄책감과 공포가 뒤섞인 감정으로 도움을 구하는 것 또한 거부했다.

어느 날 밤, 그녀는 의무 학습 시간에 교실에 있는 친구들을 만나러 갔다. 그녀가 막 교실에 들어서려 할 때, 그녀 뒤에서 키코이가 나타났다. 그는 그녀를 잡아 문에서 떨어뜨려 놓았다. 그의 눈은 반만 열려 있었고, 이를 꽉 물고 있었다.

"나랑 자지 않으면 너를 죽여 버릴 거야!"

그가 뒤에서 나이프를 꺼내 들었다. 그녀는 그 나이프를 알아보았다. 그건 꿈에 나왔던 나이프였다. 그녀가 비명을 지르자, 키코이는 그녀를 잡고 있던 손을 놓고 달아났다. 학생들이 바깥으로 날려 나왔고, 그녀는 울며 그곳에 서 있었다. 그녀는 MCF와 악몽들을 뒤로 한 채 떠나길 바랐다.

찰스는 그녀를 중학교 교실 밖의 열린 공간으로 데리고 갔다. 그는 꽃과 나무가 있는 곳에 앉았고, 사라는 키코이가 언제라도 돌아와서 자기를 끝장낼지도 모른다는 생각에 어깨너머를 바라보았다.

"사라야, 무슨 일이 일어났는지 말해주렴."

그녀는 겨우 몇 문장만을 말했지만, 찰스에게는 그것으로 충분했다. 그는 키코이에게 질문할 수 있게끔 몇 명의 선생님에게 그를 데려오도록 했다. 물와, 카마우, 오몰로 그리고 12명도 넘는 사람들이 키코이를 찰스에게로 데리고 갔다. 그는 그들 앞에서 조용히 서 있었다. 사라는 찰스 옆에 서 있었지만, 그녀가 키코이를 쳐다볼수록 그녀는 그에게서 멀어질 수 있는 모든 방법을 동원하려는 듯 찰스에게로 더 가까이 다가갔다.

"키코이, 이 소녀를 알고 있니?"

키코이는 아무 말도 하지 않았다. 찰스가 한 번 더 물었다.

"이 소녀를 알고 있니?"

그리고 이내 그가 사라에게로 돌아서서, 그녀에게 무슨 일이 일어났는지 설명해줄 수 있는지를 물었다. 그녀가 설명했고, 키코이는 동의 혹은 동의하지 않는 것도 아닌 채 어떠한 신호도 보이지 않고, 그 모든 걸 듣고 있었다.

"이게 정말이니?"

찰스가 물었다. 키코이에게선 여전히 아무런 대답이 없었다. 찰스가 막 그에게 다시 한번 물으려 했을 때, 그가 공포스러운 비명을 뱉어냈다. 그는 인간을 초월한듯한 힘으로 사람들의 머리 위로 뛰었고, 한 번의 극적인 동작으로 그의 몸이 공중에 수평으로 떴다. 그가 그곳에 떠 있는 동안, 지고 있던 태양이 그의 눈에 있는 광기를 드러내었다. 그가 천천히 그의 몸을 땅으로 내려놓았고, 내려오며 거룩하지 못한 비명을 질렀다.

그가 옆으로 착지하자, 그의 몸이 보이지 않는 힘에 의해 빙빙 돌아가는 바퀴처럼 부자연스러운 속도로 돌기 시작했다. 그에게서 거친 비명이 흘러나왔다. 사라가 소리를 질렀지만, 그녀의 높은 비명도 키코이에게서 나오는 고함에 비할 것은 못되었다. 찰스는 그곳에 서서 소리쳤다.

"예수 그리스도의 이름으로 명하니, 모든 악한 영은 떠나가라!"

카마우와 오몰로는 키코이를 붙들려는 실수를 저질렀다. 그들은 손을 뻗어 그의 손을 잡으려했다. 키코이가 일어나 그들을 내팽개쳤고, 그들은 천 쪼가리로 만든 인형보다 못한 것처럼 보였다. 카마우와 오몰로는 땅으로 넘어졌다. 키코이는 근처에 있는 의자를 누구라도 그토록 멀리 날려버릴 수 없을 만큼 발로 찼다.

물와가 다른 20명의 사람과 함께 그들을 도우러 왔다. 그 모든 사람이 키코이 한 명을 잡을 수 없었다. 그는 비명을 지르며 소리쳤고, 힘조차 들이지 않는 동작으로 사람들을 쳐서 날려버렸다. 그는 그들 중 누구도 들어본 적 없는 언어를 구사했다. 20명의 남자가 밧줄을 들고 다시 한번 시도했다. 그들이 키코이의 팔과 발을 묶는 데 성공하자 그가 땅에서 꿈틀거리며 이상한 소리를 울부짖었다.

'이것은 정말로 악마다'라고 찰스는 생각했다. 그는 성경책을 가지고 마귀를 쫓아내는 데 많은 경험과 힘도 있는 딕슨을 찾으러 갔다. 딕슨은 당시 달라니에 있던 유일한 찰스의 친아들이었다.

"딕슨!"

찰스는 그의 방으로 가며 소리쳤다.

"성경책을 챙기렴. 키코이에게 우리의 도움이 필요하다."

찰스의 눈에 보이는 결단이 딕슨에게 이제 그들이 마주하게 될 것이 무엇이든 지금까지 그들이 경험한 것과 동등하거나 그 이상의 것이라는 것을 말해주었다. 그들이 그 장소로 돌아갔을 때, 키코이는 움직임을 멈추었다. 그는 더 이상 소리치지도, 다른 이상한 언어로 말하고 있지도 않았다. 키코이는 나중에 한 번은 그가 26명이 버스 사고로 죽는 것을 예언한 적 있다고 말해주었다. 그리고 다음 날 그 일이 진짜로 일어났다.

"밧줄을 풀어주세요."

찰스가 말했다.

"뭐라고요?"

그들 중 한 명이 말했다.

"밧줄을 풀어주세요. 밧줄로는 악마를 묶어놓을 수 없어요."

그들은 밧줄을 풀어주었고 생명을 잃을까 두려워했다. 찰스, 딕슨 그리고 다른 두 명의 사람이 돌아가며 5시간이 넘게 기도했다. 그들은 예수님이 마귀를 쫓아내는 부분을 포함해서 여러 구절을 이용해 성경 구절을 읽었다. 그러더니 이내 찰스가 그의 손을 키코이에게 올렸다.

"하나님 아버지, 당신께서는 지금 키코이가 처해 있는 상황을 보고 계십니다. 하지만 아버지, 저희는 당신께서 훨씬 더 강하심을 압니다. 당신께서 더욱 강하십니다. 어떠한 악한 힘도 당신에게 대적할 수 없습니다. 그러기에 예수 그리스도의 이름으로 이 마귀들이 떠나길 명합니다. 그리고 지금 키코이가 이 어둠으로부터 구원받길 기도합니다."

찰스는 키코이에게서 손을 떼었다. 모두 무슨 일이 일어날지 궁금해하며 키코이를 보았다. 키코이는 처음에는 아무것도 하지 않더니, 이내 일어나 취한 사람처럼 비틀거렸다.

"예수 그리스도의 이름으로 명하니, 마귀야, 떠나라!"

찰스가 두 번째로 그를 만진 순간, 그가 땅에 나뒹굴었다. 모두 그의 주위에 다시 모여 성경 구절을 인용해 기도했다. 그의 눈이 떠졌다 감겼다. 그는 쇠약해진 환자가 수술에서 회복하듯 말하려 했지만, 단어를 생각해낼 수 없었고, 2시간 동안은 예수님의 이름을 말할 수 없었다.

"키코이."

찰스가 말했다.

"너는 자유란다. 너는 예수님의 이름 아래 자유야. 더 이상 마귀들에 잡혀있지 않아. 그걸 알 수 있겠니?"

아무런 대답이 없었다.

아버지 없는 이에게 아버지를

"키코이, 누가 너를 자유롭게 해주었니?"

여전히 아무 대답이 없었다.

"키코이, 누가 마귀들의 공포를 없애고, 너를 자유롭게 만들었니?"

키코이가 일어나 앉았다. 그의 눈은 여전히 흐릿했지만, 조금 나아진 것처럼 보였다. 몇 시간 전의 광폭한 마귀의 눈빛보다는 훨씬 나아 보였다.

"예수님께서 저를 자유롭게 해주셨어요."

키코이가 말했다.

"예수 그리스도께서 저를 자유롭게 만드셨습니다."

사람들은 밤새도록 키코이를 지켜보았다. 다음 날 몇몇 사람이 악한 힘이 멀리 떨어지도록 금식하며 기도했다. 키코이는 성경을 읽으며, 하나님과 규칙적인 대화를 시작했다. 그 후, 그는 결코 다른 공격을 받지 않았다.

"잘했어, 딕슨."

찰스 -아버지와 아들로 이루어진 팀- 가 지쳐 방으로 돌아가며 말했다.

"내가 네게 기댈 수 있구나. 나는 나의 모든 아이 중 네게 크고 작은 일들을 기댈 수 있겠구나. 네가 자랑스럽단다."

딕슨은 아버지를 포옹하며 그제야 깊은 피로를 느꼈다.

"이 경험이 우리를 강하게 만들 거란다."

찰스가 말했다.

"항상 악에 대비하렴. 그리고 악을 대면하길 절대로 두려워하지 말거라."

아버지 없는 이에게 아버지를

32

　　그녀는 혼자 다니지 말았어야 했다. 그날은 어두웠고 늦은 시각이었다. 그녀가 자각하지는 못했지만, 그녀는 거친 숨을 쉬고 있었다. 그녀가 진흙길로 한 걸음 내딛을 때마다 평소보다 크게 소리가 나는 듯했다. 그녀는 (그녀의) 10대의 날씬한 몸매를 보고 있는 한 남자와 눈을 마주치지 않으려 했지만, 그건 별 도움이 안 됐다.

　　그녀가 빠르게 걸어갈수록 그 혐오스러운 눈으로 구멍이라도 낼듯 쳐다보았다. 그들에게 그녀를 잡는 건 별로 어려운 일이 아니었다. 그들은 그녀를 그들의 영역으로 데리고 왔다가 멍든 몸으로 다시 길거리에 던져버릴 수 있었다. 그녀는 울거나 비명을 지를 수도 있었지만, 그건 이곳에서는 중요하지 않았다. 엘도렛에 있는 후루마 빈민가에 사는 라엘 완주키라는 어린 소녀에게는 아니었다.

패거리 중 한 명이 그녀를 불렀다. 그녀의 몸에서 그녀의 목을 조를 만큼의 강력한 아드레날린이 마구 뿜어졌다. 그는 다시 그녀를 불렀고 그녀에게 얼마인지 물어보았다. 그가 크게 웃었고, 그녀는 그가 자신을 쫓아오는지 궁금했다. 그녀가 빨리 걷기 시작했다.

"얼마야?"

그가 다시 소리쳤다. 그녀는 뒤를 돌아보고, 그가 얼마나 가깝게 있는지 알고 싶었지만 차라리 모르는 게 유일한 희망이었다.

"얼마야?"

그녀가 달리기 시작했다. 낄낄거리는 그의 웃음이 가까워졌다. 그녀는 달릴 수 있는 가장 빠른 속도로 달렸고 숨을 곳을 찾기 위해 익숙한 장소를 찾아보았다. '얼마야?' 그녀의 발이 구덩이에 걸렸다. 땅에 넘어지며 앞으로 고꾸라졌다. 더러운 물이 그녀의 얼굴로 흩뿌려졌다. 그녀는 다시 두발로 서기 위해 노력하며, 기며 자신이 길의 중간에서 무력하게 누워있을 때 강력한 손이 붙잡지 않을까 두려웠다.

그녀가 일어섰다. 그녀의 목에 그녀의 맥박이 귀에 들릴만큼 강하게 뛰었다. 그가 바로 그곳에 있었다. 그녀의 바로 뒤에. 그녀는 자신을 압도하는 존재를 느끼고 있었다. 라엘이 비명을 질렀다. 그녀는 돌아서서 맹습에 대비했다. 그녀는 뒤로 넘어졌고, 자신을 공격할 남자가 나타나길 기다리며 어두컴컴한 밤하늘을 바라보았다.

그러나 그 길은 텅 비어 있었다. 밤은 고요했다. 아무도 없었다. 그날은 아니었다. 그녀는 진정하고 듣고 느꼈던 것은 모두 자신의 상상이었다는 것을 확신하며 악취 나고 병균이 득실거리는 물웅덩이에 누워있었다. 보통의 10대 소녀라면 울음을 터뜨릴 상황이었고, 최악의 일을 두려워하다, 그 일이 일어나지 않았을 때, 무언가 반응을 보여야 할 상황이었지만 이곳은 빈민가였다. 이것이 그녀의 인생이었다. 이 희망 없는 무자비한 세계에서 몇 년 간의 생활은 그녀에게 눈물은 헛되다는 걸 가르쳐주었다.

그녀는 가족들이 살고 있는 단칸 임대방으로 돌아갔고, 집으로 가는 동안 아무 소리도 듣지 못했다. 그녀는 어머니와, 4명의 형제 그리고 3명의 자매와 함께 살았다. 그녀는 아버지를 몰랐다. 가족 중 누구도 알지 못했다. 그녀의 형제자매는 모두 다른 아버지를 가지고 있었다.

라엘이 익숙한 소리를 들었을 때, 그녀는 문손잡이에 손을 올리려던 참이었다. 그녀가 움찔했다. 혐오의 파도가 그녀에게로 밀려왔다. 낯선 이의 신음소리가 작은 집을 채웠고, 그녀의 귀로 흘러들어왔다. 그녀는 눈을 감았고, 집에 있는 것도 거리에 있는 것과 다를 바 없다는 걸 깨달으며 불안함이 다가오는 것을 느꼈다. 그녀의 어머니는 일하는 중이었다. 자신이 사용할 비참할 만큼의 적은 돈을 마련하기 위해, 심지어 그보다 더 적은 돈을 굶주린 가족에게 남겨주기 위해 라엘이 알고 있는 일을 하고 있었다.

라엘은 자신에게 너무나 익숙한 위험과 이제야 겨우 이해하기 시작한 위험 사이에 자리한 불안정한 세계가 있는 대문 앞 바닥에 앉아 기다렸다. 그 밤이 영원히 끝나지 않을 것만 같았다. 라엘에게는 별로 중요한 일은 아니었지만 말이다. 오늘은 어제와 같았고, 내일과 같을 것이고, 그 다음날도 그 다음날도 똑같을 것이다. 빈민가에는 시간이라는 것 따위가 없었다. 인생이란 세상에서 가장 지독한 것의 거대한 반복일 뿐이었다.

그 일이 끝났을 때, 한 남자가 문을 열고 나왔다. 그에겐 아무 상관없었기에 벽에 기대어 자고 있는 라엘을 보았지만, 어떤 기색도 보이지 않았다. 그와 라엘의 어머니와 한 방에 있던 7명의 아이도 그에게 신경 쓰지 않았듯이, 자신으로 인해 거리에 누워있는 한 소녀가 그에게 신경 쓰일리 없었다. 그는 문을 열어둔 채 컴컴한 밤 거리로 사라졌다.

그녀가 일어섰다. 너무 오래 앉아 있어 발이 저려 왔다. 그 남자가 떠났지만, 그날 밤과 수백 번의 전날 밤들에 들었던 그 소리가 그녀의 머릿속에 반복되고 있었다. 그녀는 문으로 걸어 들어가며, 문을 닫는 순간 무슨 일이 다가 오는지 알 수 있었다.

그것은 흘러나오는 냄새였다. 라엘의 어머니가 만들고, 죄책감과 비참한 상황을 잊어버리기 위해 마셨던 불법 양조된 술이 코를 찌르는 냄새였다. 어머니는 종종 술을 팔기도 했지만 대부분은 남에게 나눠줄 수 없었다. 특히 오늘밤은 그랬다. 라엘은 그녀의 형제자매들이 어머니와 대면하지 않으려고 아무 것도 듣지 않은 척, 아무 것도 알아차리지 못한 척, 잠에 든 척 바닥에 누워있는 것을 보았다.

"너."

라엘의 어머니가 말했다.

"왜 여기로 돌아온 거냐?"

어머니의 눈에 광기가 서렸다. 그녀는 다시 술을 들이켰다. 라엘은 새어나오는 그 냄새를 맡았고, 눈물이 났다.

"왜 여기에 있는 거냐?"

어머니의 목소리가 더욱 커졌다. 그녀의 피부가 창백해졌다. 그녀가 라엘에게 한 걸음 다가오더니 이내 옆으로 비틀거렸다. 만약 그곳에 벽이 없었더라면 그녀는 넘어졌을 거다. 그녀는 부서질 듯한 철로 된 벽에 잠시 기대어 있더니 곧 정신을 잃을 듯한 표정을 지었다. 그편이 나았을 것이다. 강간범들이 있는 거리에 있는 것과 폭력적이고 취한 어머니와 한 집에 있는 것과 폭력적이지만 의식 없는 어머니와 한 집에 있는 세 가지 중, 마지막이 언제나 라엘이 바라는 것이었다. 그녀의 어머니는 입 안 가득 다시 독을 들이키고 똑바로 일어섰다.

"이해가 안 되는 거냐? 넌 어쩌면 그렇게 멍청할 수가 있는지, 이 썩어 문드러지고 더러운 짐승아?"

그녀가 소리칠 때 입가에서 침이 찔끔찔끔 흘러나왔다.

"난 네가 여기 있길 원치 않아! 너희 중 누구도 여기 있길 바라지 않아!"

라엘의 어머니가 방을 훑어보며 돈이 많이 드는 자녀들을 쳐다보았다. 그러더니 그녀는 거짓 잠을 자고 있는 아이들을 깨울 만큼 강한 충격을 주는 광폭함으로 비명을 질렀다.

"난 네 놈들 중 누구도 여기 있길 바라지 않아! 난 너희들을 증오해! 너희 한 명 한 명을 다 증오해! 너희는 모두 뭐라도 되는 줄 알아! 너희가 어디서 온 줄 알아! 너희는 아무 것도 아니야! 아무 것도 아니라고!"

그녀의 두 동생이 울기 시작했고, 5명의 언니 오빠는 아무 말도 하지 않았다. 그들은 이 상황에 익숙했다. 라엘은 꼿꼿이 그곳에 서 있었다. 그녀의 어머니는 그녀를 쳐다보았고, 눈을 가늘게 떴다.

"비참한 년 같으니라고."

그녀는 라엘 앞으로 한 걸음 다가섰고, 그녀를 마주보기 위해 허리를 굽혔다. 그들은 서로의 눈을 바라보았다. 라엘은 죽음을 보았고, 그녀의 어머니는 무無를 보았다.

"네 년이 살든 죽든, 난 아무 관심 없다."

라엘은 술이 말하는 거라 생각했다. 어머니가 술에 취하지 않았을 때, 그런 말하는 걸 들어본 적 없었다. 라엘을 놀라게 할 만한 속도로 어머니가 그녀에게 달려들었고 손바닥으로 힘껏 그녀의 얼굴을 내리쳤다. 그녀는 한 바퀴 돌고 아까 구덩이에

아버지 없는 이에게 아버지를

걸려 넘어졌을 때처럼 땅에 세게 부딪혔다. 다른 아이들이 더 크게 울기 시작했다. 어머니는 술을 들이키고는 절뚝거리며 문으로 걸어갔다. 문을 잠그는 소리가 아이들을 공포에 떨게했다. 어머니는 구석에 쪼그리고 앉아 있는 라엘에게로 다시 걸어갔다. 그녀는 라엘의 갈비뼈를 발로 차고 그녀에게 침을 뱉고 아이들마다 때리기 시작했다.

아이들의 비명과 울부짖음이 방을 가득 채웠고 거리에까지 흘러나갔지만 거리엔 도와줄 사람이 아무도 없었다. 있었던 적이 없다. 근처에 인접한 집들도 그들과 비슷한 문제를 가지고 있었다. 그들에게는 음식과 옷과 학교를 위한 돈이 없었다. 가끔씩 라엘의 어머니는 불법으로 양조한 술 '창가주' 로 2주 정도 교도소에 다녀오고는 했다. 그건 아이들이 배고픔에 잠이 들게 했고 음식을 구걸하게 했다. 라엘의 언니오빠들은 먹고 살기 위해 거리로 도망갔다. 위험한 생각이었지만 어머니와 한 집에 사는 것보다는 음식을 찾는 더 좋은 방법이었다. 언니 중 몇명은 나중에 결혼했고, 새로운 시작을 한다는 기쁨이 있었지만, 그들의 낙관은 그들이 자라날 때 느꼈던 절망으로 대체되었다. 그들의 남편도 가난했고, 그들은 음식이나 미래가 있기는 한 걸까라는 의문 속에 살았다.

"우리도 가야만 해."

라엘이 남동생에게 말했다.

"거리로?"

"정말 여기 혼자 있고 싶어?"

그들은 집 안에 혼자였다. 어머니는 '그녀의 일로' 나가있었다.

"물론 아니야. 그렇지만 어디로 가?"

"무슨 차이가 있겠어? 여기보다는 더 나을거야. 계속 굶주리고 싶어?"

"아니."

"그럼?"

"정말 확실한 거야?"

"아니."

"그러면 왜 이런 짓을 하는 거야?"

"더 이상 맞기 싫으니까."

라엘이 말했다.

"거리에 사는 게 나을지도 몰라. 더 나쁠 수도 있지만, 적어도 거리엔 먹을 게 있을 거야. 난 여기 굶주리고 앉아 있지 않을 거야. 우리가 거리로 나가지 않으면 굶주림이 기다리고 있을 거야."

"누나는 거리에서 무슨 일이 일어나는지 알고 있어? 사람들이 어떻게 돈을 버는지 알고 있느냐고? 그게 누나가 원하는 일이야?"

"그럼 너는 여기 있다 죽고 싶어? 그게 네가 원하는 일이야?"

아버지 없는 이에게 아버지를

"누나는 길에서의 인생이 어떨지 모르잖아."

"나는 알고 있어. 나는 나를 사랑하는 사람들을 찾을 거야. 내게 음식을 줄 사람들을 찾을 거야. 내가 살 좋은 집을 찾을 거야. 우리는 그곳에서 우리가 원하는 일을 할 수 있어. 우리가 가고 싶은 곳을 갈 수도 있고. 그리고 우리가 원하는 사람이 누구든지 함께 할 수 있어. 우리의 꿈이 이루어지는 거야. 이 모든 게 저 밖에 기다리고 있어. 우리가 해야 할 일은 그저 나가서 원하는 바를 잡는 것뿐이야."

동생은 잠시 생각하고, 누나를 올려다보았다. 누나에게 주저의 기색따윈 없었다.

"그래 좋아."

그가 말했다.

"가자."

그녀는 집 밖으로 나갔다. 그들은 문을 열어두었다. 그들은 돌아오지 않을 거다.

거리는 라엘이 바라던 그런 곳이 아니었다. 그들의 모험이 겨우 며칠 지난 후에, 라엘은 동생과 갈라섰다. 소년들에겐 갱단이 있었고 소녀들 또한 자신들의 갱단이 있었다. 시작이 가장 어려운 것이었다. 소녀들은 라엘을 때리고 모욕했지만, 어머니에게 잘 훈련받았던 라엘은 그곳에서 버텨냈다. 몇 주 지나지 않아 소녀 갱단이 그녀를 무리로 데리고 갔다.

그녀는 쓰레기통을 뒤져 음식을 찾은 뒤 설사와 극심한 복통을 겪었다. 라엘은 식당 뒤와 집의 뒷마당 그리고 가게 밖에서 쓰레기통 뚜껑을 열고 지저분한 음식 찌꺼기에 손을 뻗어 먹을 것을 찾았다. 그녀는 갱 친구들과 베란다에서 잠을 잤다. 경비들이 그녀들을 쫓아내거나 때리고 강간했다. 거리에서 거리로, 쓰레기통에서 쓰레기통으로 라엘은 살아남기 위해 갱 친구들과 엘도렛 시를 돌아다녔다.

돈을 벌기 위해 라엘은 다른 소녀들과 함께 매춘을 했다. 어렵지 않은 일이었다. 언제나 수요가 많았다. 친구들이 그녀에게 어떻게 하는지 알려주었다. 그들은 술집과 클럽으로 찾아가 섹스를 위해 아주 적은 돈을 지불할 남자들을 찾았다. 몇몇 손님은 폭력적으로 변해 라엘을 때리기도 했다. 그들은 최악이었다. 최고의 손님은 취한 사람들이었다. 라엘과 친구들이 의식을 잃었을 때, 돈을 훔쳐갈 수 있는 사람들이었다.

그러나 매춘으로 들어서기 위한 결정에는 죄책감이 함께했다. 그녀는 매춘을 본 적 있었다. 그녀가 노력하면 할수록 어머니처럼 변하고 있다는 현실을 피할 수 없었다. 이 불공평함을 잊어버리려 약에 손을 댔다. 그녀가 매춘으로 번 돈은 더 좋은 음식을 사는 데 쓰여야 했지만, 그런 식으로는 거의 쓰이지 않았다. 음식은 왔다가 갔지만 그것은 마음의 평안을 가져다주지 못했다. 하지만 약은 그럴 수 있었다. 적어도 약을 하는 동안만큼은. 약의 끔찍한 점은 더러운 중독문제에 빠뜨린다는 것이다. 처음에는 탈출구로 시작했던 약은, 다시 한 번 보통의 아이로 돌아가기 원했던 일은, 끝나지 않는 만족을 찾게끔 했다.

마약이 더 많이 필요한 것은 더 많은 돈이 필요함을 뜻했고, 더 많은 매춘을 의미했다. 라엘은 돈과 약을 받은 후에 세상과 떨어진 조용한 골목에서 약에 취해 아무 것도 생각하지 않아도 된다는 잠시간의 경감을 느꼈다. 그러나 약효가 떨어지면 그녀는 자신이 있던 어떤 세계로든 돌아갔고, 탈출구가 없다는 사실과 함께 우울함을 느꼈다. 매춘, 마약, 강간, 부패한 음식, 잘 곳이 없는 것. 라엘은 거리의 아이들의 꿈을 살고 있었다.

그녀가 찰스를 처음 만난 건 1993년 5월의 일이었다. 그녀는 그에 대해 다른 아이들에게서 들은 적 있지만, 그를 본 적은 없었다. 그녀가 알고 있던 것은 어떤 부자 남자가 자신의 돈을 거리의 아이들에게 나누어주며 돕고 있다는 것뿐이었다. 그녀가 그와 두 명의 남자가 자신에게로 다가오는 것을 보았을 때, 그들의 의도가 무엇인지 걱정했다.

"우-에!"

찰스가 말했다. 라엘은 아무 말도 하지 않았다. 남자들은 믿을 수 없다. 찰스가 더욱 가까이 다가왔다.

"어떠니?"

찰스가 물었다. 그녀는 이 남자가 여기서 무엇을 하고 있는지 알아내려 애쓰며 그를 바라보았다. 그는 그녀가 지금까지 봐온 누구와도 달랐다. 그는 보통의 옷을 입었고, 중간 키와 중간 덩치였지만, 그의 눈에는 무언가 있었다.

"내 이름은 찰스 멀리란다."

그 말을 들었을 때 라엘 안에 무언가 불꽃이 튀었다. 그것은 찰스 멀리였다. 전설적인 그 남자였다. 그는 손을 뻗어 라엘에게 내밀었다. 그녀는 그녀의 친구들에게 도움을 구하려 그들을 바라보았고, 그들의 표정 안에서 동의하지 않는 것을 찾을 수 없었기에 그와 악수를 했다. 굉장히 따뜻한 손이었다.

"어떻게 거리로 나오게 됐니?"

그가 물었다. 그의 눈은 정직했다. 그녀는 그의 영혼을 바로 들여다 볼 수 있을 것만 같았다. 그녀는 그에게 자신의 이야기를 간추려 얘기해 주었고 그들과 이야기를 나누러 온 이 남자의 의도가 무엇인지 궁금했다. 그로부터 열정의 아우라가 뿜어져 나오는 듯했고 왜인지 그것이 그녀를 둘러싸고 있는듯 했다. 그녀는 사랑을 느껴본 적 없었다. 정욕은 느껴본 적 있었다. 하지만 사랑은 아니었다. 그래서 그것이 그녀의 눈앞에 나타났을 때 그것을 알아보지 못했다. 찰스는 소녀들과 말을 한 뒤 그들에게 자신이 누구인지 무슨 일을 하고 있는지 말해주었다.

"나는 너희들에게 예수님께서 너희를 사랑하시고 있다고 말해주고 싶구나."

그가 말했다.

"그분께서는 정말로 너희를 많이 사랑하신단다."

그는 자신의 어린시절과 부족함, 하나님께서 자신의 인생을 어떻게 바꾸어 주셨는지 그리고 하나님께서 어떻게 그들의 인생도 바꿔주실 수 있는지에 대해 말해주었다. 라엘에게는 믿기 어려운 일이었다. 정말로 자신을 사랑하는 하나님이라는 것이 있다면 왜 그녀는 거리에 나와 있는가? 하나님께서는 왜 그녀가 수많은 남자의 손에 놀아나게 하셨겠는가? 그녀에게 왜 그런 야만적인 어머니가 있겠는가? 그녀가 왜 거리로 도망나와야만 했겠는가?

찰스는 소녀들을 근처 가게로 데리고 가, 음식을 사주고 그들과 같은 소녀들이 새로운 시작을 하는 집에 관해 말해주었다. 그는 하나님께서 어떻게 자신의 인생을 구원해주셨고, 단순히 거리에서만이 아니라 그들의 인생을 구원해 주실 지 말해주었다.

"나는 너희가 나를 따라와 나와 함께 살도록 초대하고 싶단다. 나는 너희가 나의 아이들이 되었으면 한단다. 어떻게 할 거니?"

라엘은 집이라는 것을 알지 못했다. 그녀는 하나님에 대해서도 알지 못했다. 그리고 찰스에 대해서도 알지 못했다. 그러나 그녀는 거리를 알았고, 자신이 이미 오래전에 막바지에 도달했음을 알았다. 그녀의 어머니에게서 거리로 도망나온 것은 보람있는 시도였다. 찰스를 따라가는 것 또한 시도할 가치가 있을지도 모른다.

"그래요."

그녀가 말했다.

"저는 갈래요."

그녀와 갱단에 있던 5명의 다른 소녀도 찰스의 차에 탔다. 라엘이 등 뒤로 문을 닫았을 때 그녀의 새로운 인생이 시작되려 하고 있었다. 라엘에게 아버지가 생긴 것이다. 그녀는 엘도렛에 있는 멀리 칠드런 패밀리에 도착했을 때 에스더를 만났다. 종종 낯선 사람들이 서로를 만났을 때, 평생을 알고 지낸 듯한 느낌을 받고는 한다. 그게 라엘과 에스더가 만났을 때, 서로에게 느낀 감정이었다. 라엘은 그들이 앉아 이야기를 나누는 동안, 자신에게 뭔가 원치 않은 채 자신의 말에 귀기울여주는 사람이 있다는 게 어떤 것인지 깨달았다. 그리고 그녀는 진짜 어머니를 갖는다는 것이 이런 것이라는 걸 처음으로 깨달았다. 취하지 않고, 그녀를 쫓아내지 않는 어머니. 새로 찾은 아버지처럼 자신에게 진실된 사랑을 가지고 있는 어머니였다.

라엘은 샤워를 했다. 그녀가 좋은 화장실에 들어가 본 것은 그게 처음이었다. 그후에는 에스더가 그녀에게 새로운 옷을 가져다주었고, 그녀를 가족들에게 소개시켜주었다. 그녀는 아이들이 그녀를 맞아주려 나왔을 때 수많은 새 얼굴들을 보았다. 멀리 보이는 두 얼굴이 익숙하게 느껴졌다. 그녀는 그들을 알아볼 수 있었다. 그들은 성장해 있었다. 그들은 그녀가 그들을 마지막으로 보았을 때 그녀의 기억에서 불태워버린 그 모습과 달라져 있었다. 하지만 확실하게, 그들이었다. 그녀의 남동생과 여동생이었다.

아버지 없는 이에게 아버지를

그들이 그녀를 보았을 때, 그들은 사람들을 뚫고 지나 그녀를 꼭 껴안았다. 라엘이 울기 시작했다. 다른 아이들이 흩어져 자신들이 하던 게임을 계속했고 그곳을 떠나며 소리쳤다. 그러나 세 형제자매는 그곳에 함께 있었다. 재회, 이번에는 더 많은 형제자매들과 함께였다. 그리고 아버지와 어머니가 양쪽에 모두 있었다.

그녀는 MCF가 그녀에게 일생의 꿈을 주었음에도, 멀리 집에서부터 도망나와 거리로 돌아갔다. 마약과 섹스 중독을 극복하기란 불가능하리만큼 힘들었다. 그녀가 왔던 곳으로 돌아간 것은 때때로 그녀의 문제에 대한 완벽한 해답인듯 보였지만, 그녀는 거리에 있는 동안 왜 자신이 원치 않던 일을 하고 있는지 생각하는 자신을 발견했다. 잘못된 것들이었다. 그것들이 그녀를 파괴하고 있었다. 그녀도 그것을 알고 있었다. 그러나 그녀는 그것들을 없애기에는 무력했다.

찰스는 매번 아이들이 도망갈 때마다 밖으로 나가 그들을 찾아다녔다. 대부분의 경우 그는 그들을 찾아냈고, 그들과 이야기를 나눴다. 그는 다시 거리로 돌아가게 될 아이들을 다시 데려왔고 모든 것을 처음부터 다시 시작했다.

"라엘!"

찰스는 그의 자동차 창문으로 소리쳤다. 마침내 그가 그녀를 찾아냈다. 비가 쏟아지고 있었고, 그녀는 그의 소리를 듣지 못했다.

"라엘!"

찰스가 다시 소리쳤다. 그는 문을 열고 그녀를 따라 걸었다.

"라엘! 나야! 너의 아빠란다."

라엘이 돌아섰다. 그녀는 아파 보였다. 얼굴이 창백했다. 두 눈은 혼란스러워 보였다.

"라엘."

찰스가 그녀의 얼굴에서 절망감을 보며 말했다.

"너를 집으로 데리러 왔단다."

"무슨 상관이에요?"

그녀가 말했다. 그들은 이미 이런 적 있었다.

"아무도 나를 원하지 않아요. 아무도! 당신도. 왜 자꾸 저를 쫓아오시는 거예요?"

그녀는 돌아서서 걸어가기 시작했다.

"너를 사랑하기 때문이란다, 라엘."

그녀가 걷는 것을 멈추었다. 그들은 아무 말도 하지 않은 채 폭우 아래 서 있었다. 그녀가 돌아섰다. 그녀는 울고 있었다. 폭우가 그녀의 얼굴에 쏟아지고 있었지만, 눈물은 감출 수 없었다.

"아무도 저를 사랑하지 않아요."

"내가 너를 사랑한단다. 너희 엄마도 너를 사랑한단다. 그리고 하나님께서 누구보다도 가장 많이 너를 사랑하신단다. 집으로 가자, 라엘. 네게는 집에 아주 많은 가족이 있잖니. 수많은

아버지 없는 이에게 아버지를

형제와 자매가 있잖아. 우리들은 너를 사랑한단다."

그녀는 자신이 저지른 것에 대해 멍청함을 느꼈고 그리고 이 한심한 인생으로 돌아가는 것에 대한 헛됨을 깨달았다. 찰스는 그녀에게 다가가 그녀를 안아주었다.

"전 이곳에 있고 싶지 않아요."

그녀가 울었다.

"나도 네가 그러고 싶지 않다는 걸 알고 있단다. 나는 너를 다시 데리고 갈 거야."

"제가 왜 이런 짓을 하는 걸까요."

"괜찮아. 라엘. 우리는 집에 돌아갈 거야."

"제가 왜 이런 짓을 하는 거죠, 아빠? 왜 저는 도망가는 거죠?"

"다 괜찮을 거야. 너를 집으로 데리고 가도 될까?"

그녀가 고개를 끄덕였다.

찰스와 에스더 멀리가 모범이 되었고, 라엘은 학교에서 매일 있는 묵상시간과 성경공부를 통해 그리스도에 관해 보고 배웠다. 1997년, 그녀는 자신의 인생을 예수님께 내려놓았다. 같은 해 그녀는 달라니 지역으로 수많은 아이와 함께 옮겨왔다.

2년 후 그녀는 여동생, 남동생과 함께 달라니에서부터 엘도렛까지 병든 어머니를 방문하러 갔다. 어머니는 오랫동안 술로 인한 병을 앓고 있었다. 그들이 엘도렛에 가까이 다가갈수록 그들의 어린시절 기억이 거칠게 되살아났다. 자석이 그녀를 학대와 유기로 점철된 과거로 끌어 당기는 것 같았다. 그러나 그녀의 어머니를 만나는 것이 그들이 겪어왔던 고난을 나눌 수 있는 기회가 되었고 추악한 그들의 과거와 화해할 수 있는 계기가 되었다.

2001년, 라엘은 자기 어머니께서 돌아가셨다는 편지를 받았다. 어느 정도는 예상하고 있었던 일이었지만 그녀는 친엄마를 잃은 상실감을 느꼈다. 에스더는 그녀가 죽기 전에 그녀의 인생을 그리스도에게 바쳤다는 것을 말해주었다. 그 소식은 그녀의 친부모 중 한 명은 나중에 그녀가 천국에 갔을 때, 그곳에 있을 것이라는 평안을 전해 주었다.

그녀의 친척들은 병원비와 집세 혹은 장례식 비용을 조금이라도 부담하는 것을 거부했다. 그리하여 찰스가 그녀를 대신해 모든 비용을 부담했다. 병원에서 검사한 결과 그녀는 HIV/AIDS로 죽은 것으로 드러났다.

33

　　한편 라엘은 달라니에서 수업에 집중하는 데 힘든 시간을 보내고 있었다. 그녀는 수많은 심리 상담을 받았고, 찰스와 에스더와 다른 사회 복지사들이 그녀의 힘을 북돋워 주기 위해 함께 한 기도 모임에 참여했다. 하지만 과거의 영향은 극복하기 어려운 것이었고 그녀에게는 예전의 삶으로 돌아가려는 악한 충동이 아직 남아있었다. 그녀는 꾀병을 부렸고 치료를 위해 엘도렛으로 가게 되었다. 그녀는 그곳에서 선생님 한 명의 돈을 훔쳤고 그녀를 아는 모든 사람에게서 멀어질 수 있도록 뭄바사로 떠났다.

　　그녀는 그곳에서 만난 한 여성과 동거했고, 그녀가 돈을 벌던 익숙한 방법에 다시 의존하기 시작했다. 그녀는 뭄바사에서 1년이 넘도록 매춘부로 일했다. 그녀는 몸무게가 67kg에서 25kg까지 내려갈 정도로 매우 수척해졌다. 그녀는 자신을 돌봐주고 싶지 않아 하는 이모와 함께 보호시설을 찾아 엘도렛으로 돌아 왔다. 그녀에게는 의탁할 곳이 아무 데도 없었기에, 멀리 가족이 다시 자신을 받아주길 바라며 MCF까지 20km를 걸어왔다.

그녀의 매 걸음이 마라톤처럼 느껴졌고, 매 호흡은 마지막 숨결처럼 느껴졌다. 폐가 탈진으로 아려왔다. 몸은 병으로 인해 약해진 상태였다. 그녀는 자신이 치료법이 없는 병으로 죽어가고 있다는 모든 사람의 말을 거부했다. 믿고 싶지 않았다. 어쩌면 믿지 않는 것이 그녀의 상태가 사실이 되는 것을 막았을지도 모른다.

그녀는 MCF로부터 고작 200m를 남겨두고 쓰러졌다. 그녀는 잠이 들었고 행운인지 그분의 계획인지, 지나가던 행인이 그녀의 상태를 확인했다. MCF의 사람들이 찾아와, 그녀를 집으로 데리고 왔다. 일주일 뒤, 찰스와 에스더가 그녀를 보기 위해 달라니에서 왔다. 그들은 그녀를 병원으로 데리고 갔고, 그녀는 그곳에서 결핵과 HIV/AIDS로 진단받았다.

몇 달 뒤, 라엘은 HIV/AIDS와 싸우며 몸무게를 다시 회복했다. 그녀는 대학에 진학했고 그녀 주위에 있는 아이들과 MCF에 있는 모든 형세사매를 상담해수게 되길 바라며 청소년과 또래 상담을 전공했다. 그녀의 희망은 아이들을 도와, 그들이 자신과 같이 엉망진창인 상황으로 향하지 않도록 하는 것이었다.

라엘이 돌이켜본 자신의 인생에 일어났던 수많은 일 중,

가장 자주 떠올렸던 것은 찰스와 에스더의 조건 없는 수용이었다. 그녀가 떨어져 나갔을 때, 그들은 그녀를 받아주었다. 다른 이들이 그녀를 이용했을 때, 그들은 그녀에게 생명을 주었다. 모든 이가 그녀를 거부했을 때 -그녀가 자신은 다시 받아들여 줄 가치가 없는 사람임을 수없이 증명했을 때조차- 도, 그들은 팔을 활짝 벌려주었다. 그것이 그녀가 그리스도를 그렇게나 잘 이해할 수 있는 이유일 것이다.

데니얼 므비시의 인생은 가득 찬 동시에 비어 있었다. 그의 어머니에게는 수많은 남자와의 관계를 통해 나은 13명의 아이가 있었다. 그 당시에 그녀와 살고 있던 남자는 그녀의 5번째 남편이었다. 남동생 한 명과 여동생은 영양실조와 의료시설의 부재로 죽었다. 몇 명의 형과 누나들은 자신의 집보다 나은 무언가를 찾기 위한 헛된 시도로 길거리로 도망가기도 했다. 그런데도 그 집은 수많은 어머니, 아버지 조합 사람으로 꽉 차 있었다.

그러나 사람으로 가득 찬 그 집에서, 사람이라면 절망과 고독을 느낄 수 있었다. 6살의 데니얼도 그랬다.

그의 어머니가 매춘부로 버는 시급과 불법으로 양조한 술을 팔아 벌어들이는 빈약한 수입은 가족들을 부양하기에는 넉넉지 않았다. 그의 양아버지는 일용직 노동자로 일했는데 자신 한 사람을 위해 필요한 돈보다 아주 조금 더 버는 정도였다. 음식은 찾아보기 힘들었다. 약은 부족했고, 교육은 부재했다.

데니얼의 양아버지는 자신의 친자녀들만 사랑했던 탓에 가족 간에 불화가 일어났다. 형제들이 서로에게 말을 하지 않았다. 몇몇은 자신을 정당한 아이들이라고 생각하며 데니얼 같은 다른 아이들은 가족 전부를 끌어내리는 추가 비용으로 여겼다.

데니얼은 엘도렛의 무냐카 민빈가에 살았다. 그가 낮 동안에 번 돈은 희한하게도 전부 가족에게 쓰였다. 그는 가족 안에서 자신의 자리를 찾기 위해 하루의 일이 끝난 후에 빈 속으로 술 취한 어머니와 아버지에게 돌아갔다. 그는 미어터질 듯한 집으로 다가가며 고함 소리를 들을 수 있었다. 아이들이 서로에게 비명을 지르고 있었다. 부모가 아이들에게, 아이들이 부모에게 소리 지르고 있었다. 데니얼이 문을 열었을 때는 그의 하루가 '좋지 않음'에서 최악으로 변할 때였다.

"돈 어디 있어?"

그의 양아버지가 의자에 앉은 채 말했다. 그는 양아들을 쳐다 보지도 않았다. 데니얼은 그에게 손을 내밀었다. 동전 하나. 빈민가의 사람들에게조차 실로 비참한 액수였다. 양아버지는 그를 보기 위해 고개를 돌렸다. 그의 표정이 분노에서 증오로 변했다. 그 순간, 양아버지 앞에서 익숙해져 버린 무가치함이라는 감정이 그의 몸을 짓눌렀다.

"이게 다야? 이게 네가 가져온 전부야?"

"하루 종일 일 했어요. 이게 전부예요."

"이건 충분하지 않아!"

그는 의자에서 일어났다. 데니얼은 서둘러 밖으로 나가려 했다. 그는 결코 아버지보다 빨리 문 앞에 도달한 적 없지만, 언젠가는 그렇게 될 거란 희망을 품고 있었다. 하지만 오늘도 다르지 않았다. 그의 양아버지는 뒤에서 그의 머리를 강하게 내리쳤다. 데니얼의 몸이 한 바퀴 돌았고, 그는 바닥에 넘어졌다. 그의 어깨가 바닥에 먼저 부딪혔고, 머리도 뒤로 넘어갔다. 그의 아버지가 그에게 소리를 질렀지만, 그는 그걸 듣지 못했다. 그가 볼 수 있었던 거라곤 두개골 뒤에서 느껴지는 고통으로 흐려진 눈앞에 우뚝 선 형체가 자신에게 소리 지르고 있는 것이었다.

다음에 따르는 것은 통상적인 일 -더 많이 고함치고 더 세게 밀치는 것- 이었다. 남편 제 5호는 다른 남편과 다를 게 없었다. 그들 모두 같은 악의 영향력을 겪어 왔다. 데니얼이 일어서려 했을 때, 취한 어머니가 그를 강하게 후려쳤다. 그녀의 손이 그의 얼굴에 내리꽂혀 마치 손바닥이 아닌 주먹으로 맞는 것 같은 충격이 느껴졌다. 이마에 느껴지는 손바닥뼈의 힘이 머리를 이리저리 흔들렸다. 그의 척추가 벽 구석에 부딪혔다. 그는 아픔 때문이 아닌 이 공격에서 살아남기 위한 지혜로 바닥에 고꾸라졌다. 그가 바닥에 쓰러져 있으면 더 이상 그를 구타하지 않을 테니까. 그것은 굳이 말하자면 최소한의 자비였다.

그들은 데니얼을 떠나 다시 그들이 하고 있던 음주와 고함을 계속했다. 데니얼은 아무 말 없이 바닥에 누워있었다. 눈물이 좀 났지만, 예전만큼은 아니었다. 언제나 그래왔던 것처럼 눈물은 아무 쓸모가 없었다.

다음 날 아침, 데니얼은 집에서 도망치기로 했다. 결정은 간단했다. 학대와 부족한 음식과 옷, 교육의 부재. 그곳에는 아무것도 없었다. 집에 산다는 것은 적어도 그런 것들이 갖추어져 있어야 함을 의미했다. 어쩌면 거리에서의 인생이 더 나을지도 모른다. 밖의 세상이 그의 부모님의 세상보다 더 자상할지도 모른다. 혹은 훨씬 좋지 않을지도 모른다.

가출 첫 주, 데니얼은 병균에 오염된 소시아니 강의 물을 마셨다. 그 맛은 최악이었을지라도 그의 내장에서 느껴지는 굶주림으로 인한 고통을 잠시 가시게 해주었다. 어린 소년에게 음식이 없는 일주일은 죽음처럼 느껴졌다. 그리고 어떤 의미에서 그는 죽어있었다.

엘도렛에 대한 그의 첫인상은 행복한 인생으로 향하는 티켓을 찾았다는 것이었다. 높은 빌딩들과 멋진 차들. 사람들은 좋은 옷을 입고 있었고, 그들에겐 일이 있었다. 그는 길거리에 사는 모두가 그런 인생을 거머쥘 수 있다고 생각했다.

그는 엘도렛에서의 첫날을 음식을 찾으며 보냈다. 그는 쓰레기통에 남아있는 끈적끈적한 찌꺼기들을 제외하고는 아무것도 찾지 못했다. 그는 뚜껑을 열어 손을 뻗었고 질척한 빵과 이상한 갈색 -보라색의 썩은 상추- 을 꺼냈다. 그는 눈을 감고 입에 그것들을 처넣었다. 그는 토하지도, 입을 가리지도 않았다. 굶주림보다는 그편이 나았다.

그는 그를 갱단으로 데려간 소년들의 무리에 들어갔다. 그들은 그가 담배와 대마초를 시작하게 했고, 그에게 살아남는 법을 가르쳐줬다. 그들은 가게와 거리를 다니는 사람에게서 물건을 훔쳤다. 잠자고 싶을 때 잠잤고, 마약을 했다. 그것이 거리의 인생이었다. 그것은 엘도렛에서의 꿈이었다.

그 후 6년간, 데니얼은 헤로인과 아편, 코카인처럼 심각한 마약에 빠져들었다. 십 대의 소년들은 12살의 데니얼이 자신들의 범죄 행각에 가담할 수 있도록 그를 훈련시켰다. 그는 창문을 통해 다른 사람들의 집에 들어가 다른 멤버들이 들어갈 수 있도록 문을 열어주었다. 그들은 마약을 밀수하기도 했다. 그는 완벽했다. 경찰들은 이 어린아이를 절대 의심하지 않았다. 갱단은 그에게 보수로 마약을 주었다. 그것이 그들 거래의 화폐였다.

그는 가능한 어느 곳에서나 음식을 사기 위해 마약을 돈으로 교환하려 했지만, 마약 거래는 경쟁이 치열해, 쉽지 않았다. 그는 종종 돈이 급한 상황이 아닐 때, 변해온 자신의 모습과 자신과 다른 사람들에게 했던 일들에 대한 죄책감을 덜어내기 위해 약에 의존했다. 그것이 그를 질척한 빵과 썩은 상추, 어떤 것이든 찾기 위해 쓰레기통을 뒤지게 했다.

경찰이 데니얼을 잡는 것은 힘들었지만, 마을 사람들에겐 그렇지 않았다. 정의의 종류에는 두 가지가 있다. 경찰이 관할하는 정식 정의와 지역 사람들이 관할하는 군중의 정의였다. 전자는 고압적이었다. 후자는 생명을 위협하는 것이었다.

도둑질은 데니얼에게 삶의 방식이었다. 빵집, 곳곳의 가게, 거리의 사람들. 그는 소매치기에 엄청난 두각을 나타냈다. 그러나 어떤 경우에는 그도 충분히 잘 하지 못할 때가 있었다. 그가 부주의했을 때도 있었고, 사회가 그에게 그들이 도둑질에 관해 어떻게 생각하는지 가르쳐주기도 했다.

그는 막 가게를 나온 한 남자에게서 도둑질했다. 데니얼은 뒤에서 그의 봉투에 손을 넣었고 작은 포장물을 꺼냈다. 그것의 내용물과 그것 자체는 곧 닥치게 될 형벌을 감수할 만큼의 가치가 전혀 없었다. 그 남자는 데니얼이 그 포장물을 자신의 셔츠 밑에 집어넣기 전에 그것을 알아차렸다. 그는 손을 뻗어 그를 잡았고, 데니얼은 뒤로 당겨졌다. 남자는 다시 달려들었고, 데니얼은 이미 그에게 너무 많은 단서를 제공한 후였다. 그 남자는 소리를 질렀고 데니얼을 지목했다.

"이 거지 놈 좀 멈춰주세요! 이놈이 내게서 물건을 훔쳤어요!"

데니얼은 자신이 할 수 있는 한 가장 빠르게 도망쳤다. 근처에 있던 젊은 남자 셋이 그를 쫓았다. 그들은 그와 추격전을 하며 소리 질렀다.

"거기 거지 놈 좀 멈춰주세요! 저놈이 도둑질했어요!"

그를 쫓는 사람들은 처음에 셋이었던 데서 열댓으로 늘어났다. 이 사건과 아무 상관이 없는 사람들이 정의 -그들만의 정의- 를 구현하기 위해 그에게 달려들고 있었다. 데니얼에게 거리에 서 있는 사람들은 그저 흐릿한 광경처럼 보였다. 그는 자신이 어떤 길에 있는지 기억하지 못했다. 익숙한 간판과 가게들을 찾아보았지만, 아무것도 알아보지 못했다. 그는 이 거리에 수없이 왔었다. 그는 이 모든 가게에서 도둑질했었다. 공포가 그에게 숨을만한 적당한 곳을 찾지 못하게 만들었다!

그는 구석으로 돌아섰고, 한순간 자신이 심각한 문제에 빠졌단 것을 깨달았다. 그의 앞에 벽돌로 된 벽이 있었고 양쪽에는 가게들이 있었다. 어떻게 이렇게 부주의할 수 있었단 말인가? 그는 다른 방향으로 돌아서려 했지만, 몸을 돌린 순간 추적자들이 골목으로 들어서는 것을 보았다. 지금은 더 많은 사람이 있었다. 사람들은 그를 잡기 위해 모여들었다. 너무 많은 사람이 있었다. 그가 그들과 싸울 수 있을 리 없었다. 설사 그가 속한 갱단이 오더라도 용병으로 변한 시민들을 맞서 싸울 수는 없을 것이다.

"넌 도둑질을 했어, 거리의 꼬맹아!"

한 남자가 큰 소리로 소리쳤다. 그들이 가까이 다가왔다. 데니얼은 벽에 등을 기댔다. 그는 분노에 가득 찬 눈들을, 주먹을 꽉 쥔 손들을 보았다. 그는 숨을 깊이 들이마셨다. 그는 이것이 자신의 마지막일지도 모른다고 생각했다.

주먹이 공중에서 날아와 그의 코에 내리꽂혔다. 밝게 보이던 태양이 검게 물들었다. 모든 게 조용해졌다. 슬로우 모션이 일어나는 것만 같았다. 그는 양아버지나 어머니가 그를 강타했을 때처럼 뒤로 비틀거렸지만 넘어지는 대신 균형을 잡을 수 있었다. 그러나 그는 넘어졌어야 했다. 그가 자라며 배워온 것을 기억했어야 했다.

다음 주먹이 그의 광대뼈와 이빨을 치며 깨끗하게 얼굴로 착륙했다. 그는 부서지는 소리를 들었고, 이내 누군가 그를 앞으로 잡아당기는 것을 어깨로 느꼈다. 그는 얼굴을 보호하기 위해 손을 올렸고, 복부로 강타하는 주먹을 느꼈다. 군중이 그의 주위로 원을 만들었다. 그들이 그에게 소리 질렀다.

"가치 없는 놈! 넌 아무것도 아니야! 아무것도!"

누군가가 뒤에서 그를 잡았고 그를 링에 가로질러 던져버렸다. 그는 발을 헛디디고 넘어졌다. 그의 얼굴이 땅으로 부딪히려는 찰나, 그의 턱에 발이 강하게 부딪혔다. 그의 이가 부딪혔다. 그의 머리가 뒤로 넘어갔고, 돌에 부딪히며 그의 턱이 벌어졌다. 발차기가 그의 뾰족한 갈비뼈를 꿰뚫었다. 그들은 그에게 침을 뱉으며 그를 짓밟았다. 한 사람이 막대기를 집어 그의 등과 엉덩이를 마구 때렸다. 그는 할 수 있는 한 최선을 다해 몸을 움츠렸다. 처음에는 모든 구타가 아프게 느껴졌지만, 피가 그의 입과 코에서 뿜어져 나오며 그의 머리로 퍼붓는 주먹들로 정신을 잃으며, 고통이 사라지기 시작했다.

그들은 그가 더 이상 움직이지 않는 것을 보았을 때 구타를 멈추었다. 움찔거림도, 울음도, 애원도 없었다. 그는 끝이 났다. 그들도 끝을 냈다. 문제가 하나 줄었고, 강도 한 명이 사라졌고, 불쌍한 거리의 아이 한 명이 줄어든 것이다.

데니얼이 눈을 뜬 건 밤이 되어서였다. 모든 것이 어두웠다. 몸의 모든 부분이 아파왔다. 입을 열려 했지만, 턱이 움직이질 않았다. 갈비뼈가 아파왔다. 그의 등은 멍으로 가득했다. 마른 피가 얼굴을 뒤덮고 있었다. 그는 일어나고 싶었지만, 몸이 응답하지 않았다. 그래서 그곳에 가만히 있었다. 홀로 골목에, 춥고 배고픈 고통 속에 있었다.

데니얼의 갱단이 늦은 밤 그를 찾아냈다. 그때 그의 얼굴은 깊은 검은색으로 물들어 있었고 볼이 많이 부어올라, 입에 사과를 가득 채운 것처럼 보였다. 그는 병원에 가야 했다. 명백해 보였다. 그러나 그들에게는 돈이 없었고, 그를 그곳에 데려가도록 연락할 사람도 없었다. 그래서 그들은 그에게 그들이 가진 두 가지 약을 주었다. 대마초와 헤로인. 물론, 약효가 떨어지면 다시 고통을 겪어야 했다. 멍과, 베인 상처와 깨진 상처들은 그의 몸이 치유할 것이다. 진짜 문제는 단순히 육체적인 고통뿐만이 아닌 몸 안의 고통 -희망 없는 것, 가족을 향한 분노, 인생의 헛됨- 이었다. 그러나 그중 어떤 것도 그를 괴롭게 하지 않았다. 지금은 아니었다. 마약이 잠깐 도와주었으니까. 그것들은 그의 존엄성을 빨아먹고, 그가 빠져 나오는 것이 이미 불가능한 구멍을 더욱 깊게 파 그를 묻으며, 그의 고통을 덜어 주었다.

군중의 정의가 떠나간 후엔 합법적인 정의가 찾아왔다. 경찰이 5개가 넘는 죄목으로 그를 체포했고 소년원으로 보냈다. 소년원은 빈민가 안의 또 다른 빈민가였다. 갱단 멤버들, 마약상들, 강도들, 데니얼 같은 사람들이 있는 곳이었다. 문제는 소년원 안에는 그를 보호해줄 갱들이 없다는 것이었다. 그는 혼자였다. 그는 거리에서보다 소년원에서 더 큰 위험에 처해 있었다. 소년원에서의 밤은 최악이었다. 낮 동안은 문제로부터 지속적인 감시를 할 수 있었지만, 밤에는 문제가 심각해졌다. 지는 해는 악한 물결을 가지고 왔다. 그림자는 얼굴들을 가지고 있었다. 만약 그의 머리 뒤에 눈이 있었다면 유용했을 것이다. 그곳엔 숨을 곳 따윈 없었다. 그의 침대는 피난처가 될 만한 것이 아니었다. 그들은 원한다면 그를 침대 밖으로 끌어낼 수 있었다. 혹은 그의 샤워 후 혹은 샤워 중에 기다릴 수 있었다. 나이 많은 죄수들과 공동으로 그곳을 담당하고 있던 남자들은 그들이 하고 싶은 대로 하고 싶을 때 하고 싶은 사람과 뭐든지 하는 남자들이었다. 그리고 어떤 밤에, 하고 싶은 일은 섹스였다. 그리고 어떤 밤에 그것은 데니얼과 하는 것이었다.

그들은 그를 공격했고 그가 소리를 내면 죽여버리겠다고 협박했다. 별 상관 없었지만 말이다. 간수들은 규칙을 강화하기 위해 노력하지 않았다. 그곳에는 규칙이란 존재하지 않았다. 동성애자들은 데니얼을 그들의 방식대로 다루었고, 끝난 후에는 그를 바닥에 나체인 채, 피가 나고 떨고 있는 채 두고 떠났다.

가끔 그는 그 고통에서 회복하려, 인생을 긍정적으로 바라본다는 것이 어떤 것이었는지 기억해내려 애쓰며 밤새 그곳에 머물렀다. 밖에서는 그가 속한 소년들의 갱이 소녀들의 갱과 종종 단합했다. 그것은 거래였다. 그들은 소녀들을 다른 갱들에게서 지켜주었고, 소녀들은 소년들이 원하는 것을 주었다. 그러나 데니얼과 다른 아이들은 그들이 원하는 것보다 더 많은 것을 얻게 되었다. 데니얼은 운 좋게 HIV/AIDS는 피해갈 수 있었지만, 다수의 성병에 여러 차례 노출되었다.

한 번은 데니얼이 자신이 성병에 걸렸다는 것을 알았을 때, 그는 자신이 할 수 있는 한 최대한 많은 헤로인을 사용했고 골목으로 들어갔다. 그는 며칠 전에 한 남성갱에게 피해를 당했다. 그는 수치심과 폭력에 대처하기 위해 그날 밤 약에 취해 있었다. 그러나 그곳엔 문제가 있었다. 그 약들은 맨 처음에 가졌던 것 같은 효과를 더 이상 지니고 있지 않았다. 그는 약효를 유지하기 위해 더욱 많은 약이 필요했다. 그가 취한 상태에서 깨어날 때마다, 다음번 약효까지 기다리는 것은 절망적인 전쟁이었다.

그는 나무 울타리에 등을 대고 앉았다. 보름달에서 나오는 빛이 위에서 그를 비추었다. 몸이 폭력과 중독으로 아파왔다. 기억, 기억이라고 불리는 그 미친 도구. 무슨 일이 일어났는지 말끔히 제거해줄 삭제 버튼은 어디에 있단 말인가? 끔찍한 과

거의 기억들이 현재로 돌아오는 것과 그 기억이 그를 지배하고 있는 것처럼 행동하는 것 -어느 정도는 정말 그랬다- 을 거부하는 취소 버튼은 어디에 있단 말인가? 그는 약을 원하지 않았다. 그는 그 아름다운 그러면서도 아파 보이는 다른 갱들의 소녀들을 원하지 않았다. 그는 그의 친구들, 말로만 친구인 갱단의 그들을 원하지 않았다. 그는 이제 충분하게 겪어왔다. 젊은 청년은 특히 미래가 과거와 완벽히 똑같아 보일 때 많은 것을 받아들일 수 없는 것이다. 데니얼은 더 이상 원하지 않았다. 그는 그저 총 한 자루를 원했다.

누가 방아쇠를 당기는 가는 중요하지 않았다. 어떤 누구도 괜찮았다. 그 자신이 할 수도 있었다. 누구든 그것은 행할 것이다. 아픔, 약, 갱들의 강간, 모든 것이 다 끝날 수 있었다. 마침내 모든 게 끝나게 될 것이다. 한 자루의 총만이 필요한 전부였다. 그는 그것을 구할 수 있었다. 그는 그날 밤 그것을 구할 수 있었다. 그는 총을 파는 사람들을 알았고, 어디서 총을 찾아야 할지도 알았다. 한 자루의 총. 총알 한 개. 오늘 밤.

"안녕."

거리에서 어떤 목소리가 들려왔다. 데니얼의 몸이 긴장된 반응으로 움찔거렸다. 그는 혼자였다. 그것은 안 좋은 일이었다. 밤이었기에 더 안 좋은 일이었다. 그의 몸은 이미 많은 것을 겪어왔다. 오늘 밤은 안 된다. 다시는 안 된다.

"괜찮은 거니?"

그 목소리는 달랐다. 군중이 자신을 구타한 후에 말했던 것과는 달랐다.

"나는 너를 도와주기 위해 왔어. 너를 도와주어도 되겠니?"

데니얼은 누구인지 보기 위해 돌아섰다. 그는 그를 본 적 없었다. 그가 경찰이었다면 제복을 입었을 것이다. 그저 중간 몸집의 평범한 얼굴의 한 남자가 이 밤 어두운 골목으로 걸어 오고 있었다.

"널 이곳에서 보았단다. 넌 혼자더구나. 모든 게 괜찮은 거니?"

사실은 아니었다. 데니얼에게는 모든 게 괜찮지 않았다. 그 순간에는 '아무것도요.'라는 대답이 옳았을 것이다.

"누구세요?"

데니얼이 그의 뒤에 공격하길 기다리고 있는 사람들이 있는지 생각하며 물었다. 그 남자가 가까이 다가왔다. 데니얼은 그의 얼굴을 볼 수 있었다. 그는 거리에서 온 게 아니었다. 그럴 수 없었다. 그의 눈에는 거리와는 거리가 먼, 아주 먼 인생에서 온 것이라고 말하는 무언가가 있었다. 가장 최고인 것은 그가 혼자라는 것이었다.

"내 이름은 찰스 멀리란다."

데니얼은 그 이름을 들어본 적 없었다.

"멀리요?"

"그래. 나는 너를 도와주고 싶단다. 너를 위해 내가 무엇을 해줄 수 있을까?"

총을 가지고 계세요? 난 그 총을 잘 사용할 수 있을 거예요.

"거리에서 살고 있니?"

데니얼이 고개를 끄덕였다.

"그럼 너는 고아겠구나."

데니얼은 아무 말도 하지 않았다. 그럴 필요가 없었다.

"나는 어렸을 때 버림받았단다. 부모님은 내가 6살 때 나를 떠났단다."

부모가 없는 6살 아이. 데니얼이 들어본 적 있는 이야기였다.

"나는 음식을 구걸해야 했단다."

찰스가 계속했다.

"나는 나를 떠난 부모님을 증오했단다. 수치스러웠단다. 내겐 돈도 음식도 없었어. 나는 학교에도 갈 수 없었단다. 그렇지만 어느 날 예수님에 대해 들었단다. 내가 교회에 갔을 때 나는 예수님께서 나를 사랑하신다는 걸 들었단다."

기독교인들, 데니얼은 그들에 대해 들어본 적 있었다. 그들은 교회에서 집으로 돌아가는 길에 번쩍거리는 차 안에서 자신 같은 아이들에게 저주를 퍼붓는 자들이었다.

"예수님께서 내 인생을 바꾸어 주셨단다. 나는 네가 지금 절망적이란 걸 알고 있단다. 그리고 나는 예수님께서 너를 사랑하시고, 너의 인생 또한 바꾸길 원하신다는 것도 알고 있단다."

"내 인생이요? 내 인생을 바꾼다고요?"

그의 인생에 변화라는 것은 존재하지 않았다. 그는 변화라는 걸 안 적 없었다.

"그래, 그리고 나는 너의 아버지가 되고 싶단다. 나는 너를 음식과 옷, 따뜻한 잠자리가 있는 너의 새로운 집으로 데려가고 싶단다. 너에게 그런 걸 해주고 싶어."

찰스가 데니얼의 신뢰를 얻기까지는 몇 주가 걸렸다. 그들은 거리에서 만나 종종 밤까지 이야기를 나누었고, 그런 대화는 때때로 새벽 3시까지 이어지기도 했다. 찰스는 갱 멤버들에게 음식을 가져다 주고 예수님에 대한 이야기를 해주었다. 데니얼과 14명의 갱 멤버는 엘도렛에 있는 교회 구역으로의 초대에 응했다. 그곳에서 그들은 다른 거리의 아이들을 만났고 게임을 하고 노래 부르고 예수님에 대한 이야기를 들으며 식물을 심는 법을 배웠다. 그들이 찰스에게 받은 것 중 최고는 교회 구역 작은 집에서 따뜻하고 안전한 잠자리를 제공 받은 것이었다. 어떤 밤, 데니얼은 거리에서 약을 얻기 위해 도망치기도 했지만, 그가 예수님에 대한 이야기를 더 많이 들을수록, 그는 그런 욕망에 점점 덜 응하게 되었다.

그는 에스더를 만났고 그녀가 그와 갱들을 위해 요리해준 모든 음식에서 그녀의 긍휼함을 느꼈다. 그녀는 반가운 태도로 그를 맞아주었다. 소년원의 간수들은 음식이 들어있는 그릇을 그들에게 던져주었다. 그것이 그들의 일이자 의무인 것을 그들의 표정이 증명했다. 하지만 에스더에게는 빛이 났다. 그녀는 이 일을 사랑했다. 왜 인지 그녀는 그녀가 해주는 바를 결코 되 갚을 수 없는 아이들을 위해 요리하는 것을 사랑했다. 이후 몇 주와 몇 달 동안, 데니얼은 아이들로 가득 찬 집에 사는 게, 그 가 겪어온 모든 것에도 불구하고 진심으로 사랑받는다는 게 어 떤 것인지 느꼈다.

데니얼의 학교생활은 우수했다. 그는 고등학교를 졸업하 고 석사 과정을 밟을 계획으로 학교에서 사회학을 전공했다. 그는 자신의 인생을 그리스도에게 바쳤고 얼마 지나지 않아 어 머니와의 일을 바로잡아야 한다는 갈망을 느꼈다. 그는 달라니 로부터 어머니의 집까지 12시간의 여정을 출발했다. 그녀는 여 러 번 이사했지만 MCF는 데니얼이 그녀를 볼 수 있도록 그녀 가 사는 곳을 찾아내었다. 그는 작은 진흙 집을 찾아 문을 두드 렸다. 문손잡이에 손을 올려놓았다. 그 모든 시간 후에도 그 모 든걸 겪고 난 후에도, 그는 어머니의 집에 들어갈 때 긴장되는 불안을 느꼈다.

"계세요?"

한 여인이 그를 올려다보았다. 벌써 10년이 지나있었다. 그는 그녀를 알아볼 수 있었지만, 그는 10대 초반에서 20대 초 반까지 너무나 많이 변해 있었기에, 그의 어머니는 그를 알아 보는 게 어려웠다.

"어머니?"

그녀는 가까이서 그를 보았다. 그의 목소리. 그녀는 그의 목소리를 알 수 있었다.

"어머니 저에요. 데니얼이에요."

그녀는 일어나 울기 시작했다. 그녀는 그를 구타하는 대신 안아주었다. 분노의 욕설을 내뱉는 대신 그의 이름을 불러주었다. 그들은 잠시 서로를 안은 채 아무 말도 하지 않았다. 그럴 필요가 없었다. 나중에 그의 양아버지가 들어왔고, 그도 데니얼을 안아주었다. 데니얼은 그들과 일주일을 보냈다. 부모님은 일주일 내내 그를 지독하게 대한 것과 그의 인생에 해를 끼친 것에 대해 사과했다.

"멀리 씨와 멀리 부인은 참으로 너의 가족이구나."

그들이 말했다.

"그들이야말로 너의 진짜 부모가 될 자격이 있다."

그는 친부모님을 떠나며 거리의 인생은 꿈의 성취라는 미친 생각을 가지고 집에서 거리로 도망치던 날을 떠올렸다. 모든 것을 끝내길 바라며 뒷골목에서 앉아 있을 때 찰스와의 만남을 떠올렸다. 그는 자신의 부모님이 한 일에 대해 용서할 수 있게 만들어준 그리스도에게 인생을 바치던 그 날을 떠올렸다. 그리고 그는 달라니로 향하는 사람이 가득 찬 버스에 올라타며 자신의 인생이 자신을 어디로 데려갈지에 대해, 어떻게 자신과 같은 사람들을 도울 수 있을지에 대해 생각했다.

34

찰스는 거리의 소녀들을 재활해
야 할 큰 필요성을 느꼈다. 많은 아이가 성적으로 학대를 당하
거나, 매춘에 연루돼있었다. 문제는 이런 문제가 케냐 전역에
걷잡을 수 없을 만큼 만연했고 찰스는 한 번에 고작 몇 명의 아
이밖에 도울 수 없다는 것이었다. 하지만 그 소녀들을 구조하
는 데는 새로운 장소가 필요했다. 가장 큰 위험에 처해 있는 소
녀들은 16살에서 17살 사이의 아이들로, 이들을 만약 달라니
로 보낸다면 소년들에게 크나큰 유혹이 될 것이고, 더 어린 소
녀들에게 자신들의 이야기를 공유하는 문제도 있을 수 있었다.
그리하여 찰스는 이 소녀들을 도울 수 있는 방법을 구하기 위
해 기도했다. 그에게 필요한 것은 돈과 사람, 장소가 전부였다.

2001년, 찰스는 쇼핑하기 위해 나이로비에 있는 야야 센터
몰 안을 둘러보고 있었다. 그가 어떤 가게에서 나올 때, 한 남자

가 약간 놀란듯한 표정을 지으며 그의 앞에 섰다.

"멀리 씨? 당신이 찰스 멀리인가요?"

찰스가 멈추었다. 그는 그 남자를 만나본 적 없었다.

"네, 맞습니다."

그 남자는 자신을 소개했다.

"저는 당신에 대해 들어본 적 있어요. 제게는 달라니에 땅이 조금 있습니다. 그 땅을 당신에게 굉장히 저렴한 값에 팔고 싶습니다."

찰스는 그 남자에게 감사함을 전했고, 그들이 헤어질 때, 그 특정한 장소가 그들에게 알맞은 곳일지를 생각했다. 이내 그는 장관의 보좌관으로 일했던 전 정부 직원으로부터 전화 한 통을 받았다. 찰스는 그가 MCF 달라니 지부에 왔던 것과 굉장히 감동받았던 것을 기억했다.

"저는 야타 지역에 200에이커의 땅이 있습니다. 당신이 있는 곳에서 그리 멀지 않은 곳이에요. 아마 20km 정도 떨어져 있을 거예요. 그중 100에이커의 땅을 당신에게 팔고 싶습니다. 당신이 사용할 수 있겠습니까?"

찰스는 그 땅을 알았다. 그리고 물론, 그것을 사용할 수 있었다. 그 땅은 주 거주 지역에서 멀었기에 소녀들에게 알맞다는 점에서 완벽했다. 게다가 그 땅에는 몇 마일까지 멀리 뻗은 아름다운 언덕이 있었다.

"그 땅에 관심이 있습니다."

찰스가 말했다.

"그러나 지금 우리에겐 돈이 없습니다. 2주 후에 다시 전화 주십시오."

2주 후, 땅 주인이 전화 했다. 찰스는 그에게 아직도 돈이 없음을 말해주었지만 그에게 조금 더 기다려줄 수 있겠냐고 물었다. 그 땅의 모든 것이 옳다고 느껴졌다. 그 땅은 소녀들에게 완벽한 장소가 될 것이다. 그들 중 몇몇을 거리에서 떼어놓고, 그들에게 기술을 가르치며 모든 면에서 그들을 변화 시키기 위한 하나님의 말씀을 전하기에 완벽한 기회가 될 것이다. 찰스는 프로그램을 위한 계획을 이미 짜두었고 선생님들은 그것에 동참할 관심을 이미 표했다. 마지막으로 필요한 것은 오로지 돈이었다.

며칠 뒤, 찰스는 해외에 있는 한 남자에게서 MCF에 돈을 기부하고 싶다는 이메일을 받았다. 액수는 그 땅을 사기 위해 필요한 돈의 40%에 달했다. 그 선물은 어디에 쓰여야 한다는 지명이 없어, 그는 야타 프로젝트에 그 돈을 써도 되겠냐고 문의하는 답장을 보냈다.

"원하시는 대로 사용하십시오!"

답장이 왔다. 그리고 찰스는 땅 주인에게 전화를 걸어 계약금이 준비 되었고, 1년 동안 남은 액수를 지불할 것이라 말해주었다. 찰스에게는 상환 계획이 준비되어 있지 않았다. MCF는 늘 그래왔듯이 재정 부족에 시달렸다. 하지만 찰스에게는 하나님께서 채워주실 것과 먼저 앞서 필요한 서류들을 작성할 변호사들을 준비해두실 것이란 자신감이 있었다.

그들은 보증금을 입금하자 마자 그 땅을 개발하기 시작했다. 그 해 말쯤에는 하나님께서 매달 내야 할 충분할 돈을 주셨다. 2003년에는 땅 주인이 찰스가 하고 있는 일을 보고 그에게 남아있는 100에이커의 땅을 주었다.

MCF는 철재 외벽의 교실과 기숙사 그리고 식당을 건축하는 것으로 시작해 그것들을 나중에는 석조 빌딩으로 교체할 계획을 가지고 있었다. 네덜란드, 독일, 미국, 호주, 캐나다를 포함한 각 나라에서 온 사람들로 이루어진 팀이 야타 지역의 필요성을 알고, 그들을 돕고자 돈을 마련해주었다.

찰스는 이제 매춘의 피해자가 된 소녀들을 찾기 위해 빈민가에서 시간을 보낼 수 있었다. 그는 거리의 소년들을 도와주는 것에 명성이 있었고, 그의 명성은 15살부터 21살 사이의 12명의 소녀에게 그를 믿고 MCF 야타 지부에서 새로운 기술을 배울 수 있는 기회를 위해 위험한 직장을 떠나도록 확신을 주었다.

찰스는 빈민가에서 지부까지 구불구불한 길을 따라 운전해 그들을 데려 왔다. 그들이 지부에 도착했을 때, 찰스는 밴을 멈췄고, 소녀들에게 그들의 새로운 보금자리를 보여주었다. 위험이 없는 곳, 공포가 없는 곳, 소녀들이 자신들을 위험에 몰아붙이지 않아도 얻을 것이 있는 곳을 보여주었다. 그는 그들에게 새로운 숙박 장소와 교실들을 보여주며 소개해 주었다.

"우리에겐 너희들이 선택할 수 있는 특별한 프로그램들이 있단다. 우리는 너희들이 너희들 자신의 사업과 요리와 베이킹, 보육을 포함한 가정학을 시작할 수 있도록 의상학, 미용, 목공, 초소액 금융에 대한 교육을 제공할 수 있단다. 또한, 너희들이 여기서 3년의 시간을 보낸 후에, 우리가 너희들의 마음에 다가 갔던 것처럼 다른 사람들에게 다가가 그리스도의 사랑을 전하기로 결정했을 때를 위해 선교에 대한 수업들을 제공하고 있단다."

소녀들은 믿을 수가 없었다. 그들은 아무것도 가지고 있지 않았다. 그들에게는 기술도, 돈도, 그에게 갚을 어떠한 방법도 없었다. 하지만 왜인지 이 남자는 그들에게 비참한 악몽을 빛나는 희망으로 바꿀 수 있는 인생의 모든 기회를 주기로 결정했던 것이다.

모든 학생이 여자로 이루어진 매일의 학교 프로그램은 성경공부와 특정한 직업에 관한 학습으로 이루어졌다. 그들은 합창단과 연극, 무용, 운동 등의 교외 활동도 할 수 있었다. 매주 그들은 그리스도와의 관계에 대한 자신감을 찾으며 자신의 이전 모습과 지금의 모습 사이에 다른 점을 발견할 수 있었다. 그들 모두는 선택한 직종에 탁월한 모습을 보여주었다. 방문자들이 왔을 때, 그들은 자신들이 만든 의상 샘플을 보여주는 데 매우 열정적이었다. 합창단이 잃었던 생명을 찾았다는 그들 가슴 깊숙이 자리 잡은 기쁨을 전달하며 그들에게 노래를 불러주었다.

찰스는 여성들에게 하나님의 조건 없는 용서에 관해 설교

한 후, 야타 지부에서 집까지 운전해 갔다.

"당신이 어떤 곳에 있었더라도,"

그가 그들에게 말했다.

"당신은 결코 하나님에게서 멀어질 수 없습니다."

그는 달라니 지부로 늦지 않게 돌아와 매일 저녁 프로그램의 마무리를 들었다. 그가 앞으로 나왔을 때, 그는 그의 고전적인 인사인 '우-에' 소리로 그들을 맞이해주었다. 아이들은 박수치며, 그에게 환호성을 질렀다. 그는 엘도렛에 있는 그들의 형제자매들과 야타의 새로운 가족의 안부를 전해주었다.

"우리 가족들이 자라나고 있습니다."

찰스가 말했다.

"우리 가족이 이제 700명이 넘게 되었습니다."

그것이 더욱더 큰 박수와 환호성을 불러들였다.

"여러분 중 몇몇은 아무도 없던 거리에서 왔습니다. 지금 여러분은 저를 여러분의 아버지로 두고 있고."

그는 에스더를 가리켰다.

"여러분에게는 어머니가 있습니다. 그리고 여러분은 엄청나게 많은 형제와 자매를 가지고 있습니다. 하나님께서 여러분을 얼마나 사랑하시는지 볼 수 있나요?"

그는 그들을 위해 기도했고 이내 모임을 마쳤다. 아이들이 해산했을 때, 찰스는 모든 것을 멈추고 조용한 밤공기를 즐길 수 있는 그에게는 흔치 않은 시간을 가졌다. 그는 나무기둥으로 지탱된 철제 지붕 아래 서 있었다. 그곳엔 벽이 없어, 상상할 수 있는 모든 벌레가 안으로 들어올 수 있었다. 모임 장소의 다른 곳에서는 MCF로 몇 달 동안 봉사활동하기 위해 온 한 젊은 청년이 몇 명의 학생들과 이야기를 마치고 있었다. 몇 년 동안, MCF는 수백 명의 봉사자가 다양한 체류기간 동안 필요한 어떤 것이든 돕기 위해 세계 각국에서 찾아오는 축복을 받았다. 학생들이 저녁 학습을 위해 급하게 떠날 때, 그는 찰스에게 다가 갔다.

"멀리 씨?"

찰스는 그를 보기 위해 돌아섰다. 그는 부드러운 음성과 진실한 미소로 젊은 청년과 악수하기 위해 손을 뻗었다. 그는 그의 이름을 불렀고, 어떻게 지내고 있는지를 물어보았다.

"저는 잘 지내고 있습니다."

그가 말했다.

"당신은 어떤가요?"

"아주 좋은 하루였어요. 저는 오늘 야타에 있었답니다."

"그곳에서의 일은 어떻게 돼가고 있나요?"

"일이 잘 풀리고 있어요. 하나님께서 우리에게 정말 선하셨어요. 정말 선하셨어요."

"저는 야타에 필요한 모든 돈이 어떻게 모이게 됐는지에 대한 이야기를 들었어요. 놀랍습니다."

"맞아요. 그렇습니다."

"멀리 씨, 당신은 재정이 채워지지 않을 거라고 걱정한 적 있나요? 하나님께 구한 것 -모든 돈, 땅, 봉사자들까지- 이 많지 않습니까? 당신은 이 모든 게 잘 구해질 것이라는 걸 어떻게 알았죠?"

찰스가 미소 지었다.

"좋은 질문이에요. 아시다시피 가장 힘든 일은 사람들에게 돈을 부탁하는 일이에요. 이상한 일이지만 우리 사역의 성공은 사람들에게 돈을 구하는 것을 통해서가 아닌, 하나님께서 사람들 안에 사역에 도움을 주도록 임하시는 것을 통해 왔어요. 마음이 아낌없이 주도록 변화된 사람들 말이에요. 그리고 그들이 나눌 때, 그들은 그것에 대해 행복해했죠."

"당신에겐 항상 일들이 잘 풀리는 것만 같아요."

그 청년이 답했다.

"우리 같은 사람에게는 큰 것들을 하나님께 맡기는 것은 두려운 일이에요. 적어도 제게는 그래요. 저는 그저 하나님께서 저에게 항상 임하시지만은 않는다고 생각해요."

"핵심은 믿음이에요. 하나님께서 채워주실 거라는 믿음이요. 저는 저 자신에게 이런 질문을 한답니다. '나는 왜 내가 하는 일을 하고 있는 걸까? 나를 위한 것일까 혹은 하나님을 위한 것일까?' 당신의 사역 혹은 사업 또는 당신이 하는 무엇에나 우리 모두에게 동일한 질문이에요."

뚱뚱한 벌레가 청년의 귀에 앉았다. 그가 명백한 좌절감을 내비치며 그것을 살짝 내리쳤다. 찰스가 웃었다.

"아직 벌레들에 익숙해지지 않았군요."

그가 말했다. 청년은 벌레가 사라진 걸 확인하기 위해 한 번 더 털어냈다.

"제가 다른 질문을 해도 될까요?"

청년이 물었다.

"물론이죠."

찰스가 대답했다.

"저는 당신이 부에 대해 어떻게 생각하는지 궁금해요. 사람들이 부에 대해 각각 다른 관점으로 정의 내리는 걸 알아요. 그리고 저는 어째서 항상 그것이 그렇게나 강조되는지 궁금했어요. 제가 이곳에 온 이래, 저는 가진 게 아무것도 없는 아이들을 만났어요. 그들이 가진 모든 소유물은 작은 상자 안에 들어갈 정도였어요. 아이 대부분은 한 두 벌의 옷만을 가지고, 낡은 신발을 신고 사실상 어떠한 소유물도 없었어요. 그러면서도 그 아이들은 우리보다 훨씬 행복했어요. 바로 며칠 전 밤, 비가 쏟아져 내릴 때, 저는 모기장이 사방으로 둘러싸여 있는 2층 침대에 누워 있었어요. 저는 밑을 내려다 봤고 저의 모든 여행 물품이 들어 있는 작은 가방을 보았죠. 저는 바닥으로 내려와, 비가 새서 그것을 적시지 않게 하기 위해 테이블에 올려놓아야 했어요."

찰스가 다시 한번 웃었다.

"비가 가끔 오곤 하죠."

아버지 없는 이에게 아버지를

"제가 제 침대에서 누워 있을 때, 저는 이렇게나 행복한 적 없었다는 생각이 들었어요."

"아주 좋아요."

"그것이 저에게 부에 대한 개념과 그것의 목적이 무엇인지 고민하게 했어요. 당신은 모든 것을 보아왔잖아요. 빈곤, 부, 가난한 자들, 부자들, 아픈 자들, 건강한 자들, 고아들, 구조된 아이들 모두요. 전 당신이 부를 무엇이라 정의하는지 궁금합니다."

"좋은 질문이에요."

찰스는 불안정한 기둥에 기대, 벌레를 쫓아내며 말했다.

"부가 무엇인가?"

그가 조용해졌고, 답변을 생각해내기 위해 그가 이전에 겪어왔던 모든 것을 떠올리는 것 같았다.

"대부분의 사람은 제게 동의하지 않을 거예요. 하지만 저에게 부란 변화된 인생을 뜻합니다."

청년은 그런 말을 들어본 적 없었다. 자신이 있었던 곳에 있는 이들에게 그저 모든 것을 나누어 주며 그들을 돕기 위해 극한까지 성공했던, 어린 시절 버려졌던 아이. 찰스 멀리가 이곳에 있었다. 그는 부가 없다는 것이 어떤 의미인지, 풍족함 안에 부를 누린다는 것이 어떤 의미인지, 그의 마지막 남은 한 조각의 부까지 다른 이들과 모두 나눈다는 것이 어떤 의미인지 경험해왔다. 그리고 한편, 그의 부에 대한 정의는 돈이나 소유물과는 상관 없는 것이었다.

"변화된 인생이요?"

"거리에서 온 한 사람이 그들의 인생을 그리스도에게 드리고 다른 이들을 돕기로 한다면 그것이 부입니다. 그들은 거리에서 하나님께서 자신을 쓰실 수 있는 장소로 옮겨간 것이지요. 하지만 이미 돈이 있는 어떤 사람이 그것을 더 많이 갖는다면 어떻게 그것을 부라고 할 수 있을까요? 만약 충분한 먹을 것, 충분한 옷이 있는 어떤 이들이 하는 일이 그저 그것들을 더 많이 갖는 것이라면 어떻게 그것을 부라고 할 수 있겠습니까? 저는 다르게 바라보고 있습니다. 귀신 들린 사람이 자유로워져 그들이 하나님께서 자신에게 원하시는 방식을 알아가며 살아간다면 그것이 부입니다. 누군가가 남들에게, 어떤 때는 심지어 자신의 가족에게도 이용당하는 매춘부라면 그리고 그들이 그런 어려움에서 자유로워져 그리스도를 위해 살아간다면 그것 또한 부이지요. 그들의 인생이 변화되었습니다. 그것이 부입니다."

청년은 아무 말도 하지 않았다. 한 번에 이해하기에는 너무나 깊고 간단한 대답을 들었다고 느꼈다. 그는 고개를 끄덕였다. 찰스는 미소 지었고, 남은 일들을 마치기 위해 떠나며 작별인사를 했다. '부는 변화된 인생이다.' 앞으로 다가올 몇 년 동안, 그 말이 젊은 청년을 결코 떠나지 않았다.

35

찰스는 아침 일찍 일어났다. 아직 날이 어두웠고, 요리사들만이 일어나 있었다. 바깥 공기는 선선했지만, 곧 아침 해가 날씨를 바꿀 터였다. 그는 안에서 자는 수백 명의 아이를 생각하며 기숙사를 지나쳐 걸어갔다. 15년이라는 세월이 이리도 빨리 지나갔단 말인가? 그는 하나님의 섭리로 얻은 식수 공급처인 야곱의 우물을 지나갔다. 그 우물은 제 수명보다 더 오랜 시간 쓰인 후, 지부의 다른 쪽에 있는 80여 m의 보어홀로 대체되었다. 하지만 하나님께서 기적을 행하신다는 진실은, 일꾼들이 물이 나오지 않아야 했을 곳을 파려고 준비하던 그 날 그곳에 있던 아이들 안에 여전히 살아있었다.

'당신과 저, 우리는 먼 길을 걸어왔습니다.' 찰스가 기도했다. '당신은 700명이 넘는 아이들을 빈곤에서, 거리에서 그리고 위험해서 구원해주셨습니다. 하나님, 당신께서는 놀라운 기적을 행하셨습니다. 당신께서는 병든 자를 고치셨습니다. 당신께서는 이 아이들의 인생에 있던 사탄의 권세를 물리치셨습니다. 당신께서 음식을 제공해 주셨습니다. 당신께서 수확물의 반을 수출하여, MCF를 위한 재정을 벌 수 있도록 우리의 농장을 축복해 주셨습니다. 그리고 주님, 당신께서 온 세계의 사람에게 사명을 위한 비전을 주셨습니다. 우리의 친구들을 주셔서 감사합니다. 고아들에게 닿기 위한 그들의 열정에 감사합니다. 그들이 없이는 이런 일들이 가능하지 않았을 것입니다. 그들을 그들의 인생에서 축복해 주시옵소서.'

'이번 주에, 우리는 멀리 칠드런 패밀리MCF 15주년 축하 파티를 엽니다. 저는 아직도 당신께서 고속도로에서 저를 부르시던 그 순간을 떠올립니다. 그리고 지금 우리가 어디에 있는지 보십시오. 우리는 꽤나 많은 일을 일구어냈습니다. 이 길에서 저를 사용해 주심에 감사합니다. 당신이 이 일을 일구시기 위해 저를 사용하시는 것이 제겐 영광입니다. 오늘의 축하 파티가 당신께 영광을 돌리는 일이 되기를 기도합니다. 당신은 우리가 이곳에 있는 이유이기에.'

찰스는 유럽, 호주, 북미 각지에 있는 그의 후원자에게서 편지를 받았다. 몇몇은 그와 몇 년을 함께 해왔고, 어떤 이들은 비교적 최근에 이 일에 동참하게 되었지만, 그들은 MCF를 통해 고통스러운 세상에 도움의 손을 뻗기 위한 동일한 열망을 지니고 있었다.

아버지 없는 이에게 아버지를

찰스는 MCF의 봉사자들과 선생님들 그리고 학생들과 함께 아이들을 섬기기 위해 키프손구 빈민가로 들어갔다. 그는 그곳에 수없이 많이 방문해 많은 아이를 구조해왔는데, 몇 아이의 부모는 아직도 그곳의 같은 오두막에서 살고 있었다. 그들은 벤에서 내려 오두막이 모여 있는 단지로 걸어갔다. 빈민가에 처음이었던 사람들은 빈곤과 범죄에 둘러싸여 있는 것에 불안감을 느꼈다.

모든 것이 회색으로 보였다. 쓰레기봉투들로 만들어진 오두막들은 비참한 풍경을 수놓았다. 판금과 합판 혹은 카드보드지로 지어진 불안한 주거 시설들이 길에 줄지어 서 있었다. 땅은 길과 하수구 두 개의 역할을 하고 있었다. 그곳에는 변소가 없었다. 신입은 그 냄새 때문에 입으로 숨을 쉬었다. 찰스는 이미 오래 전에 그것에 익숙해져 있었다. 그는 사람들과 악수하며, 죽음의 문턱 앞에 있는 아이들을 찾기 위해 무리들과 그들 뒤를 훑어보았다.

두 소년이 길의 한쪽에 앉아 있었다. 그들은 찢어지고 기름때가 묻은 티셔츠를 입고 있었고, 얼굴은 지저분했다. 그들에게는 신발이 없었다. 찰스는 그가 알고 있는 아이들에게 인사했다. 그는 이곳에 여러 차례 방문했는데, 그 방문은 아주 좋은 일이었다. 그가 쌓아놓은 관계가 일반적으로 위험한 빈민가의 환경 안에서 신용과 안전을 만들었기 때문이다.

사람들은 그들이 음식을 주기 시작하자, 그들 주위로 모여

들었다. MCF팀은 채소와 과일을 나눠주었다. 그들이 음식을 다 먹었을 때, 찰스는 말씀 -굶주림의 경계에 있는 이들에게 하기엔 결코 쉽지 않은 일이었다- 을 전했다. 그 후에 팀이 몇몇 사람에게 말할 때, 찰스의 주의는 멀리 홀로 서 있는 아이에게 닿았다. 찰스가 그 아이를 바라볼수록, 그 아이가 친숙하게 느껴졌다. 그는 그 소년을 본 적 있었다. 찰스의 친구 중 한 명도 그 아이를 알아보았다. 그 소년이 위를 올려다보았다. 그는 그들을 기억하고 있었다.

소년의 이름은 마이클이었고, 그는 생 과 사 사이를 줄타기하고 있었다. 찰스는 그에게로 가까이 걸어갔다. 그들은 꽤나 오랫동안 그 아이를 찾고 있었다. 마이클은 변하지 않았다. 전과 같이 찢어진 티셔츠와 헤진 바지. 찰스와 친구들이 자신에게 다가오고 있는 것을 보았을 때 조금은 나아진 얼굴의 걱정스러운 표정까지 여전했다. 그들은 무릎 꿇고 앉아 마이클을 깊이 포옹했다. 소년에게서 나는 악취는 찰스의 셔츠까지 스며들었고, 그의 얼굴은 소년의 코에서 흐르는 콧물로 지저분해졌다. 소년의 눈이 부어 있었다. 다섯 살 난 신체가 질병의 공격에 제대로 대처하지 못하고 있다는 신호였다.

"안녕, 마이클."

찰스가 말했다. 그 말이 마이클에게 너무나도 좋게 느껴졌다. 그는 찰스의 눈에 있는 열정을 느낄 수 있었다. 그는 찰스 멀리에 대한 소문을 들어왔다. 바로 이 남자가 아이들에게 미래를 전해주려 왔을 때, 아이들이 가는 그 장소에 대해 들어왔었다. 침대가 있는 곳, 학교가 있는 곳, 음식이 있는 곳에 대해 들었다. 친구가, 안전이, 사랑이 그리고 그리스도가 있는 곳에 대해 들었다.

찰스의 친구들이 마이클이 MCF에 갈 수 있도록 후원하는 것을 자원했다. 그들 중 한 명은 이전의 MCF 방문에서 그를 본 적 있었다. 그녀가 집으로 돌아갔을 때도 마이클의 존재는 마치 그녀가 키프손구 빈민가를 결코 떠난 적 없는 듯 그녀에게 남아 있었다. 그리고 어떤 의미로는 그녀는 그곳을 절대 떠나지 않았다. 세계 각지에서 MCF로 온 수백 명의 봉사자처럼, 그녀 또한 아이들에 대한 궁휼을 집으로 가지고 돌아갔고, 그것이 MCF를 계속 후원하도록 했다. 그리고 세계 각지의 빈곤한 사람을 도와주도록 하는 새로워진 마음을 주었다.

그들은 마이클과 두 명의 다른 아이를 함께 데리고 키프손구 빈민가를 떠났다. 마이클은 자동차 창문 밖을 바라보며 새로운 인생에 대한 기대감을 느꼈다. 그들이 MCF 달라니 지부의 땅으로 가는 길에 들어섰을 때, 그는 아이들, 새로운 형제들과 자매들이 축구를 하며 운동장에서 뛰노는 모습을 보았다. 그들은 그를 학교 터로 데려갔고 그가 살게 될 기숙사를 보여주었다. MCF 후원자들이 셀 수 없을 많은 노력 덕분에 마이클에게 매트리스와 이불이 완벽히 준비된 새로운 침대를 보여줄 수 있었다.

"이곳이 저의 새로운 집인가요?"

마이클이 물었다.

"그렇단다. 어떤 것 같니?"

찰스는 소년의 침대, 소년의 옆에 앉았다. 마이클이 아직 살아 있다는 안도감과 그가 지금은 안전한 곳에 있다는 데 감사함을 느끼며 말했다. 마이클이 미소 지었다.

"전 이곳이 좋아요. 전 이곳이 아주 많이 좋아요."

또 다른 MCF의 아이가 들어와 마이클에게 자신을 소개했다. 그들은 함께 이 구역을 탐방하기 위해 서둘러 밖으로 나갔다. 마이클은 그날 아침 고아로 일어났지만, 지금은 한 가족의 일원으로 잠자리에 들 수 있었다.

다음날, 찰스와 MCF팀은 정부가 관리하는 고아들을 위한 소년원을 방문했다. 케냐 정부는 아이들을 거리에서 떼어놓기 위한 노력으로 아이들을 수용하기 위한 재정이 부족한 수백 개의 시설 중 하나로 그들을 보냈다. 수요가 너무나 많았기에, 필요한 모든 아이에게 보살핌을 제공해주는 것은 불가능했다. 그 시설에는 85명이나 되는 아이가 4개로 나눠진 작은 방에서 이불이나 매트리스 없이 함께 생활하고 있었다.

MCF팀은 그들을 만지거나 신체접촉 하지 말라는 지시 아래, 아름다운 동시에 절망적인 신기한 면모를 한 아이들에게 따뜻한 스튜와 챠파티 빵을 건네주었다. 찰스와 그의 팀은 벤에 다시 오르며, 아이들이 자신들의 숙소로 돌아가는 것을 바

아버지 없는 이에게 아버지를

라보았다. 그곳은 거리보다는 나았지만, 찰스는 그의 삶을 아이들의 문제를 해결하기 위해 바쳤음에도 지금까지 해온 것보다 훨씬, 훨씬 더 많은 할 일이 남은 것을 알았기에 아픈 감정을 떨쳐내지 못했다.

MCF달라니 지부에서, 그 팀은 기부받은 의료 기구를 사용해 아이들에게 HIV/AIDS 테스트를 해야 하는 임무를 맡았다. 그들은 아이들 한 명 한 명의 피를 뽑아 용액에 섞어 어떤 아이가 바이러스를 가졌는지를 알아내야 했다. 그들은 어떤 아이들이 건강하고 어떤 아이들이 아닌지를 검사하기 위해 테스트마다 영원 같은 3분을 기다렸다. 테스트를 받은 713명의 아이 중 79명의 아이가 HIV/AIDS보균자로 판명되었다.

2004년에 수천 명의 사람이 '15년간의 하나님의 놀라운 은혜와 기적' 기념식에 참석하기 위해 MCF 달라니 지부를 방문했다. 그 날은 일주일 간 그들의 슬럼 사역, 엘도렛에서의 오픈 에어 미팅, 음식 제공 그리고 간증들을 포함한 기념식의 끝이었다. 찰스는 MCF 합창단 중 한 아이가 수많은 청중 앞에서 노래 부를 때, 자신의 부모님 로다와 다우디와 함께 하기 위해 청중의 뒤쪽으로 갔다. 그들은 사역의 열렬한 참여자가 되어 자신들의 아들과 함께 거리의 아이들을 구조하는 일에 힘을 쏟았다.

"훌륭한 일을 해왔구나, 찰스야."

다우디가 말했다.

"놀라운 일이야. 정말로 놀라워."

"하나님께서 놀라운 일들을 이곳에서 계속 보여주시고 계세요. 그렇지 않나요?"

다우디가 고개를 끄덕였다. 그는 찰스를 바라보기 위해 돌아섰다. 그들의 눈이 마주쳤다.

"고맙다, 찰스야."

다우디가 말했다.

"모든 것이 고맙구나."

찰스는 그의 아버지에게 팔을 둘러, 안았고, 아이들이 다음 노래를 시작하는 것을 들었다. 그날 늦은 밤, 뒷정리가 모두 끝난 후, 찰스는 에스더와 함께 서서 그 땅을 바라보았다. 밤하늘이 별들로 홍수가 난 것 같았다. 몇몇 어린아이는 이미 잠이 들어 있었다. 몇몇 나이가 더 많은 아이는 기숙사로 돌아가는 길에 서로 이야기를 나누고 있었다.

찰스와 에스더는 아무 말 하지 않았다. 그럴 필요가 없었다. 그들 앞의 모든 것이 아무 문제 없었다. 함께 있어 좋았고, 힘들고 예상치 못했던 상황들을 함께 헤쳐 온 사람들에게 다가오는 보상감을 느끼며 그들은 고요 속에 서 있었다.

에스더는 잠을 자기 위해 안으로 들어갔다. 찰스는 그녀가 그들의 철로 지어진 주거지의 문을 여는 것을 바라보았다. 그는 어쩌면 그녀가 둘만의 새집으로 들어가는 모습을 볼 수 있었을지도 모른다. 그가 그 사업들을 계속했었더라면, 그는 화려한 맨션을 살 수 있었을 것이다. 차, 옷, 휴가. 모든 것을 누릴 수

아버지 없는 이에게 아버지를

있었을 거다. 하지만 그런 생각들은 그의 마음에 들어서지 않았다. 더 이상은 아니었다. 그는 그 다리를 건넌지 오래였다. 그 대신 깊은숨을 들이키고는 하나님을 위해 모든 위험을 감수하는 것에서 오는 목적의식을 느꼈다.

그는 침대로 들어갔다. 아내는 이미 잠들어있었다. 얼마나 좋은 날들이었나. 얼마나 좋은 인생인가. 그는 잠들기 전의 이런 조용한 순간에, 그가 하나님과 공유했던 모험들, 이제는 미래가 있는 아이들 그리고 자신의 인생을 그리스도에게 바친 수백 명의 사람을 생각했다. 그가 밤의 고요 속에 누울 때, 그는 15년 동안 그에게 일어났던 많은 좋은 일을 떠올렸고, 앞으로 다가올 좋은 일들에 대해 생각했다. 그 시간은 하루 중 최고의 시간이었다.

추천사

이 책은 독자에게 삶의 우선순위를 확인하는 도전이 될 수 있다. 독자가 세상에 변화를 주며 살게끔 하는 도전이 될 것이다. 어느 독자에게나 그럴 능력이 있다. 이 책은 하나님께서 원하시는 바와 같이, 찰스 멀리가 행한 것처럼 독자에게 희망을 공유할 수 있게끔 영감을 줄 것이다.

헨리 테스맨
콩코디아 병원 CEO, 위니펙, 캐나다

아프리카 대륙에서 HIV / AIDS로 고아가 된 천오백만 명의 아이를 돌보기 위해 모든 것을 희생하며 투쟁할 의향이 있는 가족 같은 사람들이 있다는 것은 위로가 되어준다. 무일푼에서 거부로, 거부에서 다시 수백 명 거리의 아이에게 아버지가 된 사람의 이야기는 첫 페이지부터 마지막 장까지 독자의 숨을 멎게 할 것이다.

제닌 멕스웰
호프스 엔 드림스 팀

MCF는 케냐의 젊은 리더에 의해 만들어진 가장 거대하고 독립적인 기관이다. 훗날 MCF를 통한 찰스 멀리와 에스더 멀리의 선행이 케냐의 역사가들에 의해 언급될 것이 매우 기대된다. 나는 타인의 인생을 바꾸는 삶에 관한 여동저인 자서전과 내가 만난 가장 위대한 커플의 사역을 전심을 다 해 지지한다.

젝 호킨스 목사
크로스로드 미션 전 미션 드렉터

멀리 칠드런 패밀리와 연락하려면

이메일   mcfhomes@africaonline.co.ke

mcf@mullychildrensfamily.org

홈페이지   www.mullychildrensfamily.org

찰스 멀리는 진정 그의 주인인 하나님의 '나를 따르라'는 부르심을 듣고 응답했다. 그는 사회와 친구들 -극소수의 사람들- 만 해낼 수 있는 일을 해냈다. 그는 모든 역경을 이겨냈고, 자신의 기술과 지식을 바탕으로 농업과 기술무역을 통해 다른 이들의 삶의 질을 향상시킨 사업가이다.

피터 B. 키바스 교수
케냐 경영학교Kenya Institute of Management School 드렉터

찰스 멀리는 예수 그리스도의 말씀을 문자 그대로 - '가서 네게 있는 것을 다 팔아 가난한 자들에게 주어라' (마가복음 10:21) - 순종하는 사람이다. 오늘날 그가 행한 순종의 결과, 수백 명이 사랑과 보살핌의 장소를 찾은 것을 볼 수 있다.

컬트 요한슨 목사
마라나타 페이트 어샘블리 창립자, 케냐
국제 드렉터 트로그니스탄 미션, 스웨덴

1990년 초, 멀리 칠드런 패밀리 엘도렛 지부에 관한 회의를 위해 멀리 씨를 만났을 때, 그가 얼마나 하나님께 헌신하는지 알 수 있었다. 그는 궁핍한 아이들이 겪는 역경을 위해 노력을 다하고자 했던 마음 따뜻한 사람이다. 그의 손을 거쳐 간 많은 아이의 인생에 일어난 일들을 보며, 그가 하나님의 진정한 종임을 알 수 있다.

마가렛 바시그와
칠드런 서비스 미니스트리 오브 홈 어페어 엔 내셔널 헤리티지 부회장, 케냐

감사의 말

하나님께
부자 중의 부자에서 가난한 자 중에서도 가장 가난한 자에게 이르기까지, 경계 없는 사랑과 힘으로 많은 이의 인생을 바꾸어 놓으신 것에 감사드립니다.

찰스 멀리에게
내가 당신의 이야기를 쓰는 것을 믿고 맡겨준 것과 온 세상 사람에게 영향을 주는 삶을 사는 것에 감사드립니다.

찰스 멀리의 가족에게
당신들 -에스더 멀리 부인, 제인, 미리암, 그레이스, 돈도, 카레리, 무에니, 아이작 그리고 딕슨- 의 우정과 원고 초안에 도움을 준 것에 깊이 감사드립니다.

온 세상의 MCF 후원자들에게
당신들은 지칠 틈 없이 사역을 후원해 주었습니다. 끊임없는 여러분의 후원이 이 구조 사역을 가능하게 했습니다.

래리 윌라드에게
이 이야기가 많은 이에게 읽히도록, 이 책을 출간한 열정에 감사드립니다.

브루스 윌킨슨에게
서문을 써 주고 격려해 준 것에 감사드립니다.

배서인들
사려 깊은 호평에 감사드립니다.

아버지 없는 이에게 아버지를

스테파니 웹과 앨프리다 발저
꼼꼼한 편집과 격려에 감사드립니다.

나의 가족에게
가족들 -한스, 롤나, 한스, 타냐, 마야, 아리아나, 한스 루카스, 앨로라, 란디, 헤이디, 오미 보기 그리고 오마 베르그- 의 끊임없는 지원과 MCF의 비전을 함께 해준 데 감사드립니다.

제닌 멕스웰 에게
MCF에서 시작된 우정과 이 책을 위한 지원에 감사드립니다.

가르스 암스트롱
아름다운 표지 디자인에 감사드립니다.

나의 기도 동역자들
나를 향한 당신 -우위, 크리스토프, 해리- 의 수많은 기도와 하나님 나라의 건설을 위한 끊임없는 헌신에 감사드립니다.
당신과 독자들에게 이 책을 통한 지원에 감사드립니다.

모든 MCF의 아이에게
이 세상의 모든 일에는 이유가 있고, 믿는 자에게 능치 못함이 없음을 증명해준 데 감사드립니다.

1970년 초 찰스 멀리와 그의 마타투(택시)

———

자신의 가게에서 타이어와 가스 사업 재고를 세고 있는 찰스 멀리

찰스 멀리와 그의 친자녀들
(왼쪽부터) 미리암, 찰스가 앉은 채 칼레리를 안고 있다,
그레이스, 제인 그리고 돈도가 파란 드레스를 입은 채 앉아있다.

———

1985년 교회 리더와 여러 학교의 교육청 운영위원장인 찰스 멀리.
찰스는 왼쪽으로부터 네 번째에 앉아 있다.

자신이 거리의 아이들을 도와주기 위한
하나님의 부르심을 따르기로 한 고속도로 장소에 있는 찰스

———

구조 사역 후의 아이들. 찰스는 아이들이 샤워할 수 있는 투 리버 댐으로 데
리고 갔다. 그는 하나님의 말씀을 그들에게 설교했고 먹여주었다. 그후에
그들은 함께 운동했다.

찰스와 그의 몇 친 가족들(왼쪽부터 오른쪽으로) 무에니, 그레이스, 찰스,
아이작, 돈도, 에스더, 칼레리, 딕슨.

_____

찰스 멀리

옮긴이의 말

모든 일이 보통 그렇듯 이 일도 우연하게 시작이 되었다. 처음에는 그저 케냐로 선교를 떠나고 싶다는 마음 하나로 토론토 교회들의 선교 광고들을 인터넷으로 찾아보고 있었다. 그러던 중 한인 교회도 아닌 캐네디언 교회인 The Peoples Church에서 케냐로 선교를 떠난다는 광고를 보고는 무작정 이메일을 보내서 선교 팀장님을 만나게 되었다. 그 분은 백발의 백인 분으로 자신들의 케냐 선교 사역을 이해하려면 이 책을 읽는 것이 가장 빠를 것이라며 원서인 『아버지 없는 이에게 아버지』를 건네 주셨다.

찰스 멀리의 이야기는 한 마디로 말해 현대판 요셉이었다. 나락으로 추락하였지만 그 곳에서도 최선을 다해 총리가 되었던 요셉처럼 찰스 멀리는 버려진 고아에서 케냐 제일의 거부가 되었다. 하지만 거기서 한 발자국 더 나아가 그는 그 모든 것을 버리고 자처하여 바닥으로 내려가 거리의 아이들을 섬기기로 결정했다. 이것은 요셉을 넘어 예수 그리스도를 떠올리게 하는 내용이었다.

2015년 8월 실제로 가서 본 멀리 칠드런 패밀리 고아원과 찰스 멀리라는 사람은 나에게 말로 설명할 수 없을 만큼의 강한 충격을 주었다. 어떻게 한 사람이 이런 규모의 시설들과 기적을 행할 수 있었을까. 이 모든 것을 이루어냈음에도 불구하고 찰스 멀리의 말과 행동에서는 교만함이라고는 찾아볼 수가 없었다. 그의 행동 하나 하나는 그리스도에 대한 감사와 경외심으로 가득 차 있었다. 그런 그이기에 지금도 쉬지 않고 하나님의 기적이 그를 통해 일어나고 있다.

나는 더욱더 많은 사람이 찰스 멀리와 그의 사역에 대해 알기 원했다. 그렇기에 이 책을 손수 번역하기로 결정했다. 혹시 당신이 이 책을 읽고 감동을 받았다면 실제로 멀리 칠드런 패밀리를 가보기를 강력히 추천한다. 당신이 책에서 느꼈던 것 이상을 느끼고 오게 될 것이다.

이 모든 일이 가능하게 하신 하나님께, 출판을 허락해주신 글누림출판사 최종숙 대표님, 번역에 함께 힘써준 민수경 자매 그리고 기도로 함께 해준 토론토 한인 감리 교회 식구들에게 감사를 드리고 싶다.

2017년 4월
남현규

폴 보기 Paul H. Boge

폴 보기는 각본가, 감독, 프로듀서, 작가와 강연가이며 전문 엔지니어이기도 하다. 그의 저서로는 찰스 멀리의 이야기 『아버지 없는 이에게 아버지를』과 찰스 멀리의 사명에 관한 이야기인 『희망 없는 이에게 희망을』, 그리고 해리 리호스키의 이야기인 『도시의 성자(The Urban Saints)』를 포함한 세 권의 자서전과 『시카고 힐러』와 『시티스 오브 포춘』 두 권의 소설이 있다. 그는 또한 〈Among Thieves〉와 〈Espresso Junction〉이라는 2개의 영화를 집필, 감독, 프로듀싱을 했으며 캘리포니아 대학교 로스엔젤레스 캠퍼스University of California at Los Angeles, UCLA에서 각본가 과정을 마치기도 했다.

폴은 빈곤층에게 뜨거운 관심을 가진 그리스도인으로서 멀리 칠드런 패밀리의 '슬럼 아동 구조' 사역에 크게 감복한 후 그 사역에 열심으로 참여하며 그리스도의 사랑을 전하는데 힘쓰고 있다. 그의 체험과 경험을 통해 나오는 이야기들은 많은 이들에게 소중한 메시지가 될 것이다.

남현규

캐나다 토론토 대학교(University of Toronto)에서 기계 공학을 졸업했다. 『아버지 없는 이에게 아버지』를 통해 멀리 칠드런 패밀리에 대해 알게 되었고 케냐를 방문해 찰스 멀리를 만나게 되었다. 그 후 그들의 사역을 더 많은 사람들에게 알리고 장려하기 위하여 한국어판 『아버지 없는 이에게 아버지』를 번역하게 되었다.

아버지 없는 이에게 아버지를Father to the Fatherless
ⓒ Paul H. Boge 2017

초판1쇄 발행 2017년 5월 18일

지 은 이   폴 보기(Paul H. Boge)
옮 긴 이   남현규
펴 낸 이   최종숙
책임편집   고나희 | 내지/표지 디자인 홍성권
편   집   이태곤 권분옥 홍혜정 박윤정
디 자 인   안혜진 최기윤
기획/마케팅 박태훈 안현진 이승혜

펴 낸 곳   **글누림출판사**
            주   소   서울시 서초구 동광로46길 6-6 문창빌딩 2층(우06589)
            전   화   02-3409-2055 FAX 02-3409-2059
            이 메 일   nurim3888@hanmail.net
            홈페이지   http://www.geulnurim.co.kr
            등   록   2005년 10월 5일 제303-2005-000038호

ISBN 978-89-6327-415-7 03990
정가는 뒤표지에 있습니다.

*이 도서의 국립중앙도서관 출판시도서목록(CIP)은 서지정보유통지원시스템 홈페이지(http://seoji.nl.go.kr)와 국가
 자료공동목록시스템(http://www.nl.go.kr/kolisnet)에서 이용하실 수 있습니다. (CIP제어번호: CIP2017010827)